C·H·Beck
PAPERBACK

AF546654

Marie-France Hirigoyen

DIE TOXISCHE MACHT DER NARZISSTEN

und wie wir
uns dagegen wehren

Aus dem Französischen
von Thomas Schultz

C.H.Beck

Die Originalausgabe erschien auf Französisch unter dem Titel:
Les Narcisse. Ils ont pris le pouvoir
© Éditions La Découverte, Paris, 2019

Die Übersetzung wurde durch
das Centre National du Livre gefördert.

1. Auflage der deutschen Ausgabe. 2020
2. Auflage. 2020

3. Auflage. 2021

Für die deutsche Ausgabe:
© Verlag C.H.Beck oHG, München 2020
www.chbeck.de
Umschlaggestaltung: geviert.com, Nastassja Abel
Umschlagabbildung (Hintergrund): Stocksy
Satz: C.H.Beck.Media.Solutions, Nördlingen
Druck und Bindung: Druckerei C.H.Beck, Nördlingen
Gedruckt auf säurefreiem, alterungsbeständigem Papier
(hergestellt aus chlorfrei gebleichtem Zellstoff)
Printed in Germany
ISBN 978 3 406 75007 6

myclimate
klimaneutral produziert
www.chbeck.de/nachhaltig

INHALT

Einleitung

DIE NARZISSTEN AN DER MACHT

In einer Welt, die sich in der Politik, im Geschäftsleben und in der Kommunikation immer komplexer und immer stärker im Zeichen des Wettbewerbs präsentiert, stehen die Narzissten heute ganz vorn. Viele dieser einnehmenden und zugleich dominanten Männer (seltener Frauen), die laut und deutlich ihre Überlegenheit herausstellen, haben die höchsten Posten inne. Gewiss sind dank etlicher Skandale, insbesondere infolge der Weinstein-Affäre, einige von ihrem Sockel gestürzt, aber deshalb ist der volle Umfang ihres Machtmissbrauchs noch lange nicht zur Anzeige gebracht, denn wir üben weiterhin unglaublich viel Nachsicht mit ihnen.

Seit den 2000er Jahren hat der Narzissmus als aktuelles Thema zu zahlreichen Beiträgen in den Medien Anlass gegeben und ein Interesse geweckt, das weit über Fachkreise hinausreicht. Aber der alltäglich gewordene und allgemein verbreitete Gebrauch des Begriffs befördert eine Art moralisches Urteil, das nur dessen abwertende Seite im Auge hat, das heißt den Größenwahn, die Ich-Bezogenheit und die Gleichgültigkeit gegenüber anderen. Fachleute haben unterschiedliche Ansichten zu dieser Problematik: Viele Psychiater und Psychologen prangern den allgegenwärtigen Narzissmus und seine katastrophalen Folgen für ihre Patienten an. Sie versuchen, das gegenwärtige Unbehagen zu verstehen, etwa die Einsamkeit, die Leiden in der Arbeitswelt, die gestörten Liebesbeziehungen und vor allem die Stimmung von Sinn- und Hoffnungslosigkeit, insbesondere unter den Jugendlichen. Während Psychiater in den siebziger Jahren von Neurotikern aufgesucht wurden, die ihr seelisches Innenleben begreifen wollten, behandeln wir heute Personen, die über die Härte ihres Alltags klagen, denn in allen Bereichen wird eine Leistungsfähigkeit verlangt, die die Menschen bisweilen überfordert. Da bitten Eltern um Hilfe im Umgang mit einem «online-süchtigen» Jugendlichen; Paare zerfleischen sich im Verlauf ihrer Trennung, zu allen Manipulationen bereit, um das Sorgerecht für die Kinder zu erstreiten; oder an ihrem Arbeitsplatz gemobbte Angestellte suchen ganz einfach «durchzuhalten».

Andere Spezialisten hingegen führen, indem sie Narzissmus und Selbstvertrauen miteinander vermengen, die Adaptation des Individuums an die Gesellschaft ins Feld und preisen den Narzissmus als eine Art der Selbstverwirklichung. Mit der Behauptung, die gegenwärtigen Übel entsprängen unserem Mangel an Selbstvertrauen, empfehlen sie, den eigenen Narzissmus zu stärken.

Unsere Zeit bietet somit den Narzissmus in allen Variationen an und vermischt dabei den gesunden, positiven Narzissmus, der genügend Selbstvertrauen ermöglicht, um sich selbst zu behaupten, mit dem krankhaften Narzissmus, der darin besteht, sich arrogant und häufig auf Kosten anderer in den Vordergrund zu rücken. Derartige Debatten sind nicht neu, denn der Narzissmus ist eine komplexe Vorstellung, die seit Freud Gegenstand zahlreicher Forschungen in verschiedenen Fachbereichen ist. Und wenngleich all diese Studien lange Zeit im Widerstreit zueinander standen, werden wir sehen, dass sie sich letztendlich eher ergänzen.

Versuchen wir zunächst, den pathologischen Narzissmus zu verstehen, um herauszufinden, inwiefern diese Persönlichkeitsstörung unsere Epoche beeinflusst. Um meine These zu verdeutlichen und die verschiedenen charakteristischen Symptome genau zu beschreiben, analysiere ich den – zugegebenermaßen karikaturesken – Fall von Donald Trump, denn er scheint ein offenkundiges Beispiel zu sein und verwirklicht angesichts seines hohen Amtes den Traum eines jeden Narzissten (Kapitel 1). Seine Prahlsucht, sein extravertiertes Verhalten, sein völlig hemmungs- und empathieloses Auftreten machen ihn zu einem Schulbeispiel, das uns alle Merkmale des «grandiosen Narzissmus» vorführt. Ohne jegliche Komplexe, zögert er nicht, etwas x-Beliebiges zu sagen, um für sich selbst zu werben. Die sichtbarste Dimension seines Narzissmus ist seine Arroganz, eine sehr hohe Meinung von sich selbst, eine selten anzutreffende Selbstsucht und das völlige Fehlen von Scham. Dennoch wird sich zeigen, dass sein Fall gar nicht so einfach liegt, was wiederum zu der Frage Anlass gibt, welchen Stellenwert der Narzissmus unter den führenden Politikern von heute und in den gegenwärtigen Gesellschaften einnimmt, und zwar auf der ganzen Welt. Ist der Aufstieg eines Narzissten zum Präsidenten der USA nicht das – wenn auch karikaturhafte – Abbild der Richtungslosigkeit unserer modernen Welt, in der immer mehr Individuen in ihrer Social-Media-Sucht hauptsächlich mit sich selber beschäftigt sind und sich unaufhörlich in den Vordergrund drängen, um zu beweisen, dass sie die Besten sind?

Wir alle kennen Narzissten, darum stellt sich die Frage, wie wir eine nur etwas prahlerische Person von einem krankhaften Narzissten unterscheiden können. Wie unterscheiden wir narzisstische Züge, die sich im gesellschaftlichen und beruflichen Leben positiv auswirken können, von einer narzisstischen Persönlichkeitsstörung? Um auf diese Frage zu antworten und etwas Klarheit zu schaffen, ist es nützlich, auf die Entstehung des Begriffs Narzissmus zurückzukommen, zunächst in der Freud'schen Psychoanalyse, um dann seine Entwicklung in der US-amerikanischen Psychoanalyse zu verfolgen, die die Betonung auf das «Es» legte (Kapitel 2). Diese Psychiater hatten das Krankheitsbild damals sehr sorgsam analysiert und beschrieben eine Symptomatik, die im klinischen Bereich bis heute Gültigkeit hat.

Der Begriff Narzissmus wurde von Freud zuerst verwendet, um die «Liebesobjektwahl» (Wahl eines Sexualpartners) bei homosexuellen Männern zu erklären. In der Folge entwickelte Freud seinen Gedanken weiter und führte den Begriff als eine Stufe in seiner Theorie der psychosexuellen Entwicklung ein, wobei er den primären Narzissmus vom sekundären Narzissmus unterschied. Seine Schriften über den Narzissmus gaben den Anstoß zu zahlreichen theoretischen Arbeiten, doch während er den Begriff einzig und allein verwendete, um über die Selbstliebe zu reden, ist bei amerikanischen Psychoanalytikern seit den siebziger Jahren vielmehr von «Selbstwert» die Rede, auf dem ein Ich im «amerikanischen» Stil aufbauen soll, ein starkes Ich, das den harten Prüfungen der Realität gewachsen ist. Die verschiedenen Strömungen der Psychoanalyse in den USA wurden schon bald vom Gedanken des Wohlbefindens und der Anpassung an die Gesellschaft durchzogen, der mit der Freud'schen Auffassung unvereinbar ist. Aber die Dinge wurden noch komplizierter, denn es wurde offenbar, dass der Begriff des Narzissmus nicht nur auf ein klinisches oder psychiatrisches Problem verweist: Er hinterfragt auch den eng mit ihm verbundenen tiefgreifenden Wertewandel der heutigen Gesellschaft, insbesondere den Individualismus. Die Forschungen weiteten sich folglich auf die Soziologie aus, die im Narzissmus ein allgemeines gesellschaftliches Phänomen sah, das es zu analysieren galt.

Je nachdem, ob man sich auf die klinische und psychiatrische Ebene begibt oder eine psychosoziale Sicht einnimmt, sieht man sich plötzlich unterschiedlichen Definitionen des Narzissmus gegenüber. Psychiater, Psychologen, Soziologen und Philosophen entwickeln ihre eigenen Theorien oder Werkzeuge, was die Verwirrung vergrößert. Es ist nicht einfach, eine psychologische Herangehensweise, die von klinischen Erfahrungen und dem Leiden der Personen ausgeht, mit einem soziologischen oder philosophischen Ansatz in Einklang zu bringen, der den Wandel der Gesellschaft infrage stellt. Indessen sind diese verschiedenen theoretischen Felder nicht unvereinbar. Der Narzissmus ist als Thema weiterhin aktuell, nur ist er zu einer Banalität verkommen. Von Studien über Wellness und Glück vereinnahmt, wurde er zu einem so dehnbaren Begriff, dass ihn jeder auf seine Art deuten kann, ohne sich um seine Komplexität zu kümmern.

Wie sich später noch zeigen wird, ist der Narzissmus an sich keine Krankheit, er spielt sogar eine wesentliche Rolle beim Aufbau unserer Identität. Er ermöglicht es einer Person, ein hinreichend solides Selbstwertgefühl zu entwickeln, um an die eigenen Begabungen zu glauben, sich vorzuwagen und zu handeln, ohne dabei allein auf den Blick eines anderen angewiesen zu sein. Mit anderen Worten, er erlaubt es uns, genügend Selbstbewusstsein zu entwickeln, um unseren Selbstwert gegenüber Kritik und Scheitern zu bewahren, positiv über uns selbst zu urteilen und zugleich die eigenen Fehler anzuerkennen, das heißt, den eigenen negativen Teil nicht auf andere zu projizieren. Narzissmus wird erst pathologisch, wenn eine Person so sehr auf sich selbst fixiert ist, dass die anderen nur noch als Spiegel existieren mit dem einzigen Zweck, ein grandioses Bild der eigenen Person zu reflektieren. Unter den Varianten der «narzisstischen Persönlichkeitsstörung» (NPS) erscheinen die grandiosen Narzissten als arrogant und selbstsicher, während die verletzlichen Narzissten ihr Verlangen nach Allmacht hinter einer Fassade von Bescheidenheit verbergen (Kapitel 3 und 4). Es gibt also verschiedene Grade von Narzissmus, so dass manche Personen verhältnismäßig gutartige narzisstische

Züge an den Tag legen, die es ihnen erlauben, sich in Gesellschaft wohl zu fühlen, während andere als regelrechte Psychopathen in Erscheinung treten. In Frankreich richtet sich das Interesse einer breiten Öffentlichkeit auf eine besondere Form der narzisstischen Pathologie, die narzisstische Perversion. Wie später zu sehen sein wird, handelt es sich dabei um eine extreme und gefährliche NPS, denn sie weist einen Zug moralischer Perversion auf.

Zahlreiche US-amerikanische Studien haben gezeigt, dass der Narzissmus in den Vereinigten Staaten seit den 1970er Jahren ständig zugenommen hat, insbesondere unter Jugendlichen. Folglich fragten die Forscher nach den Gründen eines so schnellen Wandels einer Gesellschaft und ihrer Individuen. Mit dem Ziel, die verschiedenen Facetten dieser Problematik zu verstehen und ihre Folgen zu analysieren, erschien 2011 ein umfangreicher Band, den der herausragende Spezialist für Narzissmus W. Keith Campbell und sein Kollege Joshua D. Miller herausgegeben hatten und der die gesammelten Arbeiten und Beobachtungen von 78 Wissenschaftlern enthielt.[1] Das in den USA so offenkundig in Erscheinung tretende Phänomen ist in Europa weniger gut erforscht, vermutlich weil sich die Problematik hier in subtilerer Weise bemerkbar macht, aber auch weil die Bewertungsmaßstäbe der USA nicht unbedingt geeignet scheinen, ein Phänomen zu beurteilen, das sich hier auf andere Art manifestiert. Und doch sind die Europäer genauso davon betroffen.

Wir müssen den gegenwärtigen Narzissmus global begreifen, als ein gesellschaftliches und kulturelles Phänomen, das sich darauf auswirkt, wer wir sind. Ob wir es nun aus einem psychologischen oder einem soziologischen Blickwinkel betrachten, müssen wir feststellen, dass die Globalisierung einen tiefgreifenden Wandel der Individuen bewirkt hat (Kapitel 5). Wir sind von einer paternalistischen Kultur, die auf notwendigen Opfern beruht und das Auftreten von Neurosen begünstigt, zu einer Kultur übergegangen, die auf individueller Freiheit und Frustrationsintoleranz gründet, was narzisstisch anfällige Menschen noch leichter aus dem Gleichgewicht geraten lässt. Die Psychopathologie der Individuen spiegelt die Veränderungen in der Gesellschaft wider. Die Tatsache, dass derzeit ein deutlicher Zuwachs an narzisstischen Erkrankungen zu beobachten ist, bedeutet zum einen, dass dieser Persönlichkeitstyp besonders gut an die moderne Welt angepasst ist. Zum anderen führt der zunehmende Narzissmus der einzelnen Personen zu Veränderungen in der gesamten Gesellschaft (beispielsweise zur Wahl von Donald Trump). Unsere neoliberale Gesellschaft produziert Narzissten, und einige unter ihnen werden zu pathologischen Narzissten, die dem Größenwahn verfallen.

Eine der ersten Erklärungen für die steigende Häufigkeit dieser Art von Persönlichkeitsstörungen, die von den Soziologen ins Feld geführt wird, ist die antiautoritäre Erziehung der Jugendlichen und die permissive Sozialisierung in Familie und Schule. Ihrer Ansicht nach führen diese dazu, dass die Kinder sich den herrschenden Gesellschaftsnormen anpassen. Das Übel dehnt sich nicht zuletzt deshalb aus, weil die kapitalistische Gesellschaft über den Individualismus und den Massenkonsum, sei es von Gegenständen, Informationen oder Wellness-Produkten, die narzisstischen Züge in jedem und jeder von uns verstärkt. In einer um Konsum und Displays kreisenden Bild- und Informationsgesellschaft existiert das Individuum demzufolge nur noch in den Augen und unter den Blicken der anderen (Kapitel 6).

Die Folgen des überhandnehmenden Narzissmus sind überall sichtbar (Kapitel 7). Um im Beruf oder privat «Erfolg zu haben», muss man sich hervortun, sich aufwerten. Ganz offenkundig wird dies in den sozialen Netzwerken und in Reality-

TV-Sendungen, wo man sich bemüht, Entgleisungen zu glätten, aber auch in den Familien, wo die Paarbeziehungen immer kurzlebiger werden. Und natürlich am Arbeitsplatz, wo im Zusammenhang mit Mobbing und Burn-out immer mehr Druck und seelisches Leiden zu beobachten sind. Zweifellos begünstigen die neuen Gesellschaftsnormen, die das äußere Erscheinungsbild in den Mittelpunkt stellen, das Lügen und Betrügen, denn jeder muss für sich werben, selbst wenn er dafür die Wahrheit zu verbiegen hat. Überall sind richtungslose Verhaltensweisen zu beobachten, die sich nicht mehr nach moralischen Kriterien richten.

Zum Schluss werden wir zu begreifen versuchen, warum Narzissten häufig auf leitenden Posten großer Unternehmen und in der Politik anzutreffen sind (Kapitel 8). Bekanntlich fördert der pathologische Narzissmus die Risikobereitschaft, das kurzfristige Profitstreben, und er steht häufig am Anfang niederträchtigen und korrupten Handelns; dennoch setzen wir weiterhin Narzissten an die Spitze von Staaten und großen Firmen. Natürlich lassen ihr Machthunger, ihre Verführungskünste und ihr manipulatives Geschick sie als charismatische Führer erscheinen. Ihre Herrschsucht und ihre Skrupellosigkeit verleihen ihnen aber auch einen beträchtlichen Vorteil, wenn es darum geht, einen begehrten Posten zu ergattern.

Als Psychiaterin und Psychotherapeutin, die sich mit psychischer Gewalt und Mobbing beschäftigt, habe ich diese Narzissten zwangsläufig genauer kennengelernt. Die mit dem ausgeprägtesten Größenwahn wählten mich aus, «weil ich die Beste war», was für sie eine Art war, sich selber aufzuwerten. Sie suchten mich nicht auf, um sich in ihrem Verhalten besser verstehen zu lernen, sondern weil sie sich an den Konsequenzen ihres Narzissmus störten, zum Beispiel an der Schwierigkeit, eine Dauerbeziehung zu führen. Die verletzlichen Narzissten hingegen, die überempfindlich auf Kritik und Kränkungen reagieren, kommen häufiger, weil sie Situationen von Mobbing erduldet haben. Aber es sind vor allem die Partner oder Ex-Partner von Narzissten, die Hilfe benötigen, denn sie leiden darunter, für sie nur ein Gebrauchsgegenstand zu sein.

In einer von allmächtigen Narzissten geführten Welt kann man nur beunruhigt sein. Einige Narzissten sind entlarvt worden, doch weniger im Zuge der menschlichen Folgen ihrer Entgleisungen als vielmehr auf Grund der Tatsache, dass ihr Erfolg illusorisch und selten von langer Dauer ist. Wir müssen lernen, sie ausfindig zu machen, um ihren Aufstieg zu stoppen. Es geht nicht darum, über verschwindende Wertvorstellungen zu klagen und der Ansicht zu sein, dass «es früher besser war»; wichtig ist, den Narzissmus genau zu definieren und die psychischen Mechanismen narzisstischer Individuen zu verstehen, um die daraus erwachsenden gesellschaftlichen Folgen zu ermessen. Und auch die Mechanismen der modernen Welt müssen wir verstehen lernen, indem wir auf der Grundlage multidisziplinärer Ansätze einen erneuerten Dialog zwischen Psychoanalyse und Soziologie ermöglichen.

Aber erste Reaktionen scheinen sich bereits abzuzeichnen. Der Schock über Donald Trumps Regierungsübernahme hat dazu beigetragen, ebenso wie die zahlreichen Betrugs- und Fälschungsskandale. Doch obgleich immer mehr Menschen sich der unheilvollen Auswirkungen jener Mechanismen bewusst werden, stehen ihnen die negativen Kräfte von Profit und Rentabilität entgegen. Darum ist es so wichtig, die unzähligen, weit weniger bekannten, aber ganz wesentlichen Erfahrungen mit der Gründung und Entwicklung von Arbeits- und Lebenskollektiven publik zu machen, wo narzisstische Verhaltensweisen nicht länger Bestand haben.

Kapitel 1

DER PATHOLOGISCHE NARZISSMUS DES DONALD TRUMP

Auch jemand, der kein Psychologe oder Psychiater ist, merkt sofort, dass mit Donald Trump etwas nicht stimmt. Denen, die nicht wissen, was unter «pathologischem Narzissmus» genau zu verstehen ist, liefert der im November 2016 gewählte Präsident der Vereinigten Staaten mit seiner Prahlerei, seinem extravertierten Verhalten, seiner absoluten Hemmungs- und Empathielosigkeit ein karikatureskes Beispiel.

Seit Beginn von Donald Trumps Wahlkampf hatten US-amerikanische Psychiater in seinen Persönlichkeitsstörungen ein Alarmzeichen gesehen. Am 4. Oktober 2016 strengte der Anwalt James A. Herb ein erstes offizielles Unfähigkeitsverfahren beim Gericht von Florida an, das vom Gerichtshof unverzüglich abgewiesen wurde.[1] Am Tag nach der Wahl reichte John Gartner, Professor für Psychiatrie an der Johns Hopkins University (Maryland), eine Petition ein, in der es hieß: «Donald Trump leidet an einer schwerwiegenden seelischen Krankheit, die ihn psychisch unfähig und inkompetent macht, die Amtsgeschäfte eines Präsidenten der Vereinigten Staaten auszuüben»[2] (seine Petition erhielt mehr als 70000 Unterschriften). Ende 2016 schrieben drei Professoren der Psychiatrie an Präsident Obama mit der Forderung, den neu gewählten Präsidenten einer psychiatrischen Begutachtung zu unterziehen, wobei sie ihre «große Besorgnis» zum Ausdruck brachten hinsichtlich seiner «Impulsivität, Überempfindlichkeit gegenüber Kritik und offensichtlichen Unfähigkeit, Hirngespinste von der Wirklichkeit zu unterscheiden».[3]

Nach Donald Trumps Einzug ins Weiße Haus im Januar 2017 kam das Thema erneut zur Sprache. James A. Herb strengte ein weiteres Verfahren an, in dem er Absatz 4 des 25. Zusatzartikels zur amerikanischen Fassung geltend machte (der für den Fall der Unfähigkeit des Präsidenten, die Geschäfte und Pflichten seines Amtes auszuüben und zu erfüllen, seine Ablösung durch den Vizepräsidenten vorsieht); das Verfahren wurde am 21. Februar 2017 vom Gerichtshof abgewiesen.

Noch im selben Monat gründete eine Gruppe von mehr als tausend Psychiatern und Psychologen die Vereinigung Citizen Therapists against Trumpism, um auf das beunruhigende Persönlichkeitsprofil des neuen Präsidenten aufmerksam zu machen. Im März 2017 warnten zwei angesehene US-amerikanische Psychiater, Robert Jay Lifton und Judith Herman, in einem offenen Brief in der *New York Times* vor dem gefährlichen Persönlichkeitsprofil von Trump.[4] In der Folge erhielt eine weitere Petition, «Need to Impeach», die der Milliardär Tom Steyer lanciert hatte, die Unterschrift von mehr als 5 Millionen US-Bürgern. Aber der Widerstand fand auch auf der Straße statt, denn fast 4 Millionen Menschen protestierten beim «Marsch der Frauen» am Tag nach Donald Trumps Amtseinführung.

Klinische Diagnose: Trump erfüllt alle Kriterien

Und doch sind sich nicht alle Spezialisten über die komplexe Persönlichkeit Donald Trumps einig. Während exzellente US-Psychiater der Ansicht sind, dass er eine narzisstische Persönlichkeitsstörung aufweist, meinen andere, dass er nur eine starke Persönlichkeit besitzt. Die Schwierigkeit der Beurteilung erwächst aus dem Gebot der Berufsethik, demzufolge ein Psychiater nur dann eine Diagnose stellen kann, wenn er den Patienten persönlich kennengelernt hat. Aus diesem Grund hatte schon im August 2016 die American Psychiatric Association (APA) eine Mitteilung veröffentlicht, in der sie die Praxis der Ferndiagnose verurteilte: Ihrer Ansicht nach könne dadurch «das Vertrauen der Öffentlichkeit in die Psychiatrie»[5] Schaden nehmen. Sie bezog sich dabei auf die 1973 von der Gesellschaft angenommene «Goldwater-Regel», nach der die Diagnose einer öffentlichen Person ohne angemessene Untersuchung und ohne ihre Erlaubnis der ärztlichen Ethik zuwiderlaufe. Diese Problematik hatte bereits während des Wahlkampfs zur Präsidentschaftswahl von 1964 Debatten ausgelöst, als eine Zeitschrift Tausende Psychiater danach befragte, ob der republikanische Kandidat Barry Goldwater für das Präsidentenamt psychisch geeignet sei. Mehr als tausend Psychiater erklärten daraufhin seine Unfähigkeit, woraufhin Goldwater einen Prozess wegen Verleumdung gewann.

Der pathologische Narzissmus einer Person wird meistens anhand einer Bewertungstabelle aus dem DSM (*Diagnostic and Statistical Manual of Mental Disorders*) beurteilt, dem internationalen Handbuch zur Klassifizierung von psychischen Störungen, dessen 5. Auflage 2013 erschien[6] (s. unten, Kapitel 3). Nach Ansicht des Psychiaters Allen James Frances, Koautor des DSM-IV, kann Trump «ein erstklassiger Narzisst sein, was aber noch keinen psychisch Kranken aus ihm macht».[7] Die Argumente, die Frances dafür ins Feld führt, überraschen ziemlich: «Denn er leidet nicht an der Verzweiflung und Schwäche, die zur Diagnose einer psychischen Störung führen.» Und er fügt hinzu: «Ein schlechtes Verhalten deutet selten auf eine psychische Krankheit hin.» Tatsächlich müssen laut DSM die auffälligen Krankheitsmerkmale ein persönliches Leiden oder eine Unfähigkeit nach sich ziehen, was bei Donald Trump offensichtlich nicht der Fall ist. Wir werden auf diese Argumentation noch zurückkommen, denn hier steht die Stichhaltigkeit der vom DSM gestellten Diagnosen insgesamt in Frage: Kann eine psychische Störung oder Krankheit wirklich erst anhand des Leidens diagnostiziert werden, das die betreffende Person empfindet?

Die Warnungen ihrer Kollegen haben 27 US-Psychiater und -Psychologen nicht daran gehindert, ihre berufliche Neutralität zu verlassen: Nach einem Vortrag an der Yale School of Medicine im April 2017 mit dem Titel «Duty to Warn» publizierten sie gemeinsam ein Buch, in dem sie die Bürger ihres Landes vor der Gefährlichkeit Donald Trumps warnten.[8] In der Tat kann ein Psychiater, auch ohne eine Diagnose über eine nicht von ihm selbst untersuchte Person abzugeben, deren Symptome beschreiben und sich dazu äußern, ob diese Person «für sich selbst oder andere» gefährlich ist. Wenn man davon ausgeht, dass Donald Trump eine narzisstische Persönlichkeit besitzt, handelt es sich dann bei ihm einfach um narzisstische Züge, die er mit einem großen Teil der US-Bürger teilt? Oder um eine Persönlichkeitsstörung, das heißt einen Komplex von Verhaltensweisen und Beziehungen, die nicht den gesellschaftlichen Normen entsprechen? Oder gar um eine noch schwerwiegendere Pathologie? Die Medien bleiben allgemein und sprechen von «Wahnsinn». Versuchen wir, etwas mehr Klarheit hineinzubringen.

Ich werde später über die Stichhaltigkeit der Bewertungstabelle des DSM reden, die meiner Ansicht nach zu wenig nuanciert ist (s. unten, Kapitel 3), aber da die US-Psychiater sich an ihr orientieren, will ich sie hier benutzen, um Donald Trumps Persönlichkeit zu analysieren. Es wird sich zeigen, dass er sämtliche Merkmale der narzisstischen Persönlichkeitsstörung erfüllt, wie sie im DSM-5 beschrieben wird. Natürlich weist er auch Züge auf, die zu anderen Persönlichkeitsstörungen gehören, aber das ist nebensächlich. Laut DSM-5 wird die narzisstische Persönlichkeitsstörung folgendermaßen definiert: «Demnach handelt es sich bei der Narzisstischen Persönlichkeitsstörung um ein tiefgreifendes Muster von Großartigkeit (in Fantasie oder Verhalten), dem Bedürfnis nach Bewunderung und Mangel an Einfühlungsvermögen. Der Beginn liegt im frühen Erwachsenenalter und die Störung zeigt sich in verschiedenen Situationen. [...] Mindestens fünf der folgenden Kriterien müssen erfüllt sein [...].»[9] Diese Kriterien will ich jetzt zitieren und kommentieren.

Die neun Kriterien der «narzisstischen Persönlichkeitsstörung»

«1. Hat ein grandioses Gefühl der eigenen Wichtigkeit (z.B. übertreibt die eigenen Leistungen und Talente; erwartet, ohne entsprechende Leistungen als überlegen anerkannt zu werden).»

Donald Trump hält sich – und hielt sich schon immer – für allmächtig. Er betrachtet sich als jemand Besonderen, der über allem und allen steht: «Anything we want is now possible» («Alles, was wir wollen, ist jetzt möglich»). Schon 1984 verkündete er in einem Interview mit der *Washington Post*, dass er durchaus imstande wäre, mit der UdSSR über das Atomwaffen-Arsenal zu verhandeln: «Es würde anderthalb Stunden brauchen, um alles zu lernen, was es über Raketen zu lernen gibt ... Übrigens denke ich, dass ich das Wichtigste weiß.» Trump prahlt ohne jedes Schamgefühl: «Der einzige Unterschied zwischen mir und den anderen Bewerbern ist, dass ich ehrlicher bin. Und meine Frauen sind schöner.» «Meine Finger sind lang und schön, ganz wie – und das ist dokumentiert – gewisse andere Teile meines Körpers.» Seine Wahl in das höchste politische Amt der USA hat ihn nicht besänftigt, er rückt sich weiterhin in den Vordergrund, denn Prahlen ist etwas Instinktives bei ihm, ohne jede Kontrolle. Und genau das kann ihn dazu verleiten, aus lauter Übertreibung Fehler zu machen – etwa in seiner Pressekonferenz vom 16. Februar 2017: «Ich glaube nicht, dass es je einen gewählten Präsidenten gegeben hat, der in so kurzer Zeit getan hat, was wir getan haben.» Im Januar 2018 twitterte er: «Mein Leben lang waren meine beiden größten Qualitäten psychische Stabilität und, sagen wir mal, wirklich schlau zu sein.» Und im August 2018, nach den Anschuldigungen durch seinen ehemaligen Rechtsanwalt, er habe gegen das Wahlkampfgesetz verstoßen, erklärte er auf Fox News: «Ich verstehe nicht, warum man jemanden absetzen will, der einen Superjob macht.»

«2. Ist stark eingenommen von Fantasien grenzenlosen Erfolgs, Macht, Glanz, Schönheit oder idealer Liebe.»

Trump bewegt sich ständig zwischen Emphase, Superlativ und Hyperbel: «Ich sagte, ich werde der größte Job-Produzent sein, den Gott je erschaffen hat.» Während seiner Amtsantrittsrede vom 20. Januar 2017 wiederholte er viele Male die Wörter «great», «fantastic», «incredible» und «brillant», insbesondere um die Mitglieder seiner künftigen Regierung zu charakterisieren.

Wenn er seine Mitarbeiter vorstellt, benutzt er stets den Superlativ. Über den Chef von ExxonMobil, Rex Tillerson, den er im Februar 2017 zum Außenminister ernannte (und ein Jahr später feuerte), sagte er: «Er ist der größte, geschickteste Geschäftsmann der Erde, er ist unglaublich!»

Alles, was ihn betrifft, muss möglichst groß sein: die Marke Trump die größte, der Trump Tower der höchste und auffälligste – so dass er sogar die Nummerierung der Etagen veränderte, um das Gebäude noch größer erscheinen zu lassen, als es in Wirklichkeit ist. In seiner Rede vom 30. Januar 2018 bezeichnete er seine Steuerreform als die bedeutendste in der Geschichte des Landes und versicherte, die alte «Stärke und Stellung» der Vereinigten Staaten wiederherstellen zu wollen.[10] Nichts ist ihm groß genug, er will den Rückstand der USA auf dem Gebiet der Weltraumeroberung wieder aufholen und eine amerikanische Vorherrschaft im Weltraum erreichen.

«3. Glaubt von sich, ‹besonders› und einzigartig zu sein und nur von anderen besonderen oder angesehenen Personen (oder Institutionen) verstanden zu werden oder nur mit diesen verkehren zu können.»

Auch wenn Donald Trump sich als Populist präsentiert, verkehrt er nur mit den Größten, die als Einzige seiner würdig sind. Unter den Politikern achtet er nur die Männer, die den Ton angeben, die, die ihm ebenbürtig sind, mit denen er sich in einem Kraftakt messen kann. Der lange Händedruck, den er am 25. Mai 2017 in Brüssel mit dem neuen französischen Präsidenten Emmanuel Macron tauschte, war als ein Test gegenseitiger Anerkennung zu verstehen. Macron hielt wacker stand, was ihm ermöglichte, danach von dem Älteren akzeptiert zu werden; doch im Anschluss konnte der US-Präsident seinem Bedürfnis nach Selbsterhöhung nicht widerstehen und klopfte in einer paternalistischen Geste Macron ein paar Staubkörnchen von der Schulter. In seinem Team hat Trump mehreren Multimillionären die höchsten Ämter anvertraut. Die meisten dieser Personen wurden reich geboren, haben Eliteschulen besucht und als Erwachsene ihr Vermögen ständig vermehrt.

Trump schätzt starke Männer, und er findet mehr lobende Worte für Autokraten und Diktatoren als für gemäßigte Regierungschefs. So lobte er die Verdienste des im Mai 2016 gewählten philippinischen Präsidenten Rodrigo Duterte trotz dessen übereiltem Vorgehen im blutigen Krieg gegen die Drogenhändler: Im Mai 2017 erklärte er, Duterte mache einen «unglaublichen Job bei der Lösung des Drogenproblems» («He is doing an unbelievable job on the drug problem»). Eigentlich hätte Donald Trump gern noch mehr Macht, denn Demokratie bedeutet ihm wenig: Seinem Streben nach Allmacht ist sie nur hinderlich. Deshalb bewunderte er auch die Entscheidung des chinesischen Präsidenten Xi Jinping im März 2018, die Beschränkung seiner Amtszeit abzuschaffen, und nannte ihn in diesem Zusammenhang «genial». Verlieh Trump seiner Bewunderung für Wladimir Putin deshalb schon sehr früh Ausdruck, weil er glaubte, nur von den Mächtigen verstanden werden zu können? Mit dem seit 2012 in Nordkorea regierenden jungen Machthaber Kim Jong-un stürzte er sich in eine Ego-Schlacht, als er im Januar 2018 damit prahlte, einen Atomknopf zu besitzen, der «größer sei als der von Rocket Man». Aber da er zu einem erfolgreichen *deal* gelangen wollte, wo seine Vorgänger gescheitert waren, und um «‹besonders› und einzigartig» zu sein, fand er den nordkoreanischen Präsidenten schließlich «nett» und lustig, was diesem vermutlich sehr gelegen kam, um sein Image auf der internationalen Bühne aufzubessern.

«4. *Verlangt nach übermäßiger Bewunderung.*»

Trump hat früh begriffen, dass er wie die Stars des Showbiz oder die Queen leicht erkennbar sein muss. Daher pflegt er sein Äußeres, um nicht unbemerkt zu bleiben. Indem er 2004 die Reality-TV-Show *The Apprentice* ins Leben rief, konnte er sein unstillbares Verlangen nach Öffentlichkeit befriedigen und seine Berühmtheit steigern. In seinem zwanghaften Bedürfnis, stets der Mittelpunkt zu sein, hat er alle von ihm vermarkteten Produkte mit seinem Namen versehen: seine Kasinos, seine Steaks, seinen Wein, seine Immobilien, seine Universität. Wichtig ist ihm nur, dass er berühmt ist, dass man über ihn redet, und sei es, dass man über ihn herzieht. Dafür ist er zu allen erdenklichen rassistischen und sexistischen Ausfälligkeiten bereit, zur großen Freude der Medien: «Wissen Sie, es ist völlig egal, was die Medien schreiben, solange man sich einen jungen, schönen Arsch geangelt hat.» Er prahlt in einem fort mit seinen Leistungen und gibt wie ein kleiner Junge geheime Informationen preis, um seine Gäste zu beeindrucken. Selbst wenn seine Politik gar nichts damit zu tun hat, nutzt er sofort jede gute Nachricht von den Finanzmärkten, um sie in seinen Tweets als sein Verdienst zu verkaufen. Die Außenpolitik ist für ihn wie eine Reality-Show: Man beginnt mit *teasing*, dann folgt eine Ankündigung, und schließlich muss das Ereignis, wie etwa sein Treffen mit Kim Jong-un, ein besonderes Event sein, das live ausgestrahlt und in allen Medien kommentiert wird. Auf diese Weise kann er der ganzen Welt zeigen, dass er es besser macht als seine Vorgänger.

«5. Legt ein Anspruchsdenken an den Tag (d.h. übertriebene Erwartungen an eine besonders bevorzugte Behandlung oder automatisches Eingehen auf die eigenen Erwartungen).»

Trump ist der Ansicht, dass er niemandem etwas schuldet, dass er sich erlauben kann, alles zu sagen und zu tun, was er für richtig hält, und dass seine Wünsche immer erfüllt werden müssen. Wenn ihm etwas nicht passt, denkt er, dass er als Präsident das mit einem einfachen Tweet klären kann. So verkündete er zum Beispiel im Juli 2017 über Twitter den Ausschluss von Transgender-Personen aus den US-Streitkräften – aber ein General ließ ihn dann wissen, dass der Beschluss nicht ausgeführt würde. In einem Tweet vom 4. Juni 2018 schrieb er in Bezug auf die Ermittlungen, die eine russische Einflussnahme auf seinen Wahlkampf überprüften: «Wie von vielen Experten bestätigt wurde, [...] bin ich absolut berechtigt, mich selbst zu begnadigen. Aber warum sollte ich das tun, wenn ich nichts Unrechtes getan habe?» In seinem Größenwahn bildete sich

Donald Trump, gleich einem Kind, ein, ein Superheld zu sein. Und er rastet auch weiterhin aus und lässt seinen Launen freien Lauf, wenn er nicht bekommt, was er will, oder wenn man ihn verärgert. So hat er einen CNN-Journalisten mehrfach am Reden gehindert und Künstler angeprangert, die sich geweigert hatten, bei der Feier zu seiner Amtseinführung aufzutreten.

Trump glaubt, über den Gesetzen zu stehen, und bei seiner Wahl weigerte er sich, seine Steuererklärung publik zu machen. Im Februar 2017 versuchte er dann, den Direktor des FBI, James Comey, zu beeinflussen: «Ich hoffe, Sie finden einen Weg, das fallenzulassen, Flynn laufen zu lassen. Er ist ein guter Kerl.» Comey bestätigte später, vom Präsidenten gedrängt worden zu sein, die Ermittlungen gegen Michael Flynn, den ehemaligen Nationalen Sicherheitsberater, der in die Affäre um die russische Einflussnahme auf die Präsidentschaftswahlen verwickelt war, aufzugeben.

«6. Ist in zwischenmenschlichen Beziehungen ausbeuterisch (d.h. zieht Nutzen aus anderen, um die eigenen Ziele zu erreichen).»

Die anderen existieren für Donald Trump nicht, oder sie existieren vielmehr nur als Utensilien, die ihm zu Diensten stehen. Um die Interessen der Großunternehmen und anderer Milliardäre seines Schlages zu befriedigen, setzte er in den ersten Monaten seiner Amtszeit vierzehn wichtige Vorschriften in den Bereichen Umwelt, Finanzen sowie Gesundheit und Sicherheit bei der Arbeit außer Kraft, nach dem Motto: «Nach mir die Sintflut.» Er behauptet stets, er habe die Besten und die Bedeutendsten angeworben, aber er zögert nicht, sie mit einem einfachen Tweet zu entlassen, sobald sie Kritik äußern oder sich seinen Launen verweigern. So hat er in anderthalb Jahren drei Kommunikationsdirektoren rausgeworfen, drei Sicherheitsberater und drei Minister: «You are fired!» Nachdem er sich seines Anwalts Michael Cohen bedient hatte, kritisierte er ihn, als dieser im August 2018 unter Eid aussagte, dass er das Schweigen zweier Klägerinnen gekauft habe: «Wenn jemand einen guten Anwalt sucht, rate ich ihm sehr, nicht die Dienste von Michael Cohen in Anspruch zu nehmen.»

Nicht nur stehen die anderen Trump zur Verfügung, sondern auch die Realität muss sich der Vorstellung beugen, die er sich von ihr macht. Das erklärt die Fake News, von denen später noch die Rede sein wird. Seine einzige Sorge ist, sich an der Macht zu halten, wiedergewählt zu werden und in die Geschichte einzugehen.

«7. Zeigt einen Mangel an Empathie: Ist nicht willens, die Gefühle und Bedürfnisse anderer zu erkennen oder sich mit ihnen zu identifizieren.»

Bei Donald Trump ist nicht einfach ein Mangel an Sensibilität für die Bedürfnisse und Wünsche anderer zu beobachten, sondern vielmehr ein erschreckendes Fehlen von Empathie, das sich in Machismus, Rassismus und Verachtung gegenüber jedem ausdrückt, der ihn nicht genug lobt. Im Wahlkampf 2016 verspottete er einen behinderten Journalisten; und er rächte sich an Ted Cruz, seinem Gegner bei den Vorwahlen, indem er unterstellte, dessen Vater habe dem Mörder von John F. Kennedy nahe gestanden. Ein anderes Mal machte er sich über die Mutter eines muslimischen Hauptmanns lustig, der im Kampf gefallen war.

Donald Trump ist ganz offensichtlich ein Rassist, aber es handelt sich bei ihm nicht um eine festgefügte Überzeugung: Da er sich mit den jüdisch-christlichen Weißen identifiziert, ist es ihm einfach nicht möglich, die Sichtweisen und Kulturen all jener zu teilen, die sich von diesem Fantasie-Modell unterscheiden. So bezeichnete er mehrere afrikanische Staaten mit dem Ausdruck «Dreckslochländer». Und um seine Wählerschaft der «kleinen weißen Leute» bei der Stange zu halten, appelliert er an identitäre Gefühle, indem er dem Ressentiment der Masse schmeichelt. Im Übrigen verdächtigt er alle Muslime, potentielle Terroristen zu sein, und behauptete fälschlich, sie hätten den Angriff auf das World Trade Center im September 2001 gefeiert.

Ebenso unstrittig ist sein Sexismus: Er verachtet die Frauen und hat sich nicht gescheut, dies zum Ausdruck zu bringen. Seine republikanische Rivalin Carly Fiorina sei zu hässlich – «Look at that face!» – für eine Präsidentschaftskandidatur; eine Journalistin, die ihn kritisierte, sei nur eine auf ihre Menstruation beschränkte Idiotin; und er prahlte damit, die Frauen «an der Muschi packen» zu können …

Wie alle Narzissten ist Trump so sehr auf sich selbst fixiert, dass er unfähig ist, anderen Aufmerksamkeit zu schenken. Ob im Mai 2017 bei der unilateralen Aufkündigung des Pariser Klimaabkommens von 2015 oder bei seinem Versuch, «Obamacare» abzuschaffen, jedes Mal zeigte er sich gleichgültig gegenüber den menschlichen Konsequenzen seiner Beschlüsse. Im August 2017 bestritt er trotz der schweren von Hurrikan Harvey verursachten Überschwemmungen in Texas weiterhin die realen Gefahren, die mit dem Klimawandel verbunden sind; er lockerte sogar die von Barack Obama ergriffenen Maßnahmen zur Bekämpfung der Überschwemmungen. Und um zu sparen, reduzierte er die Sozialhilfe für die Ärmsten.

Donald Trump kümmert sich nur um Dinge, die sein Image aufzuwerten versprechen oder seiner Selbstliebe neue Nahrung geben. Als er im Frühjahr 2018 seine Attacken gegen die illegale Einwanderung bis hin zu einer «Null-Toleranz»-Politik verschärfte, indem er illegal eingereiste Eltern und Kinder voneinander trennte, tat er dies ohne jedes Mitgefühl, allein um seinen Wählern zu gefallen. Danach milderte er seine Position nur deshalb ab, weil er fürchten musste, dass die allzu unpopuläre Maßnahme sich ungünstig auf die Zwischenwahlen auswirken könnte. Trump handelt einzig und allein aus Opportunismus, denn die anderen interessieren ihn nur, wenn es der Pflege seines Images dient.

«8. Ist häufig neidisch auf andere oder glaubt, andere seien neidisch auf ihn/sie.»

Einem pathologischen Narzissten genügt es nicht, eine grandiose Meinung von sich selbst zu haben, die anderen müssen seine Qualitäten auch anerkennen und es ihm mitteilen. Donald Trump ist überzeugt, dass alle anderen ihn um seine Fähigkeiten beneiden, wie er im Mai 2013 erklärte. «Tut mir leid, *losers* und *haters*, aber mein IQ ist einer der höchsten. Fühlt euch bloß nicht so dumm oder unsicher, es ist nicht eure Schuld.»[11] Nach seinem Wahlsieg ertrug er nur schwer, dass Hillary Clinton 2,8 Millionen Stimmen mehr als er selbst erhalten hatte: Er twitterte, dass er «ohne die Millionen von Menschen, die illegal gewählt haben, die Mehrheit der Wählerstimmen gewonnen hätte». Während er stets der Erste ist, wenn es darum geht, Fake News anzuprangern, hat er in seinen Golfklubs ein falsches Titelblatt der Zeitschrift *Time* mit seinem Porträt aufhängen lassen.[12] Wie ein Kind, das das Gefühl hat, seine Eltern bevorzugten seine Geschwister, vergleicht er unaufhörlich die jeweiligen Vorteile in anderen Ländern und trifft danach seine Entscheidungen im internationalen Handel. Als die USA im zweiten Quartal 2018 ein Wachstum von 4,1 % im Jahresvergleich verzeichneten, sah sich ihr Präsident in seiner Gewissheit bestätigt, dass seine Politik der Deregulierung und der Steuersenkungen richtig sei, und er prahlte: «Seit unserem Amtsantritt können wir die Schaffung von 400 000 Arbeitsplätzen im verarbeitenden Gewerbe melden … Milliarden von Dollar fließen in die USA zurück … Fabriken öffnen wieder ihre Tore … Die ganze Welt beneidet uns.»[13]

«9. Zeigt arrogante, überhebliche Verhaltensweisen oder Haltungen.»

Trump ist nicht einfach arrogant und eingebildet, er legt eine totale Verachtung gegenüber anderen an den Tag. Das erklärt seine Weigerung, sich für die Zukunft unseres Planeten zu interessieren, und seine feste Absicht, «Obamacare» abzuschaffen. Und er bedrohte seine Rivalin Hillary Clinton indirekt mit dem Tod, als er seinen Zeigefinger wie einen Pistolenlauf ausrichtete, während er von denen sprach, die Clinton unterstützten und nicht seiner Meinung folgten. Die Arroganz ist bei ihm ein Abwehrmittel gegen Minderwertigkeitsgefühle: Er kann nicht zugeben, dass er sich geirrt hat. Vor allem aber verachtet er die Demokratie, denn für ihn ist die einzig wahre Macht das Geld.

Die anderen Diagnosevorschläge

Niemand zweifelt an Donald Trumps pathologischem Narzissmus, aber einige Psychiater haben noch andere Diagnosevorschläge. Sie benennen meiner Meinung nach nur Nebenaspekte von Trumps narzisstischer Persönlichkeitsstörung, Varianten dieses Krankheitsbildes. Aber es ist durchaus interessant, diese Diagnosen vorzustellen, um das Profil der Persönlichkeit des US-Präsidenten genauer zu erfassen wie auch die Wahrnehmung seiner Person in den Kreisen von US-Psychiatern.

Die ADHS

Die erste offensichtliche Diagnose ist die Aufmerksamkeitsdefizit-/Hyperaktivitätsstörung (ADHS). Dabei handelt es sich um eine Krankheit, die Aufmerksamkeitsstörungen, Hyperaktivität und Impulsivität in sich vereint und sehr häufig mit einer narzisstischen Persönlichkeitsstörung einhergeht. In seinem 1990 erschienenen Buch *Surviving at The Top* hat Donald Trump das Problem übrigens selbst eingestanden: «Meine Konzentrationsspanne ist sehr kurz, und der Status quo ist wahrscheinlich die Art von Situation, die ich am schlechtesten ertrage. Anstatt mich zu freuen, wenn alles in Ordnung ist, hält mich nichts mehr auf der Stelle, und ich werde schnell gereizt.»[14] Tatsächlich ist Trump unfähig, sich mehrere Minuten lang auf ein Thema zu konzentrieren, das nicht seine Selbstverherrlichung betrifft, und er gibt damit an: «Manchmal sind die Leute erstaunt von der Schnelligkeit, mit der ich wichtige Entscheidungen treffe, aber ich habe gelernt, meinen Instinkten zu vertrauen und nicht zu viel zu überlegen», schrieb er 2004 in *Think Like a Billionaire*.[15]

Sein Denken kann also nicht besonders tiefsinnig und kritisch sein, was ihn äußerst beeinflussbar macht. Seine Leichtgläubigkeit, die zur Folge hat, dass er die verrücktesten Theorien akzeptiert, erklärt sich aus seiner Unreife. Während er den Anschein von Selbstsicherheit erweckt, ist er gleichzeitig höchst manipulierbar. Zur Zeit von Trumps Wahlkampf und zu Beginn seiner Amtszeit stand Steve Bannon in dem Ruf, das Alter Ego des Präsidenten zu sein, derjenige, der ihn ursprünglich zu dem Entschluss bewegt habe, das Pariser Klimaabkommen aufzukündigen, der Trumps Krieg gegen die Medien angeheizt und im Hintergrund die Fäden gezogen habe, damit der Präsident seine stärksten Unterstützer weiterhin begeistert. Das *Time Magazine* nahm Steve Bannon unter Beschuss, indem es auf seiner Titelseite ein Foto von ihm mit dem Titel «The Great Manipulator» veröffentlichte. Der dazugehörige Artikel stellte unverblümt die Frage: «Ist Steve Bannon der zweiteinflussreichste Mann der Welt?»[16] Trump nahm das offenbar übel, er wollte nicht als Marionette beschrieben werden, und Steve Bannon musste schließlich im August 2017 das Weiße Haus verlassen.

So erklärt sich auch Trumps Unberechenbarkeit und seine Impulsivität. Auf Kritik oder etwas, das er als Angriff auf sein Image betrachtet, reagiert er immer hitzig und heftig. Seine Impulsivität ist nicht mit der für einen Staatsmann notwendigen Reaktionsfähigkeit zu verwechseln. 1990 verwies der US-amerikanische Psychologe Scott Dickman auf den entscheidenden Unterschied zwischen funktioneller Impulsivität (wenn eine Situation sofortige Entscheidungen verlangt), die für einen Staatschef sehr wichtig ist, und dysfunktioneller Impulsivität (wenn es eigentlich nötig wäre, sich Zeit zum Überlegen zu nehmen).[17] Donald Trump reagiert, bevor er denkt.

Die Psychopathie oder Soziopathie

US-Psychiater haben sich gefragt, ob Donald Trumps Frustrationsintoleranz seinem Narzissmus zuzuschreiben oder Ausdruck seiner psychopathischen Züge sei: seiner für verbale und körperliche Aggressionen verantwortlichen Impulsivität, seiner Verachtung für gesellschaftliche Regeln und Normen, seiner fehlenden Gewissensbisse und Schuldgefühle usw. Schwankend zwischen Lächeln und Drohen, zwischen verführerischem Charme und Ablehnung, ist die psychopathische Persönlichkeit geprägt von einer Labilität in Bezug auf Stimmungen und Beziehungen, die von tiefwurzelnden Ängsten und einer Unreife der Gefühle zeugt.

Der bereits zitierte Psychiater John Gartner spricht in Trumps Fall von einem «bösartigen» oder «malignen» Narzissmus, während einige seiner Kollegen auf eine «größenwahnsinnige Psychose» verweisen – was in manchen französischen Übersetzungen unter «narzisstischer Perversion» zusammengefasst wurde. Wir werden im folgenden Kapitel die Unterschiede zwischen diesen Störungen betrachten. Im Moment sei nur festgehalten, dass man verschiedene Untergruppen narzisstischer Persönlichkeitsstörungen unterscheiden kann, und der maligne Narzissmus, von dem Gartner spricht, gehört dazu. Später werde ich ausführen, dass meiner Ansicht nach Donald Trump kein narzisstischer Perverser ist, im Gegensatz zu Putin, denn sein Narzissmus ist zu offensichtlich, ostentativ, naiv und kindlich, während ein narzisstischer Perverser vor allem ein Stratege ist, der maskiert vorgeht, um seine bösartigen Absichten besser auszuführen (s. unten, Kapitel 4).

Paranoia, neurologische Schädigung oder «delirantes Syndrom»?

Die Art und Weise, in der Trump die Wissenschaften oder die Presse angreift, kann den Eindruck erwecken, dass er paranoid sei: Er fühlt sich sogar von Minderheiten verfolgt, die keinerlei Gefahr für ihn darstellen. Im Allgemeinen werden alle, die gegen ihn sind, als Akteure einer Verschwörung wahrgenommen, die das Ziel verfolgt, ihn zu delegitimieren. Damit lassen einige seiner Reaktionen tatsächlich an Paranoia denken, doch handelt es sich bei ihm nicht um eine strukturierte Störung: Diese Reaktionen verweisen vielmehr auf die fortwährende Besorgnis, sein Image zu bewahren, und auf sein gesteigertes Verlangen nach Allmacht. Wenn er die Vereinigten Staaten als Opfer der Habgier anderer Länder präsentiert, die die Großzügigkeit der USA ausnutzen, muss man in diesem Standpunkt eine Parallele zu seinen eigenen Empfindungen sehen: Er fühlt sich unverstanden, zu Unrecht kritisiert und fortwährend gezwungen zu beweisen, dass er der Beste ist. Warum und weshalb, werden wir besser verstehen, wenn wir gewisse Abschnitte seiner Biographie einbeziehen.

Fachleute waren zudem erstaunt über die Verarmung von Trumps Vokabular seit dem Ende der 2000er Jahre wie auch über seine fehlende Triebkontrolle.[18] Aus ihrer Sicht zeugen die Verbindung eines Zustands der Gereiztheit mit einer überbordenden Heiterkeit, seine Neigung zu Scherzen und Wortspielen und seine Sprachstörungen von einer fortschreitenden Demenz, die in engem Zusammenhang mit einer Degeneration des Frontalhirns steht.

US-Psychiater siedeln den Narzissmus gewöhnlich auf einer Skala von 1 bis 10 an (s. folgendes Kapitel): Bis zum Wert 5 hat eine Person ein narzisstisches Defizit, 5 kann als normal betrachtet werden, und jenseits davon gelangt man zu einem immer ernsteren Krankheitszustand, der bis zur Psychose gehen kann.[19] Ein extremer Narzissmus kann an ein größenwahnsinniges Delirium grenzen, aber nach dem Ermessen der auf dieses Gebiet spezialisierten US-amerikanischen Psychoanalytiker muss es sich deshalb noch nicht um eine Psychose handeln. Dieser Ansatz ist zweifellos vereinfachend, und wir werden noch sehen, wie die Psychoanalyse den Narzissmus beschreibt und analysiert.

Die Ursprünge von Trumps pathologischem Narzissmus

Donald Trumps Kindheit entspricht genau den Beschreibungen der Kindheit von Personen, die an einem pathologischen Narzissmus leiden. Er ist das vierte von fünf Kindern des Ehepaars Fred C. und Mary Trump. Sein Vater, ein reicher Immobilienmakler, war knauserig, streng und unnachgiebig. Sein Großvater Friedrich Drumpf, ein deutscher Einwanderer, der seinen Namen in Trump änderte, wurde reich, indem er die Goldsucher am Klondike River mit Nahrung, Getränken und Frauen belieferte. Fred, der Vater, erfand 1929 den Selbstbedienungs-Lebensmittelladen, versuchte sich danach im Immobilienhandel und tat sich mit Willie Tomasello zusammen, einem Geschäftsmann, von dem es hieß, er lasse seine Verträge mit Hilfe von Prügel unterzeichnen. Damals soll Donald, genannt «Donny», gelernt haben zuzuschlagen, niemals nachzugeben, niemals die Wahrheit zu sagen.[20] Die Mutter Mary, eine arme schottische Auswanderin und geborene McLeod, die im Alter von achtzehn Jahren mit nur fünfzig Dollar in der Tasche in die Vereinigten Staaten gekommen war, liebte Luxus und Extravaganzen. Und Donald war ihr Liebling. Nach der Geburt ihres letzten Sohnes – «Little Donny» war damals zwei Jahre alt – erlitt sie eine schwere postpartale Blutung und wurde zur Gebärmutterentfernung ins Krankenhaus eingewiesen. Der Vater teilte den älteren Geschwistern mit, dass ihre Mutter vielleicht sterben werde, aber dass sie trotzdem zur Schule gehen müssten. Für Donald muss das alles ein Schock gewesen sein, nicht nur wegen der Ankunft eines Rivalen, sondern auch weil er fürchten musste, wegen dieses Säuglings plötzlich seine Mutter zu verlieren.

Donny verbrachte seine ersten Jahre in einem großen Kolonialhaus mit 23 Zimmern in dem vornehmen Wohnviertel Jamaica Estates in New York, mitten im Bezirk Queens. Zum Haushalt gehörten zwei Cadillacs mit Nummernschildern, die die Initialen des Vaters trugen, was damals recht ungewöhnlich war, sowie ein Koch, ein Chauffeur, ein Farbfernseher und ein Haufen Schnickschnack, um den Donnys Freunde ihn sehr beneideten. Schon in der Grundschule galt Donald Trump als «bully», als kleiner aggressiver Grobian. Er prügelte sich oft, tat alles, um auf sich aufmerksam zu machen und klare Kräfteverhältnisse zu schaffen. Seine Kameraden beschrieben ihn als «athletisch, gerissen und unaufrichtig und als jemanden, der sich weigert, seine Fehler einzugestehen», selbst wenn sie offensichtlich waren.[21] Seine Schule, die Kew-Forest School, war für ihre Strenge bekannt, und Donny wurde oft bestraft, so oft, dass seine Initialen DT zur Chiffre für das Wort «Strafe» wurden. Mit zwölf Jahren wurde er nach einer unerlaubten Spritztour mit einem Kumpel durch Manhattan von seinem Vater bestraft, der ihn für den Rest seiner Schulausbildung in ein äußerst strenges Internat schickte, die Militärakademie in Cornwall, im Norden des Staates New York. Donny sah sich damals gewissermaßen als Verbannter, verstoßen aus dem komfortablen Leben, das er bis dahin genossen hatte. Fünf Jahre blieb er in diesem machistischen, hierarchisch geführten Internat, wo er als impulsiver Raufbold galt.

In Geschäftsdingen hat Donald Trump es immer verstanden, sich hart an der Grenze der Legalität zu bewegen: Er meldete vier Mal Konkurs an, kam nach schlechten Transaktionen jedes Mal mit einem blauen Auge davon, aber fühlte sich nie für irgendetwas verantwortlich. Seine Misserfolge präsentierte er stets als Siege und ließ sich nicht unterkriegen, selbst wenn er dafür noch einige weitere Unternehmensanteile abtreten musste.

Trump begriff schnell, dass die Berühmtheit seines Namens die Verkaufszahlen steigen ließ: Er vermarktete ihn für Baugeschäfte, aber auch für Matratzen- oder Wodkamarken (obwohl er selbst keinen Tropfen Alkohol trinkt), für Golfplätze, Wolkenkratzer … «Er hat sich als menschliches Logo neu erfunden» und ein «virtuelles Imperium» aufgebaut, schreibt seine Biographin Gwenda Blair.[22] 2002 machte Mark Burnett, der Schöpfer von *Survivor*, der ersten Reality-TV-Show, ihm den Vorschlag, *The Apprentice* zu moderieren, eine Sendung, in der Jugendliche gegeneinander antreten, um einen Job in seinem Imperium zu gewinnen. Trump nahm das Angebot sofort an, weniger aus finanziellen Gründen, als um seine Berühmtheit zu steigern. Er spielte hier die Rolle eines schonungslosen Firmenchefs, der die Schwächsten vor die Tür setzt mit dem bekannten Ausruf: «You are fired!» *The Apprentice* war ein Erfolg, der vierzehn Staffeln lang anhielt. Trump brüstete sich damit, erkundigte sich nach den Einschaltquoten, nach Artikeln, in denen sein Name auftauchte, und suchte in die Rangliste der reichsten Menschen der Zeitschrift *Forbes* Einzug zu halten.

Die Schwächen des Präsidenten

Der Narzisst sucht nicht aus Selbstgefälligkeit die Aufmerksamkeit auf sich zu lenken, sondern um seine eigenen Mängel und sein geringes Selbstwertgefühl zu kompensieren. Hinter dem Image von Überlegenheit und Allmacht, das Donald Trump sich zugelegt hat, verbirgt sich ein sehr fragiles Selbstbild. Er bewertet seinen Erfolg als Präsident nur aus der Sicht der anderen, weshalb seine dringendste Sorge seiner internationalen Anerkennung gilt. Da er nicht geachtet wird, will er wenigstens bewundert werden. Wie die Erklärungen der Psychoanalytiker im folgenden Kapitel deutlich machen werden, ist sein exzessiver Narzissmus ein Mittel, Erniedrigung und Schmach zu leugnen, aber auch Verlust, wie den der Mutter, den er als Kind beinahe erlebt hätte. Alles, was er tut, hat den Zweck, sich für etwas zu rächen, das er als narzisstische Verletzung wahrgenommen hat. Die Karikaturisten haben das sehr wohl begriffen, indem sie ihn als kleinen verletzten Jungen auf der Suche nach Zuwendung darstellten, der zum Ausgleich der mächtigste Mann der Welt werden möchte. Als Trump mit zwölf Jahren von seinem Vater aus dem luxuriösen Haus der Familie gejagt und auf ein als äußerst streng geltendes Internat geschickt wurde, war das wie eine Ausweisung; es bedeutete, brutal aus dem Paradies vertrieben zu werden, während seine Geschwister weiterhin den familiären Luxus genossen. Trump wollte sich später dafür rächen und es besser machen als sein Vater.

Sein Bedürfnis, der Größte zu sein, kommt auch einer Rache an der Gesellschaft gleich. Der Essayist Donald Morrison, der zur selben Zeit wie Donald Trump in Philadelphia studiert hat, sagt, Trump habe an der Universität wenige Freunde gehabt und sich auch nicht um neue Freundschaften bemüht: Er war ein «loner», ein Einzelgänger.[23] Lange Zeit, erklärt Morrison, sei er trotz seines Reichtums und seiner Berühmtheit von den gesellschaftlichen Eliten Neuenglands nicht akzeptiert worden, weil er zu aufdringlich und vulgär war. Es gelang ihm nicht einmal, in einen der angesehenen Golfklubs der Gegend aufgenommen zu werden, und zum Ausgleich kaufte er sich schließlich seinen eigenen Klub. Laut der Zeitschrift *National Review* sah man in ihm einen «lächerlichen, mit den schlimmsten Neigungen seit Caligula behafteten Clown», der zusammen mit Bo Derek in einem Schundfilm gespielt hatte und in der 5th Avenue in einem Kitsch-Versailles wohnte.

Aber die schlimmste Verletzung, die ihn dann auch zu dem Entschluss bewogen habe, sich in den Wettstreit um den Einzug ins Weiße Haus zu stürzen, sei die öffentliche Kränkung gewesen, die ihm Barack Obama im April 2011 während des Korrespondentendinners im Weißen Haus zufügte. Trump hatte die Gültigkeit der Geburtsurkunde des Präsidenten angezweifelt und so die These der *birthers* genährt, die behaupteten, Obama sei nicht in den Vereinigten Staaten geboren. Deswegen machte sich dieser vor den versammelten Journalisten über ihn lustig. Die Kameras zeigten das verkrampfte Lächeln Trumps, der vor Wut schäumte. Er soll gesagt haben: «Die Welt macht sich über uns lustig, aber ihr wird der Spott vergehen, wenn ich erst einmal Präsident bin.» In der Folge dieser Kränkung entwickelte er eine regelrechte Obsession, die dazu führte, dass er als Präsident viele von Obama eingeleitete Maßnahmen wieder aufheben wollte, zum Beispiel die Ausweitung der Krankenversicherung, wobei er behauptete, sie würde zurückgenommen und gleich danach ersetzt werden (was er aber nicht durchführen konnte). Alles war ihm recht, um seinen Vorgänger schlecht zu machen, wie etwa – ohne jeglichen Beweis – in diesem Tweet vom März 2017: «Habe soeben entdeckt, dass Obama kurz vor meinem Sieg meine Telefonleitungen im Trump Tower abhören ließ. Hat nichts gefunden. Das ist McCarthyismus!»

Wie alle pathologischen Narzissten duldet Trump aufgrund seines höchst labilen Selbstwerts keinerlei Kritik. Jede, ob reale oder nur eingebildete Kritik wird von ihm als eine Verletzung oder Zurückweisung erlebt, als würde er in seiner ganzen Persönlichkeit herabgesetzt. Er wäre gern ein Superheld, aber er ist sich dessen, was er ist, so wenig gewiss, dass er eine Show abziehen und immer noch zusätzlich Selbstbewusstsein markieren muss. Trump spielt die Rolle des Unnachgiebigen, aber wie könnte er dieser von ihm erfundenen Figur auf die Dauer gerecht werden? Laut Tony Schwartz, der als Koautor mit Donald Trump das Buch *The Art of the Deal* (dt.: *Trump. Die Kunst des Erfolgs*) schrieb, wechselt Trump, «sobald er sich durch Kritik oder durch eine Frage, auf die er keine Antwort weiß, in die Enge getrieben fühlt, in den Modus des Überlebens, der Flucht oder des Kampfes»;[24] und anstatt zu überlegen, reagiert er. Er gerät dann außer sich, erzählt irgendetwas, um sich zu rechtfertigen, verschanzt sich hinter Lügen und wälzt die Verantwortung auf andere ab. Als er sich zum Beispiel im Januar 2017 mit der Drohung konfrontiert sah, dass die Russen ein *sextape* über seine angeblichen Seitensprünge in Moskau veröffentlichen würden, griff er mit seiner Attacke ziemlich daneben: «Die Nachrichtendienste hätten diese Fake News nie in die Öffentlichkeit ‹durchsickern› lassen dürfen. Ein letzter Schuss auf mich. Leben wir in Nazideutschland?»[25] Jeden, der ihm widerspricht, nennt er «dumm», «blöd», «schwachsinnig», «Versager», «Lügner» usw.

Um keine Niederlage zu riskieren, vermeidet ein Narzisst seines Typs jede Konfrontation und den fairen Wettstreit und zieht es vor, den Gegner zu disqualifizieren. Anstatt sich selber in Frage zu stellen, reagiert er bei Problemen auf Bemerkungen impulsiv, ohne sich Zeit zu lassen, die Situation zu überdenken, und macht den anderen für das Problem verantwortlich. Wenn ihm eine Information nicht passt, leugnet er sie, um sie durch Angaben zu ersetzen, die ihm zusagen. Wenn ihm Presseartikel nicht passen, was in der *New York Times* und der *Washington Post* häufig der Fall ist, nennt er die Verfasser «Feinde des amerikanischen Volkes».

Viele sind verblüfft über Donald Trumps Fähigkeit, niemals seine Fehler und Lügen einzugestehen, die Wirklichkeit und offenkundige, ihn aber störende Tatsachen zu leugnen. Um diese Haltung zu verstehen, muss man sie im Zusammenhang mit dem bei Narzissten üblichen Verweigerungsmechanismus sehen. Verweigerung bedeutet, die Realität einer Wahrnehmung zurückzuweisen, die für das Ich als gefährlich oder schmerzhaft eingestuft wird. Sie kann sich auf ein Gefühl, eine Empfindung beziehen, aber auch auf vergangene Begebenheiten. Die Verweigerung schützt das Ich, indem sie die Außenwelt in Frage stellt. Sie ermöglicht die Abwesenheit von Konfliktsituationen, denn sie lässt im Innern des Ichs die Koexistenz zweier miteinander unvereinbarer Behauptungen zu, ohne dass diese einander beeinflussen.

Donald Trumps Lügen und seine Arrangements der Wirklichkeit verfolgen schlicht und ergreifend das Ziel, sein Gesicht zu wahren, um ständig der Beste und Größte zu bleiben. Ob etwas Wahrheit oder Lüge ist, bedeutet ihm wenig, denn in seiner infantilen Allmachtsfantasie akzeptiert er die Realität nicht; er sagt, was ihm im Moment gelegen kommt. Ein Narzisst lügt nicht aus Vergnügen, sondern weil er die eigene Infragestellung nicht verarbeiten kann, die ihm die Realität auferlegen könnte. Daraus erklärt sich, dass Trump, eben zum Schutz seines Egos, in einem fort die Realität verzerrt und es schafft, sich selbst zu überzeugen, dass das, was er sagt, wahr ist oder zumindest wahr sein sollte. Seine Obsession für sein Wahlergebnis oder seine Verärgerung über die Zahl der Teilnehmer bei seiner Amtseinführung veranschaulichen das perfekt. Vor seiner Vereidigung hatte er verkündet: «Ich denke, wir werden riesige Menschenmengen versammeln, denn wir haben eine Bewegung auf den Weg gebracht, eine Bewegung, wie sie die Welt nie zuvor gesehen hat.» In der Folge beschuldigte er die «unehrlichen Medien», die Zahl der Personen, die seiner Amtseinführung beigewohnt hatten, zu niedrig eingeschätzt zu haben.

Als ihm im Dezember 2017 vorgeworfen wurde, die US-Präsidentschaftswahlen auf unzulässige Weise beeinflusst zu haben, insbesondere durch Cyberattacken auf Webseiten der Demokraten, sprach er von einer «Hexenjagd». Er leugnete jegliche Zusammenarbeit mit Moskau, aber Michael Flynn, sein kurzzeitiger Nationaler Sicherheitsberater, gestand später ein, das FBI über den Inhalt von Telefongesprächen belogen zu haben, die er mit Sergei Kisljak, dem damals in Washington stationierten russischen Botschafter, geführt hatte.[26] Allerdings war es auch kaum möglich, dies *nicht* einzugestehen, denn der russische Botschafter wurde von den US-Nachrichtendiensten abgehört. Flynn legte nicht nur ein Geständnis ab, sondern präzisierte auch, dass er hochrangige Mitglieder von Trumps Übergangsteam auf dem Laufenden gehalten habe. Das veranlasste Donald Trump, ihn fallen zu lassen, mit der Begründung, dass Flynn im Alleingang gehandelt habe, und mit dem ausdrücklichen Hinweis, dass dieser nur sehr kurz im Weißen Haus beschäftigt gewesen sei.

Die großen Medien, die Trump die Tatsachen vor Augen führen wollen, haben sich in einen Faktencheck gestürzt, um der Wahrheit zu ihrem Recht zu verhelfen. Das Internetportal *PolitiFact*, das die Glaubwürdigkeit von Versprechen und Verpflichtungen prüft, die US-Politiker eingegangen sind (und das 2009 den Pulitzer-Preis gewann), hat alle Behauptungen Trumps von 2015 erfasst und lieferte folgende Ergebnisse: «2% seiner Behauptungen sind wahr. Insgesamt sind 76% falsch, von denen 18% ‹jeder Grundlage entbehren›.»[27] 2016 überprüfte das Portal *Politico* eine Woche lang die Äußerungen der beiden Präsidentschaftskandidaten. In einem fünfstündigen Interview stellte es fest, dass Trump alle drei Minuten und fünfzehn Sekunden eine Lüge auftischte.[28] Doch all diese Überprüfungen sind sinnlos, denn der pathologische Narzissmus verändert die Fähigkeit, die Wirklichkeit zu sehen, und Donald Trump wird sich niemals ändern.

Das Erfordernis, seine Inkompetenz zu verbergen

Trumps Inkompetenz trat sehr bald nach seinem Amtsantritt an den Tag. Er war mit einem Bluff in das Rennen um die Präsidentschaft eingestiegen, mit dem einzigen Ziel zu gewinnen, und er dachte, er könne das Land führen, wie man ein Unternehmen führt. Doch er musste sich eingestehen, dass es viel komplizierter war. Vermutlich ist er sich teilweise des Risikos bewusst, dass alles auffliegen könnte, dass, wenn nicht sein mangelhafter Sachverstand, so doch zumindest sein lückenhaftes Wissen entlarvt wird. Das erklärt, warum er ständig ausweicht und wie ein Seiltänzer rudert, um nicht das Gleichgewicht zu verlieren und um zugleich von sich abzulenken und so die Medien ruhigzustellen.

Auch wenn er mit Geschäften Erfolg gehabt hat, ist er ein ungebildeter Mann ohne jede Kultur, der kein Buch liest und über eine sehr simple Sicht der Wirtschaft verfügt. An eine positive Wirkung des Protektionismus glaubt er vor allem deshalb, weil er die Interessen seiner Wählerschaft im Auge hat. Er besitzt keinerlei Ideologie und keinerlei Strategie. Da er partout im Mittelpunkt stehen will, vermeidet er multilaterale Diskussionsrunden und bevorzugt Gespräche unter vier Augen, vor allem bei offiziellen Besuchen. Wie früher im Geschäftsleben setzt er in der Diplomatie auf Druck, Handstreiche, Drohungen und Überraschungen, und er zögert auch nicht, sein einmal gegebenes Wort zurückzunehmen. Der Handel ist für ihn ein Krieg, den man entweder gewinnt oder verliert: Wichtig ist ihm dabei nur, sich in einer starken Position zu befinden, um den Gewinn einstreichen zu können.

Trump ist vor allem Geschäftsmann, der König der Gewieftheit, ein ausgezeichneter Verkäufer und Schwätzer. Die für den Handel typischen Manipulationstechniken wendet er auch in der Politik an: Das Entscheidende ist, glänzende Ergebnisse zu erzielen, ohne dass man sich um «Kollateralschäden» kümmern müsste. Die Politik ist für ihn eine riesige Pokerpartie, in der er alles tut, um den Gegner zu beeindrucken und sich nicht in die Karten schauen zu lassen, wobei er abwechselnd blufft und droht. In der Geschäftswelt ist ihm diese Taktik mehr oder weniger gelungen; trotz zahlreicher Misserfolge hat er es jedes Mal geschafft, wieder auf die Beine zu kommen.

Anstatt kompetente Mitarbeiter einzusetzen, umgibt Trump sich mit Leuten, die ihm in allem beipflichten und es nicht wagen, ihn zu kritisieren, was dazu führen kann, dass er Fehler begeht. Er will der Beste sein, wiederholt ständig den Slogan

«Make America great again» und riskiert, während er multilateralen Abkommen den Rücken kehrt, die Vereinigten Staaten auf der internationalen Bühne ihrer führenden Stellung zu berauben. Seine Steuerreform droht das Haushaltsdefizit zu vergrößern, und seine Strafzölle laufen Risiko, die Inflation zu schüren. Aber all das spielt keine Rolle: Trump wischt alles beiseite, was ihm nicht passt.

So streicht er zum Beispiel, obwohl wissenschaftliche Ergebnisse beweisen, dass die Klimaerwärmung eine Folge des Verbrauchs fossiler Brennstoffe und umweltverschmutzender Industrien ist, der Forschung die finanziellen Mittel in diesen Bereichen. Am 15. Dezember 2017 untersagte er dem Center for Disease Control (einer wichtigen staatlichen Gesundheitsbehörde) den Gebrauch bestimmter Begriffe in offiziellen Dokumenten zur Vorbereitung des Haushalts 2019.[29] Folgende Wörter stehen für die Obsessionen des Präsidenten: «Fötus» (verweist auf das Recht auf Abtreibung und soll deshalb durch «im Entstehen befindlicher Mensch» ersetzt werden); «Transgender» (zwar hat Trump es nicht geschafft, Transgender-Personen den Dienst in der Armee zu verbieten, doch er kämpft weiterhin gegen ihre Anerkennung wie auch gegen die der Homosexuellen); «Diversität» (bezieht sich auf das US-amerikanische multikulturelle Modell); «Recht» (sichert den Vorrang der juristischen Belange vor den politischen und den wirtschaftlichen); und «verletzlich» (appelliert an die Fürsorge für andere). Trump verbietet auch die Ausdrücke «auf der Grundlage von Beweisen» und «auf wissenschaftlicher Grundlage», was seine Verachtung für rationale Beweisführungen verdeutlicht, die er durch Meinungen ersetzt.

In einem Leitartikel über Trumps abgrundtiefe Ignoranz in Bezug auf geopolitische Themen hat Thomas B. Edsall von der *New York Times*, ohne sie zu benennen, die Mechanismen der Krankheit benannt, an der der US-Präsident offensichtlich leidet – des «Dunning-Kruger-Effekts».[30] Dabei handelt es sich um eine kognitive Verzerrung, die bewirkt, dass inkompetente Personen in gewissen Bereichen ihre Fähigkeiten überschätzen.[31] Tomas Chamorro-Premuzic, Professor für Arbeitspsychologie am University College London und an der Columbia University, vertritt die Meinung, dass inkompetente Personen deshalb so zahlreich in Schlüsselpositionen großer Unternehmen und Organisationen zu finden sind, weil es sich hier vor allem um narzisstische Männer handelt, die verstärkt dazu neigen, ihre Wissenslücken hinter einer Fassade von Arroganz oder Charisma zu verbergen; beides wird leider häufig mit den Führungsqualitäten verwechselt, die man gemeinhin einer Führungspersönlichkeit beimisst.[32] Wie sich später noch zeigen wird, gelten diese Menschen dank ihrer Fähigkeit, Macht und Einfluss anzusammeln, in den Augen der Normalsterblichen als Meister der Führungsstärke (s. unten, Kapitel 8). Ihre Charakterzüge helfen ihnen, leitende Funktionen zu erlangen, aber sie sind auch die Ursache für ihre Unaufrichtigkeit und Inkompetenz. Andere Untersuchungen haben gezeigt, dass eine inkompetente Person mit einer narzisstischen Persönlichkeit aus einem Kollektiv von geringem Zusammenhalt leicht als prädestinierter Anführer hervorgehen kann.

Trumps Kommunikation und seine Trümpfe

«Trumps Sprache ist arm, aber erschreckend effizient», betonte 2017 der Journalist Clément Daniez von *L'Express* und zitierte in diesem Zusammenhang Cécile Alduy, Professorin für französische Literatur an der Stanford University: «Es ist ein unmittelbar verständlicher Diskurs, der eine komplexe Welt in einfache und definitive Kategorien unterteilt.»[33] Trump spricht und twittert wie die kleinen Leute, im Gegensatz zu den «Eliten», was ihm ermöglicht, sich als Verfechter der Ausgeschlossenen und Wehrlosen zu präsentieren und die ihn verspottende Presse als Feind des Volkes abzutun. Sein Vokabular ist äußerst beschränkt: «good», «bad», «disaster», «tremendous», «fantastic», «sad», «loser», «winner». Es sind «Fertiggedanken» in einer Allerweltssprache. Die Konsequenz: ein äußerst dürftiges Denken, undifferenziert und distanzlos. Als wären es Werbespots, wiederholt er seine Botschaften mehrmals, um sicher zu sein, dass er richtig verstanden wurde. Während seines gesamten Wahlkampfes repetierte er bis zum Exzess das Wort «gewinnen»: «Wir werden gewinnen, gewinnen, gewinnen!» Er hat panische Angst vor dem Verlieren und bezeichnet seine Gegner gern als «loser». Michael Wolff, Autor des Buches *Fire and Fury* (dt.: *Feuer und Zorn*), sagt über ihn: «Er redet zusammenhanglos, beginnt Sätze, ohne sie zu beenden, und wiederholt sich in einem fort ... Er mag keine Ideologie, keine Konzepte, keine Ideen. Er interessiert sich nur für sich selbst und glaubt nur an seinen Instinkt.»[34]

Egal um welches Thema es sich handelt, Trump begrenzt seine Analysen auf den Gebrauch jenes beschränkten Vokabulars, sowohl mündlich als auch schriftlich, wie er täglich auf Twitter beweist. Er verwendet äußerst kurze Sätze und Wörter, Einsilber, einfache Sätze nach dem Muster Subjekt – Verb – Objekt, allenfalls mal ein Adjektiv. Aber darin ähnelt Donald Trump der modernen Gesellschaft: «Mit der Beschleunigung der Information», so Jayson Harsin, Professor für Kommunikation, «verkürzen sich die Formen des Argumentierens immer mehr, um sich an die Durchschnitts-Internetnutzer anzupassen, die weniger als zehn Sekunden auf einer Seite verbringen und von denen jeder zweite weniger als 110 Wörter pro Seite liest.»[35] Trump redet oft in der zweiten Person, wendet sich dabei an die Zuhörer mit Aufforderungen, die sie direkt einbeziehen, und beendet seine Sätze mit starken Wörtern («Wunde»,

«Tod», «Problem»). Trotz der Zusammenhanglosigkeit einiger seiner Reden oder Tweets und seines beschränkten Vokabulars ermöglicht ihm die Einfachheit seiner Botschaften, eine breite Masse zu erreichen. Seine Art zu sprechen und zu schreiben lässt ernsthafte Botschaften in einem Meer von Belanglosigkeiten versinken, was ihm erlaubt, seine Inkompetenz zu kaschieren. Damit ist er bestens an unsere Zeit und die sozialen Netzwerke angepasst, die für radikale und polemische Äußerungen besonders empfänglich sind. Trump sagt, was die Leute hören wollen. Mit der – von ihm selbst so genannten – *truthful hyperbole* (wahrheitsgetreuen Übertreibung) geht er von dem Prinzip aus, dass die Leute so sind wie er und den Wunsch haben zu glauben, dass eine Sache die größte, die beste und die spektakulärste sei: Narzissten lieben das Exzessive und die Übertreibung.

Trump ist eine Goldmine für die Boulevardpresse, und das gefällt ihm. Mit seinen Eheskandalen und seinen kernigen Erklärungen – «Meine Frau Ivana ist eine brillante Managerin. Ich werde ihr einen Dollar pro Jahr bezahlen und dazu alle Kleider, die sie kaufen kann!» – sorgt er für ein ständiges Spektakel in den Medien, die sich über das zusätzliche Publikum freuen. Während seines Wahlkampfes organisierte er riesige Zusammenkünfte in Stadien und gab ständig Interviews im Fernsehen. Vor allem aber hatte er verstanden, dass er durch vielfache rassistische und sexistische Entgleisungen die Aufmerksamkeit der Medien monopolisieren, sich Gratiswerbung sichern und gleichzeitig seine wahre Persönlichkeit verbergen konnte.

2009, im Zusammenhang mit der Werbekampagne für ein Buch, registrierte sich Donald Trump erstmals auf Twitter, @realDonaldTrump. Seitdem hat er seinen Account genutzt, um sich einerseits über seine Konkurrenten bei den Wahlen zu äußern und andererseits mit seinen Wählern in Verbindung zu bleiben. «Seine hemmungslosesten Tweets erscheinen morgens und am Wochenende, zu den Zeiten, in denen der Staatschef allein ist»,[36] wodurch er die gewöhnlichen Informationskanäle und Medien umgeht. Er präsentiert sich dort in direktem Kontakt mit den Leuten, um sie zu beeinflussen, ohne die Enthüllung seiner Lügen zu riskieren. Im Januar 2017 antwortete er auf eine Frage des CNN-Journalisten Jim Acosta: «You're fake news» («Sie sind eine erlogene Nachricht»). Anschließend fuhr er in einem Tweet fort: «Fake News: a total political witch hunt»[37] («Die erlogenen Nachrichten: eine totale politische Hexenjagd»).

Die Tragweite jedes seiner noch so unbedeutenden Tweets, selbst der absurdesten wie jenes vom 31. Mai 2017, in dem er von «covfefe» sprach, zeigt sich in der unwiderstehlichen Anziehungskraft, die sie ausüben, und der Aufmerksamkeit, die sie erregen. Anschließend freut er sich jedes Mal wie ein kleiner Junge, dass es ihm gelungen ist, seine Gegner an der Nase herumzuführen. An jenem Tag postete Donald Trump einen Tweet, den niemand verstand: «Despite the constant negative press covfefe», was man in etwa so übersetzen kann: «Trotz des fortwährend negativen medialen covfefe».[38] Die Aufregung auf Twitter ließ nicht auf sich warten: Was wollte der Präsident sagen? Und warum hatte er seinen Satz nicht korrigiert? Verbarg sich hinter diesem Wort ein Sinn, oder hatte Trump ganz einfach zu schnell getwittert? Ob absichtlich oder nicht, dieser Tweet beschäftigte das Netz mehrere Stunden lang, bevor Trump in einer zweiten Nachricht damit spielte, nachdem er die erste gelöscht hatte: «Wer kann die wahre Bedeutung von ‹covfefe› erraten? Viel Spaß!»

In seinen Tweets, die er täglich verschickt, manchmal mehrere unmittelbar aufeinander folgend, kann Trump sich in Beschimpfungen und Unwahrheiten austoben und seine Meinungen loswerden. Einige könnte man als *cyberbullying* (Mobbing im Internet) bezeichnen, denn er lässt darin seiner Aggressivität freien Lauf, wie etwa am 29. Juni 2017: «Ich habe gehört, dass der miserabel bewertete @Morning Joe in seiner Sendung schlecht über mich redet (nicht mehr schauen). Wie kommt es dann, dass die unterbelichtete Verrückte Mika, zusammen mit Psycho-Joe, drei Abende hintereinander um Silvester herum bei mir in Mar-a-Lago auftauchte und darauf bestand, sich mir anzuschließen. Sie blutete stark nach einem Facelifting. Ich sagte nein!»[39]

Donald Trump ist gewieft, opportunistisch und hat einen guten Riecher – wie sich noch zeigen wird, Eigenschaften, die sehr nützlich sind, um sich in eine Machtposition hochzuarbeiten. Wie viele Narzissten besitzt er eine instinktive Intelligenz, mit der er den Schwachpunkt der Leute findet und die Erwartungen und Ängste seiner Hörerschaft erfasst. Um dahin zu gelangen, wo er heute ist, hat er sich seiner finanziellen Macht und seiner geschäftlichen Erfolge bedient, indem er sich als der starke Mann präsentierte, der in der Lage ist, die nordamerikanischen «Werte» gegenüber den Veränderungen in der Welt hochzuhalten – seiner Ansicht nach konservative Werte, einschließlich Xenophobie und Protektionismus.

Seine Beliebtheit blieb auch nach seiner Wahl konstant, weil er sich als Gegner der *political correctness* positioniert, was vielen seiner Mitbürger zusagt. Er versteht es, bisweilen völlig gegensätzliche Interessengruppen zu vereinen, wie die traditionellen Republikaner, die die Macht der Bundesregierung verringern wollen, und die Verlierer der Globalisierung, die Schutz vor Immigration und freiem Warenaustausch suchen. Dabei ist ihm nur eines wichtig: gewinnen.

Warum er sich nicht ändern wird: Er ist der Spiegel einer Gesellschaft

Nachdem Donald Trump gewählt war, dachten viele Beobachter, sein Amt würde ihn «normalisieren». Aber wie schon Michelle Obama kurz vor den Wahlen gesagt hatte: «Präsident zu sein ändert nicht, wer du bist, es offenbart, wer du bist.» Wie später noch deutlich werden wird, gesundet man nicht von einem pathologischen Narzissmus in extremer Ausprägung (s. unten, Kapitel 4). Auch die höchste Machtposition wird Donald Trumps gewaltiges Bedürfnis nach Rückversicherung niemals beheben können. Denn um sich zu ändern, muss man fähig sein, sich die eigenen Fehler und Schwächen einzugestehen, wozu er nicht in der Lage ist. Einige haben die Vermutung geäußert, er könnte «den Unruhestifter spielen», um für sich eine Figur zu erfinden und so zu seinen Zielen zu gelangen. Auf diese Weise würde er die vom ehemaligen Außenminister Henry Kissinger ersonnene und vertretene «Mad Man»-Strategie in die Praxis umsetzen; sie besteht darin, unberechenbar zu sein und den Gegner glauben zu machen, man sei verrückt geworden, um daraus einen Vorteil in Verhandlungen zu erzielen. Aber das ist sehr unwahrscheinlich, denn Trump bleibt mit seinen pathologischen Zügen immer er selbst und versucht nicht, sich zu ändern. Von Anfang an ging es ihm nicht so sehr darum, regieren zu können, vielmehr träumte er davon, aus der Schlacht um die Präsidentschaft als Sieger hervorzugehen. Im Grunde interessiert ihn der Job nicht, ihn interessieren einzig und allein Macht und Berühmtheit: Er will einfach «gewinnen». Vom Wohl des Landes fühlt er sich nicht wirklich betroffen, und ebenso wenig interessiert ihn, was nach ihm geschehen wird.

Doch muss man sich fragen, wie stichhaltig die Kritiken

sind, die ausschließlich auf die Persönlichkeit Donald Trumps abzielen: Ist er nicht in erster Linie deshalb gewählt worden, weil seine Sicht weiten Teilen der Bevölkerung aus der Seele sprach und seine Entgleisungen gewisse pathologische Symptome der Gesellschaft zum Ausdruck brachten? Tatsächlich scheint es, dass das Phänomen Trump – wir werden darauf zurückkommen – das Ergebnis eines langen Prozesses der «Narzissierung» der US-amerikanischen Gesellschaft ist und dass sein Krankheitsbild das eines beträchtlichen Teils der US-Amerikaner und vieler Europäer widerspiegelt. Dieser Präsident ist in der Tat die Verkörperung des «amerikanischen Traums»: viel Geld zu verdienen, der Cleverste zu sein und die Intellektuellen und andere Größen des Establishments zu übertrumpfen. Donald Trumps Nonkonformismus und seine populistischen Reden gefallen vielen US-Amerikanern, die zunehmend narzisstisch werden. Ob bewusst oder nicht, hat der Präsident mit der ewigen Wiederholung seines Slogans «Make America great again» in dem tief gesunkenen nationalen Selbstwertgefühl vieler seiner Mitbürger Widerhall gefunden. Und das erklärt wahrscheinlich, weshalb trotz der gegen ihn gerichteten Attacken und Kritik – auch aus den Reihen seiner eigenen Partei und seitens der Vorstände großer Unternehmen – seine Beliebtheit bei den Wählern auch zu den Zwischenwahlen nicht wirklich zurückgegangen ist. Die eigentlich wichtige Frage stellt sich also mit Blick auf die Wählerschaft, die sich von einem Mann verführen ließ, der sich offen rassistisch und sexistisch äußert und genauso offen lügt: Wie konnte sie diese Person in ein so verantwortungsvolles Amt wählen? Aber wollte man Trump disqualifizieren, indem man statt seiner Ideen und seiner Politik seine geistige Gesundheit in Frage stellte, liefe man Gefahr, seine Anhänger noch weiter zu stärken, anstatt sie zu schwächen.

Auf die Umstände des Aufstiegs Donald Trumps zum US-

Präsidenten zurückzukommen schien mir deshalb wichtig, weil sich in diesem Aufstieg meiner Ansicht nach in besonderer Weise ein gesellschaftlicher und politischer Prozess manifestiert, den man auch in der übrigen Welt beobachten kann. Einer der für Trumps Wahl entscheidenden Faktoren ist die Tatsache, dass das politische System der USA und die Finanzmärkte, die dort ihr Zentrum haben, zunehmend von Narzissten geführt werden, wie auch die Waffen- und die Erdöllobby. Ebenso festzustellen ist seit den 2000er Jahren in zahlreichen Ländern, auch in Europa, eine Zunahme an starken und autoritären Männern, die immer mehr Macht zu erlangen suchen und sich zum Ziel setzen, in ihren Ländern Ordnung und Sicherheit zu schaffen, selbst wenn dies auf Kosten der Freiheit und der Bürgerrechte geschieht.

Daher kommt das Interesse zu begreifen, wovon die Persönlichkeit Donald Trumps und die all der uns umgebenden Narzissten geprägt ist. Zu diesem Zweck ist es nützlich, auf die Entwicklung des Konzepts des Narzissmus in der Freud'schen Psychoanalyse und anschließend in der US-amerikanischen Psychoanalyse zurückzukommen, was ich im folgenden Kapitel tun will. Danach werden wir sehen, wie die Soziologen den Begriff verwendeten und wie er später zunehmend ausgehöhlt wurde.

Kapitel 2

DAS KONZEPT DES NARZISSMUS

Der Begriff des Narzissmus, der anfangs von der Freud'schen Psychoanalyse geprägt wurde, hat im Laufe seiner vielfachen Interpretationen und Anwendungen zahlreiche Veränderungen und Abwandlungen erlebt. Zunächst einmal ist Narzissmus an sich, entgegen der landläufigen Meinung, keine Krankheit. Einzig und allein sein Exzess kann eine solche sein. Es gibt einen gesunden Narzissmus, der Voraussetzung ist für eine harmonische Entwicklung der eigenen Gefühle und der es erlaubt, mit einem wohlwollenden Blick auf sich selbst die eigenen Begabungen zu entwickeln. Ein gesunder Narzissmus setzt voraus, dass man seine inneren Ressourcen kennt, aber auch, dass man seine Verwundbarkeit und seine Schwächen akzeptiert.

Der Mythos von Narziss und der Freud'sche Narzissmus

Der Begriff «Narzissmus» hat seinen Ursprung in einer Sage der griechischen Mythologie, die zuerst von Ovid in den *Metamorphosen* aufgeschrieben und dann von vielen anderen in unterschiedlichen Formen aufgenommen wurde. Narziss, Sohn des Flussgottes Kephissos und der Nymphe Leiriope, ist ein Kind von seltener Schönheit – «man musste ihn damals schon lieben». Bei seiner Geburt sucht Leiriope den Seher Teiresias auf und fragt ihn, ob dem Kind «lange Lebenszeit und hohes Alter bestimmt sei». «Wenn er sich selbst nicht erkennt», antwortet der Seher, was einige übersetzt haben mit: «Wenn er sich nicht sieht.»[1]

Die außergewöhnliche Schönheit des Narziss weckt Begehren, viele junge Leute verlieben sich in ihn. Aber hinter dieser Schönheit verbirgt sich eine so hartherzige Gleichgültigkeit, dass weder junge Männer noch Mädchen sich ihm nähern können. Unter seinen Verehrerinnen befindet sich die Nymphe Echo, Tochter der Luft und der Erde, die er brutal zurückweist. Tief verletzt, verbringt sie den Rest ihres Lebens in kleinen Tälern, wo sie dahinsiecht, bis nur noch ihre Stimme bleibt, die immer das letzte Wort eines Satzes wiederholt. Doch Nemesis, die Göttin der Rache, schickt Narziss zu einer Quelle, wo er seinen Durst stillt, sein Spiegelbild im Wasser erblickt und sich in sein eigenes Bild verliebt. Von da an betrachtet er nur noch sein schönes Antlitz im Wasser. Er ist verzweifelt, dass er dieses Bild weder berühren noch lieben kann, aber gleichzeitig gelingt es ihm nicht, sich davon zu lösen. Er vergisst zu trinken und zu essen, neigt sich hinab, um sein Bild zu umarmen, und ertrinkt. Am Rande des Teiches schlägt er Wurzeln und verwandelt sich nach und nach in die Blume, die seinen Namen trägt und sich seitdem jedes Frühjahr im Wasser spiegelt, um im Sommer zu vergehen.

In Ovids Erzählung ist Narziss so sehr in sein eigenes Bild versunken, dass er unfähig ist, jemand anderen zu lieben. Er erkennt sich im Wasser: «Ich bin, merk' ich, es selbst.» Und er stirbt an einem Exzess von Selbstliebe. Doch der US-amerikanische Historiker und Soziologe Christopher Lasch (1932–1994) und nach ihm andere Autoren haben eine andere Interpretation geliefert: Narziss gelingt es nicht, sich von seinem Bild zu lösen, weil er sein Spiegelbild für eine andere Person hält, in die er sich verliebt hat.[2] Sein Unglück ist, dass dieser andere für ihn unerreichbar ist, so wie er für die anderen unerreichbar war. Narziss erkennt sein Spiegelbild nicht, weil er, wie ein Säugling, nicht begreift, dass zwischen ihm und seiner Umgebung ein Unterschied besteht. Wir werden sehen, dass laut Freud die Tatsache, dass jemand sich nicht von seiner Umgebung unterscheidet, ein Stadium ist, das dem «primären Narzissmus» entspricht, und genau das charakterisiert auch die heutigen Narzissten.

Zu einer wichtigen Kategorie in der Psychiatrie ist der Begriff «Narzissmus» zweifellos durch die Psychoanalyse geworden. Der englische Sexualforscher Havelock Ellis (1859–1939) bezog sich 1898 als Erster auf den Narziss-Mythos, um eine Form des sexuellen Fetischismus zu beschreiben, die dem eigenen Ich zugewandt ist. Auch wenn der Autoerotismus im 19. Jahrhundert als Perversion galt, sah Ellis ihn im Bereich der Normalität. Freud gebraucht den Begriff erstmals 1910, um der «Liebesobjektwahl» bei Homosexuellen Rechnung zu tragen. Denn jemanden des eigenen Geschlechts zu lieben bedeute für ihn, so versichert er damals, jemanden zu lieben, der einem gleicht. Doch Freuds Positionen zum Narzissmus sollten sich in der Folge erheblich verändern.

Freud baut sein Verständnis des Narzissmus um ein libidinöses Konzept der menschlichen Seele herum auf: Er bezieht sich auf eine Energie, die Libido, die im psychischen System verfügbar ist und die sowohl das Ich als auch das Objekt besetzen kann. Bei Freud ist das Ich am Anfang eine große Entität, die er später in verschiedene Elemente unterteilt – das Ich, das Es und das Über-Ich. Der Begriff «Objekt» benennt das, worauf die Triebe gerichtet sind. In diesem Sinne spricht man von einem «Liebesobjekt» oder auch einem «Hassobjekt». Das Objekt kann eine Person sein, eine Idee oder auch man selbst im Fall des Narzissmus, wo das Individuum sich selbst als ausschließliches Liebesobjekt betrachtet. So unterscheidet man dann die narzisstische Besetzung, die auf einen selbst gerichtet ist, und die Objektbesetzung, die auf andere, zu Liebes- oder Hassobjekten gewordene Personen gerichtet ist.

In Freuds frühen Schriften wird der als Selbstliebe verstandene Narzissmus eher als Prozess oder Entwicklungszustand beschrieben denn als Persönlichkeitstyp oder Krankheit: «Es [das Stadium des Narzissmus] besteht darin, dass das in der Entwicklung begriffene Individuum, welches seine autoerotisch arbeitenden Sexualtriebe zu einer Einheit zusammenfasst, um ein Liebesobjekt zu gewinnen, zunächst sich selbst, seinen eigenen Körper zum Liebesobjekt nimmt [...].»[3] Das sich normal entwickelnde Subjekt soll dahin gelangen, sich von sich selbst zu lösen, um sich äußeren Liebesobjekten zuzuwenden. Der Narzissmus wird erst zu einer «Perversion», wenn ein Subjekt im Erwachsenenalter seine Liebe weiterhin ausschließlich auf sich selbst fixiert.

In seinem Text *Zur Einführung des Narzissmus* von 1914 formuliert Freud seine Analyse dann neu und unterscheidet den primären Narzissmus, der ihm zufolge dem kindlichen Stadium entspricht, und den sekundären Narzissmus, der der erwachsenen Phase entspricht. Der primäre Narzissmus ist eine frühe Entwicklungsphase, im Verlauf derer die gesamte Libido das Subjekt besetzt – oder, um es einfacher zu sagen, ein Stadium, in dem das Kind sich selbst als Liebesobjekt nimmt. Während der Etappe des primären Narzissmus befindet sich das Kind in einem Zustand der Fusion mit seiner Mutter und nimmt die Personen, die ihm als Außenstehende Fürsorge zukommen lassen, nicht wahr. Seine Libido konzentriert sich immerfort auf die verschiedenen körperlichen und sensorischen Lustgefühle des frühen Kindesalters. Es genügt sich selbst und glaubt sich allmächtig. Im Laufe seiner Entwicklung aber unterscheidet sich das Kind nach und nach vom Objekt und entdeckt die Existenz des anderen (meistens der Mutter), um dann die Fähigkeit zu erwerben, in Beziehung zu anderen zu treten. Wenn aber die Mutter ihren eigenen Narzissmus ins Spiel bringt, hat das Kind Mühe, eine Beziehung nach außen zu knüpfen. Es akzeptiert dann die Trennung nicht und richtet sich in Abhängigkeitsbeziehungen ein.

Eine wichtige Etappe des primären Narzissmus, die der Psychoanalytiker Jacques Lacan (1901–1981) genau analysiert hat, ist das «Spiegelstadium». Im Laufe seines Heranwachsens durchläuft ein kleines Kind, wenn es sich in einem Spiegel betrachtet, drei Etappen: Zuerst denkt es, dass es sich im Spiegel um eine reale Person handelt, eine andere als es selbst; dann versteht es, dass es sich nicht um eine echte Person handelt, sondern um ein Spiegelbild; schließlich erkennt es, dass es sich selbst im Spiegel sieht. Das Kind bedient sich des externalisierten Bildes im Spiegel, um seinen Körper zu einer Einheit werden zu lassen. Es begreift dann, dass es von seiner Mutter verschieden ist, dass es seinen eigenen Körper hat und dass es autonom ist. Dies ist ein normales Stadium in der Entwicklung der Libido, die vom Autoerotismus zur Objektliebe wechselt.

Der sekundäre Narzissmus ist die Selbstliebe, die auf die Entdeckung der äußeren Realität folgt und sich durch die Besetzung anderer festigt: Die Libido weitet sich auf äußere Personen aus und kehrt dann zum Ich zurück, angereichert mit den Spuren dieser Objekte. Dank der verinnerlichten äußeren Objekte gewinnt das Ich an Stärke. Auf diese Weise entsteht die Identität durch ein Hin und Her zwischen der Besetzung des Äußeren und der inneren Rückversicherung, zwischen der Liebe zu anderen und der Liebe zu sich selbst. Die Libido kann nicht ausschließlich äußere Objekte besetzen, ein Teil von ihr bleibt dem Subjekt in Form des Selbstwertgefühls gewidmet. Freud erklärt die Notwendigkeit eines Gleichgewichts zwischen narzisstischen Besetzungen (sich selbst lieben) und Objektbesetzungen (jemanden lieben): «Ein starker Egoismus schützt vor Erkrankung, aber endlich muss man beginnen zu lieben, um nicht krank zu werden […].»[4] Ihm zufolge ist ein Narzisst vor allem eine Person, die in einem primitiven Stadium ihrer psychischen Entwicklung verharrt und, gleich einem Neugeborenen, die ganze Welt als eine Erweiterung ihres Ichs wahrnimmt.

Das «Ideal-Ich» bezeichnet das Ich des kindlichen Narzissmus, das von Allmacht geprägt ist und in dem das Subjekt sich als jemanden erfährt, dem die wunderbarsten Dinge gelingen. Im Prinzip wird das Ideal-Ich in dem Maße, wie das Kind heranwächst, ersetzt durch das Ichideal, das sich durch die Identifizierung mit elterlichen und kulturellen Idealen heranbildet, die nach außen projiziert werden («ich möchte sein wie …»). Das Ichideal hat einen sozialen Aspekt, es ist auch das gemeinsame Ideal einer Familie oder einer Gruppe. 1914 sagt Freud, dass das «Geliebtwerden» das «Selbstgefühl» erhöht, dem wir «eine besonders innige Abhängigkeit von der narzisstischen Libido zuerkennen» müssen. Die Verwirklichung des Ideals verstärkt den Narzissmus des Ichs. Und Geliebtwerden hilft bei der Verwirklichung des Ideals.

Freuds Schriften über den Narzissmus waren die Wegbereiter für theoretische Arbeiten von Psychoanalytikern, die zu erklären versuchten, welche psychischen Mechanismen den narzisstischen Krankheitsbildern zugrunde liegen. 1919 publizierte der deutsche Psychiater und Psychoanalytiker Karl Abraham (1877–1925) einen Artikel, in dem er Patienten beschreibt, die die analytische Kur narzisstisch instrumentalisieren. Darin bringt er den Narzissmus mit Neid und einer verächtlichen oder feindlichen Haltung gegenüber dem Liebesobjekt in Verbindung, als Konsequenz eines als schmerzhaft erfahrenen Mangels an Zuwendung in der Kindheit. In der Folge gründete Abraham in Berlin eine psychoanalytische Klinik, die zugleich Lehrinstitut war. Hier ließen sich viele Psychiater aus den USA ausbilden, insbesondere auf dem Gebiet der narzisstischen Persönlichkeitsstörungen – unter ihnen die deutsche, 1932 in die USA ausgewanderte Psychoanalytikerin Karen Horney (1885–1952). Sie unterschied 1939 zwischen gesundem Selbstvertrauen und krankhaftem Narzissmus und schlug eine erste Typologie des pathologischen Narzissmus vor, indem sie ihn in den «aggressiv-expansiven», den «perfektionistischen» und den «arrogant-rachsüchtigen» Typus unterteilte. Wie der britische Kinder- und Jugendpsychiater und Psychoanalytiker Donald W. Winnicott (1896–1971) insistierte auch sie auf dem defensiven Aspekt des pathologischen Narzissmus. Das Problem ihrer Patienten sah sie nicht in einem «Zuviel an Liebe» zu sich selbst, sondern ganz im Gegenteil in der Unmöglichkeit, auch nur einen Teil von sich selbst zu lieben.

In der Folge analysierte die US-amerikanische Psychoanalytikerin Annie Reich (1902–1971) den Narzissmus als eine Abwehr gegen die eigene Verwundbarkeit. Nach ihr leiden narzisstische Individuen an einer Unfähigkeit, ihr Selbstwertgefühl zu regulieren, als Folge früher Traumata. Ihre Distanz gegenüber anderen veranlasst sie, sich in einen «grandiosen Modus» zu flüchten, wo ihr Selbst nicht schwach, sondern im Gegenteil stark und den anderen überlegen ist. Annie Reich wies auch als Erste auf die häufigen und heftigen Schwankungen des Selbstwertgefühls bei Personen hin, die von jener Unfähigkeit betroffen sind.

1964 lenkte der britische Psychoanalytiker Herbert Rosenfeld (1910–1986) das Augenmerk auf die Identifizierung als Abwehrmechanismus, um im Narzissmus aktive psychische Phänomene zu beschreiben. Ihm zufolge eignet sich der narzisstische Patient alles an, was an den Objekten gut ist (Introjektion), und verschiebt in die Objekte alle Aspekte seiner selbst, die er für schlecht erachtet (Projektion). Diese Funktionsweise führt beim Patienten zu höchst idealisierten Darstellungen seines Selbst. Danach bestreitet er alles, was dieses Bild bedrohen könnte. Mit Hilfe dieses Mechanismus gelingt es narzisstischen Patienten, jedes Bedürfnis nach Abhängigkeit gegenüber einem äußeren Objekt zu leugnen, denn sie haben den Eindruck, dass sie sich alles angeeignet haben, was sie bei anderen für gut halten. Tatsächlich findet man bei diesen Personen eine charakteristische Kluft zwischen dem Über-Ich und den Ideal-Instanzen des psychischen Apparats, sprich eine recht erstaunliche Schwäche des Über-Ichs in Verbindung mit einer völlig unverhältnismäßigen Forderung nach Idealen.

Die Ansätze zum Narzissmus in den USA

Der Zweite Weltkrieg veranlasste einige Psychoanalytiker, sich in den USA niederzulassen, wo sie spezifische Denkrichtungen entwickelten und versuchten, die von Freud außer Betracht gelassenen Krankheitsbilder in die Psychoanalyse einzugliedern. Dafür weiteten sie den Gegenstandsbereich der Psychoanalyse auf Phänomene aus, die traditionell der Psychologie vorbehalten waren, und zentrierten die Psychoanalyse mehr um die Untersuchung des Selbst als um das Studium des Unbewussten. Während Freud den Begriff «Narzissmus» nur verwendete, um über die Selbstliebe zu reden, sprachen die US-amerikanischen Psychoanalytiker ab den siebziger Jahren vor allem von Selbstwert, auf dem das amerikanische Ich aufbauen sollte, ein starkes Ich, das den Prüfungen der Wirklichkeit gewachsen ist. Die verschiedenen Richtungen der US-amerikanischen Psychoanalyse wurden somit von der Idee des Wohlbefindens und der Anpassung an die Gesellschaft durchdrungen, was dem Freud'schen Konzept entgegenstand. Einige gingen so weit, dass sie aus der Psychoanalyse ein strikt therapeutisches Denken machten, was von Lacan kritisiert wurde und zugleich dazu beitrug, die Disziplin bei einigen Soziologen in Misskredit zu bringen.

Zwei große theoretische Richtungen haben in den Vereinigten Staaten den Begriff des pathologischen Narzissmus beeinflusst: die *ego psychology* (Ich-Psychologie), vertreten von Otto Kernberg (geb. 1928), und die *self psychology* (Selbstpsychologie), vertreten von Heinz Kohut (1913–1981). Diese Bewegungen haben lebhafte Diskussionen unter US-amerikanischen Psychiatern ausgelöst, die 1980 zur Einführung des Begriffs «narzisstische Persönlichkeitsstörung» (NPS) ins DSM-III führten.

Die Ich-Psychologie

Der Psychiater und Psychoanalytiker Otto Kernberg, der in den siebziger Jahren die allgemeine psychiatrische Abteilung im New York State Psychiatric Institute leitete, war von 1997 bis 2001 Präsident der Internationalen Psychoanalytischen Vereinigung. Im Laufe seiner Arbeiten über psychiatrische «Grenzzustände» (Borderline) stellte Kernberg fest, dass narzisstische Persönlichkeiten eine ähnliche Abwehrorganisation aufweisen wie Borderline-Patienten, aber sozial viel besser funktionieren. Infolge einer Zurückweisung oder Herabsetzung durch die Eltern schafft es eine narzisstische Persönlichkeit nicht, die positiven und die negativen Selbst- und Objektrepräsentanzen zu integrieren. Wie Rosenfeld ist auch Kernberg der Ansicht, dass diese gespaltene Vorstellung narzisstische Individuen veranlasst, sämtliche negativen Selbstrepräsentanzen auf äußere Objekte zu projizieren («die anderen sind nichts wert») und sämtliche positiven Selbst- und Objektrepräsentanzen in einem grandiosen, irrealen und idealisierten krankhaften Selbst zu verschmelzen («ich bin der Beste»).

Für Kernberg ist das Modell des Narzissmus «dimensional», in dem Sinne, dass er ein vom normalen zum pathologischen Narzissmus reichendes Kontinuum annimmt. Aber er macht einen sehr deutlichen Unterschied zwischen dem narzisstischen Krankheitsbild und den narzisstischen Abwehrmechanismen, die sich allerdings, wie wir später sehen werden, auch bei einigen anderen Persönlichkeitsstörungen wiederfinden. Laut Kernberg kann eine Form des «normalen» Egoismus im Erwachsenenalter weiterbestehen, wenn gleichzeitig andere Formen der Besetzung anderer Menschen existieren. Bleibt die libidinöse Besetzung aber ausschließlich auf das Selbst gerichtet, handelt es sich um einen pathologischen Narzissmus, den Kernberg auf verschiedenen Ebenen ansiedelt. Die erste entspricht einer Deregulierung der «Beziehungen zum Selbst» und manifestiert sich in Egozentrismus, in einer Abhängigkeit von der Bewunderung durch andere, in Fantasien von Grandiosität und Erfolg und in einer Vermeidung von Situationen, die diesen Fantasien entgegenstehen. Die zweite Ebene, die einer narzisstischen Persönlichkeitsstörung im eigentlichen Sinne entspricht, ist das Ergebnis einer Konfliktsituation aggressiven Ursprungs und manifestiert sich in Neid und Herabsetzung, in einer Unfähigkeit, von anderen abzuhängen, und in einem Mangel an Empathie. Auf der dritten Ebene versagt das Moralsystem (eine Krankheit des Über-Ichs). Dieses letzte Stadium ist das von Kernberg so genannte «maligne Syndrom der narzisstischen Persönlichkeitsstörung», das meiner Ansicht nach dem Begriff des «narzisstischen Perversen» entspricht (s. unten, Kapitel 4).

Die Selbstpsychologie

Heinz Kohut, ein Wiener Jude, der vor dem Krieg nach Chicago ausgewandert war, widersprach der von Kernberg entwickelten US-amerikanischen Richtung der Ich-Psychologie. Auf der klinischen Ebene ist seine Beschreibung des Narzissmus nicht weit von der seines Rivalen entfernt, aber mit Blick auf die Ursachen, die psychologischen Mechanismen und auch die Behandlungsmethode gehen ihre Meinungen auseinander. Ursprünglich Freudianer, distanzierte sich Kohut später von der Freud'schen Lehre, indem er auf jeden Bezug auf die Sexualität und den Ödipuskomplex verzichtete, um seine eigene Darstellung der seelischen Struktur zu entwickeln: die *self psychology*. Als Psychoanalytiker und Professor für Psychiatrie wurde er Präsident der Amerikanischen Vereinigung für Psychoanalyse (1964–1965) und Vizepräsident der Internationalen Psychoanalytischen Vereinigung und übte beträchtlichen Einfluss auf die Entwicklung der psychoanalytischen Praxis in den USA aus.

Kohut betont nachdrücklich die positive Seite des Narzissmus: den Instinkt der Selbsterhaltung, der – in Verbindung mit einer Objektliebe oder auch nicht – das ganze Leben lang anhält und keinesfalls auf eine Phase der kindlichen Entwicklung reduziert werden kann. Seiner Ansicht nach stellt der Narzissmus eine Besetzungslinie dar, die parallel zu der der Objektbeziehung verläuft, und nicht ein Stadium in der Entwicklung dieser Beziehung. In seinem Buch *The Analysis of the Self* (dt.: *Narzissmus*) beschreibt Kohut das Selbst als eine bipolare Struktur, bestehend aus einem ersten Pol, dem grandiosen Selbst – «ich bin vollkommen, und du bewunderst mich» –, und einem zweiten Pol, der an die Konstruktion einer idealisierten Eltern-Imago geknüpft ist – «du bist vollkommen, und ich bin ein Teil von dir» –, die er das «Übergangsobjekt» nennt.[5] Die normale Integration des grandiosen Selbst in der Entwicklung führt zu einem realistischen und reifen Selbstwert. Die Manifestationen der idealisierten Eltern-Imago finden sich in der unbewussten Präsenz eines bewunderten omnipotenten Objekts im Selbst. Die Verschmelzung der beiden Instanzen führt zur Herausbildung eines authentischen Selbst.

Laut Kohut entspricht das narzisstische Krankheitsbild einer Fixierung auf eine einzige dieser Konfigurationen infolge einer frühen Beeinträchtigung des kindlichen Selbst. Gründe dafür können ein Versagen in der empathischen Funktion der Mutter sein, ein Trauma oder die Unmöglichkeit der Idealisierung der Eltern aufgrund ihrer Zurückweisung oder ihrer Gleichgültigkeit zu einem Zeitpunkt, da der Narzissmus sich in der Entwicklung befindet und folglich verwundbar ist.

Bei Personen, die narzisstische Persönlichkeitsstörungen aufweisen, ist daher der Selbstwert labil und schwach, was ihr konstantes Bedürfnis nach Rückversicherung erklärt. Es besteht bei ihnen ein Gegensatz zwischen einem unbewussten grandiosen Selbst und einem bewussten Gefühl von Unterlegenheit und innerer Leere. Kohut zufolge ist bei diesen Personen das Selbst das Objekt einer ursprünglichen vertikalen Spaltung, die einen Teil voller Eitelkeit von einem anderen Teil voller Schamgefühle, Hypochondrien (narzisstischer Sorgen um den eigenen Körper) und mangelnden Selbstwerts trennt. Daneben beschreibt er eine andere Spaltung des Selbst, die er als horizontal bezeichnet, da sie, ähnlich der Verdrängung, im Unbewussten ein grandioses Selbst aufrechterhält, das Ziele zu verwirklichen sucht, denen sich das reale Selbst entgegenstellt.

Selbstwert und Selbstvertrauen

Der gesunde Narzissmus umfasst drei Elemente: die Selbstliebe, das Selbstvertrauen und den Selbstwert, die im Idealfall relativ stabil sein sollten. In zahlreichen Handbüchern zur Persönlichkeitsentwicklung werden diese drei Elemente jedoch nicht klar unterschieden. Das «Selbstkonzept» repräsentiert die Vorstellungen einer Person von sich selbst, was die Eigenschaften ihrer Persönlichkeit mit einschließen kann. Dabei handelt es sich um eine relativ stabile Beschreibung. Der Selbstwert hingegen ist ein wichtiger Teil des Selbstkonzepts und entspricht der Selbstbeurteilung der Person. Während das Selbstkonzept vor allem beschreibend ist, ist der Selbstwert viel emotionaler und kann gefühlsbetonte Reaktionen wie Stolz oder Scham auslösen.

Der Selbstwert baut sich ganz allmählich und schon sehr früh beim Kleinkind auf. Zuerst nimmt sich das Kind als verletzlich wahr, denn es hängt ganz von der Zuwendung seiner Eltern ab. Sobald es aber einmal bedingungslose Liebe gespürt hat, die ihm das Gefühl von Geborgenheit gibt, kann es ein Selbstvertrauen erwerben, das sich zu einem Vertrauen in die anderen und in die Zukunft entwickeln kann und das ihm so ermöglicht, nach vorne zu schauen und Bindungen einzugehen. Mangelndes Selbstvertrauen ist das Ergebnis fehlender innerer Sicherheit, die in der frühesten Kindheit ihre Wurzeln hat. Falls diese Entwicklung versagt, bewahrt das Subjekt auch im Erwachsenenalter ein Gefühl von Ungewissheit.

Für den US-amerikanischen Psychosoziologen Morris Rosenberg (1922–1992) bezeichnet der Selbstwert, wie hoch ein Individuum seinen eigenen Wert einschätzt, das heißt, in welchem Maße es mit sich selbst zufrieden ist. Diese positive oder negative Einschätzung beruht auf dem persönlichen Wertesystem des Individuums oder auf den äußeren Normen, die ihm im Laufe der Kindheit introjiziert wurden. 1965 entwickelte Rosenberg einen Fragebogen, «The Rosenberg Self-Esteem Scale» (RSES), der den Selbstwert auf einer Skala misst, die von sehr negativ bis sehr positiv reicht. Seiner Ansicht nach drückt «ein hoher Selbstwert, wie er sich in den Elementen unserer Skala widerspiegelt, das Gefühl aus, ‹ziemlich zufrieden› zu sein. Das Individuum spürt einfach, dass es eine wertvolle Person ist; es achtet sich selbst für das, was es ist, aber es bewundert sich selber nicht, noch erwartet es, von den anderen bewundert zu werden. Es betrachtet sich nicht unbedingt als den anderen überlegen.»

Zwar ist für die meisten Menschen das Selbstwertgefühl eine ziemlich stabile Vorstellung, die verhindert, dass sie schon bei der leisesten Kritik zusammenbrechen. Doch ist diese Stabilität relativ, denn sie kann in der Folge einer bedeutenden Veränderung im eigenen Leben, etwa nach dem Verlust des Arbeitsplatzes oder nach einer enttäuschten Liebe, durchaus ins Wanken geraten. Bereits in der Kindheit wird ein Reservoir an Selbstwert angelegt, das sich dann mit den Lebenserfahrungen weiter füllen oder leeren kann. Allerdings zeugt ein instabiles Selbstwertgefühl, das innerhalb kurzer Zeit beträchtlich schwankt, von einer labilen Selbsteinschätzung, die zu sehr von äußeren Einflüssen abhängt.

Am Anfang jedes Selbstvertrauens stehen die anderen oder ein anderer. Ein Teil des Selbstvertrauens ist angeboren, der Rest entwickelt sich in der Kindheit, er ist das Ergebnis sozialer Beziehungen. In seinem Werk über das Selbstkonzept hat Morris Rosenberg die Bedeutung des Prozesses des sozialen Vergleichs in der Heranbildung des Selbst hervorgehoben, das heißt die Bedeutung der Einschätzung, die von signifikanten Anderen vorgenommen wird.[6] Ihm zufolge sehen sich Menschen am Ende häufig so, wie sie von den anderen gesehen werden. Wir sind, was die anderen von uns denken, und schließlich übernehmen wir diese Urteile und machen sie uns zu eigen.[7] Der US-amerikanische Soziologe Charles H. Cooley (1867–1929) hatte schon 1902 die Metapher des «Spiegelbild-Selbst» verwendet, um zu zeigen, dass die signifikanten Anderen einen Spiegel darstellen, in dem wir uns betrachten, um uns unsere Meinung über uns selbst zu bilden. Tatsächlich ist das Bild, das wir von uns selbst haben, davon beeinflusst, was unserer Vermutung nach die anderen von uns denken, und sehr oft übernehmen wir die Rolle, in der ein anderer uns gern sehen möchte. Dazu sagt die französische Psychoanalytikerin Janine Chasseguet-Smirgel: «Es ist so, als hinge unser Selbstwertgefühl, unsere Selbstachtung, die Spannung oder im Gegenteil die Harmonie zwischen unserem Ich und unserem Ichideal zu einem großen Teil von dem Bild ab, das Unseresgleichen uns von uns zurückwerfen, als erhielten wir durch unsere Mitmenschen den Beweis, dass unser Ich etwas wert ist oder nicht.»[8]

Selbstverständlich suchen die meisten Personen ein möglichst vorteilhaftes Selbstkonzept zu bewahren, und so kann man über Umwege der Selbstgefälligkeit sich selber täuschen und sich viel positiver wahrnehmen, als man in Wirklichkeit ist. Im Allgemeinen neigen wir dazu, unsere eigenen positiven Eigenschaften als Norm für die Bewertung anderer zu verwenden, was uns im Vergleich zu den anderen ein vorteilhaftes Bild sichert. Ebenso bedenken wir die anderen, wenn ihnen etwas gelingt oder wenn sie scheitern, mit weniger Anerkennung für ihren Erfolg und mehr Tadel für ihr Scheitern, als wir es gegenüber uns selber tun.

Das Selbstbild kann sich durch Kontrollerfahrungen verändern, etwa anhand des zeitlichen Vergleichs, also der Fortschritte, die man gemacht hat. Doch obwohl man vermuten würde, dass wiederholte Erfolge das Selbstbild in den entsprechenden Bereichen aufbessern und umgekehrt eine Reihe von Misserfolgen es verschlechtern, sind es weniger die Ergebnisse als solche, die auf das Selbstkonzept einwirken, als die Art und Weise, in der man sie interpretiert und erklärt. Anders gesagt, es ist vielmehr die Interpretation der Wirklichkeit als die Wirklichkeit selbst (das heißt die Erfolge oder die Misserfolge), die auf direkte Weise das Selbstkonzept beeinflusst. Mit dieser Problematik beschäftigen sich die sogenannten Attributionstheorien.

Hoher Selbstwert

Personen, die einen hohen Selbstwert besitzen, hegen eine Vielzahl positiver Vorstellungen von sich selber, trauen sich gute Leistungen auf mehreren Gebieten zu und sind von ihrem Wert und ihrer Kompetenz überzeugt. Ein so hohes Maß an Selbstachtung zu bewahren gelingt ihnen deshalb, weil sie allein solchen Eigenschaften von sich selbst Bedeutung beimessen, die sie positiv charakterisieren, alles Übrige tun sie als belanglos ab. Diese Personen haben eine klare Vorstellung von dem, was sie sind, sie zögern nicht, direkt und unverblümt von sich zu reden und sich sehr hoch zu bewerten. Sie präsentieren sich in einem vorteilhaften Licht und bringen sich zur Geltung, sobald sich die Möglichkeit bietet. Im Übrigen wollen diese Menschen erfolgreich sein und sind sehr zuversichtlich, dass es ihnen gelingen wird. Ihre Selbstbeurteilungen sind ziemlich stabil, was sie logischerweise wenig empfänglich macht für unterschiedlichste Arten von Kritik, die möglicherweise an sie gerichtet wird. Selbst wenn sie Kritik einstecken müssen, scheinen sie das Positive für sich herauszufiltern, das heißt, sie weisen die negativen *feedbacks* zurück, die ihrer Ansicht nach nicht auf sie zutreffen, und nehmen nur die positiven an, die mit ihrer eigenen Meinung über sich selber übereinstimmen. Es scheint, dass Personen mit hohem Selbstwert öfter auf soziale Abwärtsvergleiche zurückgreifen – das heißt auf Vergleiche mit Personen, die ihnen unterlegen sind –, insbesondere im Fall eines Misserfolgs. Auf diese Weise können sie ihr Scheitern entdramatisieren mit der Behauptung, dass außer ihnen sicherlich auch viele andere gescheitert wären.

Emmanuel Macron besitzt eindeutig einen hohen Selbstwert. Er ist wenig empfänglich für Kritik, es sei denn, er kann sie zu seinem Vorteil nutzen, und er hat Vertrauen in sich und seine Fähigkeit, Frankreich zu regieren. Sein Selbstvertrauen verleiht ihm ein Charisma, das ihm ermöglicht, seine Autorität geltend zu machen und seine Positionen durchzusetzen. Ein hoher Selbstwert bedeutet, gut von sich zu denken, aber das kann nicht nur ein gesundes Selbstvertrauen mit einer angemessenen Wertschätzung der eigenen Leistungen und Fertigkeiten beinhalten, sondern auch dazu führen, die Wahrheit stark zu übertreiben oder zu verzerren, und genau das tun narzisstische Individuen.

Geringer Selbstwert

Entgegen naheliegenden Vermutungen zeugt ein geringer Selbstwert nicht von der Präsenz negativer Vorstellungen, die jemand von sich hat, sondern von der Abwesenheit positiver Vorstellungen. Im Unterschied zu Personen mit hohem Selbstwert, die klare, konsistente und definitive Vorstellungen von sich haben, sind sich Menschen mit geringem Selbstwert ihres Wertes und ihrer Fähigkeiten nicht sicher. Sie haben das Gefühl, sich schlecht zu kennen, sind sich also darüber, was sie sind, im Ungewissen, wodurch sie gegenüber Einschätzungen und Urteilen seitens anderer sehr empfindlich und angreifbar sind. Im Allgemeinen fällt die Selbstbewertung bei diesen Personen weniger extrem aus als bei denen mit hohem Selbstwert, und selbst wenn sie sich ihrer Stärken bewusst sind, neigen sie dazu, in ihrer Einschätzung gemäßigt zu bleiben.

Wie man sich aufwerten kann

Man kann sich auf zwei Arten aufwerten, entweder indem man sein Selbstbild schönt oder aber indem man alles vermeidet, was es gefährden könnte. Der Selbstwert kann erhöht werden durch Erfolge und aufrechterhalten werden, indem man Misserfolge vermeidet, aber er kann auch gesteigert werden, indem man sich weniger ehrgeizige Ziele setzt oder aber diesen Zielen weniger Bedeutung beimisst. So kann man zum Beispiel seinen Selbstwert maximieren, indem man weiterhin Tätigkeiten ausübt, in denen man brilliert, und solche meidet, in denen man weniger gut ist.

Personen mit einem hohen Selbstwert verfügen über mehr Aufwertungsstrategien. Da sie nicht an ihren Fähigkeiten zweifeln, schreiben sie ihre Erfolge natürlich ihrer Kompetenz zu. Mit dieser Haltung können sie gelassen in Prüfungen oder Wettkämpfe gehen, denn sie sehen darin vor allem Gelegenheiten, sich zur Geltung zu bringen. Ein Misserfolg überrascht sie meistens, denn er entspricht nicht ihrer Selbsteinschätzung, und sie schreiben ihn dann bisweilen vorschnell einem äußeren Grund zu.

Personen mit geringem Selbstwert neigen zu Strategien, die ihr Selbst schützen. Da sie sich ihrer Fähigkeiten nicht sicher sind, übernehmen sie im Fall eines Misserfolgs leichter ihren Teil der Verantwortung, denn sie sehen darin keinen Widerspruch zu der Vorstellung, die sie von sich selber haben. Im Falle eines Erfolges hingegen neigen sie zur Vorsicht, denn sie fürchten, dass weitere Erwartungen auf sie zukommen und damit weitere Gefahren, einen Misserfolg zu erleiden. Allgemein fürchten sie den Wettbewerb, denn sie haben Angst, als unfähig zu erscheinen. Aber das unbedingte Ziel, ein schwaches Ich gegen ernste Gefahren der Zersplitterung zu schützen, kann zu Abwehrkrankheiten führen. So sucht ein pathologischer Narzisst in dem Bemühen, anderen zu gefallen, ständig eine Rolle zu spielen: Er konstruiert sich ein «falsches Selbst», das heißt eine Fassade aus Affekten und Verhaltensweisen, die das Ziel verfolgen, akzeptiert und geliebt zu werden.

Die zentrale Rolle des Schamgefühls

Die Scham hat eine zentrale Stellung in der Theorie des Narzissmus und erst recht im pathologischen Narzissmus. Bei Narzissten besteht eine Spaltung zwischen Schuldgefühl und Scham, die der Soziologe Alain Ehrenberg als Übergang von der Welt der Schuld zur Welt der Unzulänglichkeit bezeichnet hat; es ist die Scham, nicht den Anforderungen des eigenen Ideal-Ichs entsprochen zu haben.[9] Dem Psychoanalytiker Bernard Brusset zufolge «handelt es sich bei der Scham um einen Mangel an Wert, nicht etwa in Bezug auf das Handeln oder das Denken, sondern in Bezug auf das eigene Wesen.»[10] Sein Kollege Claude Janin unterscheidet die primäre Scham, die mit der kindlichen Hilflosigkeit verbunden ist, und die sekundäre Scham. Er stellt fest, dass im Buch Genesis in der Geschichte von Adam und Eva die Scham nach der Übertretung des Verbots äußerst schnell hervorbricht und dass sie nicht das Fehlverhalten betrifft, sondern den schwindelerregenden Fall, der die Hoffnung auf Gottgleichheit plötzlich in das Bewusstsein abstürzen lässt, nichts weiter als Menschen zu sein.

Seit jeher wird unterschieden zwischen dem Schuldgefühl,

das sich auf die Folgen von etwas Schlechtem bezieht, das man getan hat, und der Scham, die mit der Enthüllung einer Unzulänglichkeit verknüpft ist: eben der Unzulänglichkeit, nicht die Anforderungen seines Ideal-Ichs (des kindlichen, vom Allmachtsgedanken geprägten Ichs) erfüllt zu haben. So erklärt der Psychoanalytiker Patrick Merot: «Sich schämen bedeutet, paradigmatisch gesehen, Scham darüber zu empfinden, sich als ganz klein zu entdecken, während man sich groß geglaubt hatte, zu einem elenden Wurm zu werden, zu einem Abschaum, zu einem Exkrement, während man glaubte, ein Mensch zu sein.»[11] Es ist der Moment, wo der Größenwahn des Narzissten zerbricht, wenn das Bild, das er den anderen präsentieren wollte und das den Anforderungen des Ichideals genügte, sich als erbärmlich erweist. Es ist das Scheitern eines Allmachtstraums. Scham ist ein sozialisierendes Gefühl par excellence, denn sie stellt eine Beschädigung des eigenen Wesens dar, die in der Beziehung zu anderen erfolgt. Scham entsteht für das Subjekt daraus, dass es mit seiner Hilflosigkeit konfrontiert wird, in Gestalt des anderen als Spiegelbild dieser Hilflosigkeit.

Alle Narzissten sind von dem Gedanken der Entwertung besessen, aber dem amerikanischen Psychiater Glen Gabbard (geb. 1949) zufolge haben nicht alle dasselbe Verhältnis zur Scham. Die grandiosen Narzissten, die er als «unbewussten» Typus bezeichnet und die ein starkes und arrogantes Ich besitzen, versuchen die Scham auszuschalten, indem sie sie auf andere projizieren: Mit Hilfe eines Spaltungsmechanismus vermeiden sie gleichzeitig Scham und Schuldgefühl. Die verletzlichen Narzissten hingegen, die den «überwachsamen» Typus repräsentieren, sind leicht gekränkt, überempfindlich und beschämt. Überzeugt von ihrem Mangel an persönlichem Wert, haben sie ein negatives Bild von sich selbst.

Angesichts der «schamlosen» Lügen gewisser Politiker, die

Der Fall Cahuzac

Die Persönlichkeit des Franzosen Jérôme Cahuzac, 2012–2013 sozialistischer Haushaltsminister, veranschaulicht vortrefflich das Persönlichkeitsbild eines grandiosen Narzissten. Dieser als begabt und ehrgeizig geltende Mann, ein Verführer, der alles erreicht hat, erlebte durchschlagenden Erfolg, gefolgt von einem jähen Fall. Einige seiner Vertrauten sagten, er sei eine sprühende Persönlichkeit mit einem Hang zum Spiel. Und diese Wirklichkeit hat ihn vermutlich am Ende eingeholt.

Ursprünglich als Chirurg tätig, wandte er sich besser bezahlten Tätigkeiten zu. Gemeinsam mit seiner Frau Patricia, einer Dermatologin, gründete er eine Klinik für Haartransplantationen. Parallel war er als Berater für pharmazeutische Labore tätig, wofür er die Gesellschaft Cahuzac Conseil ins Leben rief. In der Folgezeit verdiente er viel Geld, wovon er dem Finanzamt nur einen unbedeutenden Teil meldete. Viele Jahre lang hortete er diese Gelder auf einem nicht deklarierten Bankkonto bei der Union des Banques Suisses (UBS) in Genf. Da ihn die Medizin langweilte, überließ er die Durchführung der Transplantationen seiner Frau und suchte etwas mehr Anregung in der Politik. Er wird zunächst zum Bürgermeister, dann 1997 zum Abgeordneten gewählt, wird Berater von Claude Evin im Gesundheitsministerium unter der Regierung von Michel Rocard und danach, 2010, Präsident des Finanzausschusses der Assemblée Nationale. Zu diesem Zeitpunkt löst er sein Konto bei der UBS auf und verlegt sein Guthaben in ein anderes Steuerparadies in Asien. 2012 wird er schließlich zum Haushaltsminister ernannt, wobei er unter anderem für die Bekämpfung von Steuerhinterziehung verantwortlich ist.

Die Offenlegung seiner geheimen Konten durch *Mediapart* im Dezember 2012 überschneidet sich mit der Scheidungsgeschichte des Ehepaars Cahuzac. Zwar zeigt sich Jérôme Cahuzac in harmonischer Zweisamkeit mit seiner Frau, aber das hindert den Verführer nicht daran, seine jüngeren oder prominenteren Eroberungen bedenkenlos in der Öffentlichkeit zur Schau zu stellen. Dessen überdrüssig und mit der Absicht, die Scheidung einzureichen, beauftragt Patricia einen Privatdetektiv damit, Beweismittel für die außerehelichen Beziehungen ihres Mannes zu sammeln, obwohl alle Welt längst davon weiß. Er reagiert darauf äußerst ungehalten. Womöglich aus finanziellen Gründen? Aus engsten Kreisen heißt es, er habe seine Frau bedroht: «Wenn du gehst, wirst du nichts kriegen, ich werde dir das Leben zur Hölle machen.» Sicher ist nur, dass er zu Anfang nicht die Ermittlungen von *Mediapart* kritisiert, sondern seine Frau beschuldigt, ihn aus Rache denunziert zu haben.

Als es nach den Enthüllungen durch *Mediapart* zu einem Skandal wegen des Schwarzgeldes kommt, streitet er alles ab. Zuerst gegenüber François Hollande, dann in einem Interview gegenüber dem Journalisten Jean-Michel Apathie von RTL und schließlich in einem entschiedenen Dementi vor den Abgeordneten: «Ich habe kein Konto und hatte nie ein Konto im Ausland, weder jetzt noch früher.» Wenn in der Berufungsphase des Verfahrens sein psychiatrischer Gutachter Daniel Zagury ihn als einen «jämmerlichen Lügner» beschreibt, so hat er damit zugleich Recht und Unrecht. Jérôme Cahuzac fühlte sich, solange er auf seiner narzisstischen Wolke lebte, so allmächtig, dass für ihn allein *seine* Wahrheit zählte. Das verlieh ihm ein Gefühl von Straffreiheit. Wie später der Staatsanwalt im Berufungsverfahren sehr treffend sagt, besteht Straffreiheit darin «zu glauben, dass die Dinge eine andere Wendung nehmen werden, weil man der ist, der man ist.» In die Enge getrieben, von der Wirklichkeit eingeholt, legt Jérôme Cahuzac schließlich ein Geständnis ab.

Am ersten Tag seines Prozesses wegen «Steuerhinterziehung, Geldwäsche von Einnahmen aus Steuerhinterziehung und falscher

Aussagen zum Vermögen» versucht er eine andere narzisstische Taktik: die Verantwortung auf einen anderen zu schieben. Er stellt sich als Opfer der Anhänger Michel Rocards hin und versichert, eine geheime Finanzierung im Auftrag des ehemaligen Premierministers gedeckt zu haben. Das ist umso einfacher, als dieser wenige Monate zuvor verstorben ist. Cahuzac zufolge «haben alle pharmazeutischen Labore alle politischen Parteien finanziert». Anschließend zeigt er sich unnachgiebig, ohne wirkliche Reue, was ihn in der öffentlichen Meinung weiter in Misskredit bringt. Während des Berufungsverfahrens legt er ein wenig Demut in seine Darstellung der Geschehnisse. Aber ist er aufrichtig, oder spielt er nur eine neue Rolle? Angesichts der Tatsache, dass er sich früher äußerst opportunistisch verhielt und seine Faszination für riskante Unternehmen, Geld und Frauen recht gut zu verbergen verstand, darf man an seiner Ehrlichkeit zweifeln.

Wahrscheinlich war es jener erste Prozess, der in Cahuzacs narzisstischer Rüstung erste Risse entstehen ließ, zumal fast alle aus seinem engsten Kreis ihn hatten fallen lassen. Als er während seines Berufungsverfahrens versichert, «Betrüger zu verabscheuen», ist das vermutlich wahr, denn hinter seinem narzisstischen Gebaren verbirgt sich Selbsthass.

Interessant ist noch hervorzuheben, dass Jérôme Cahuzac zur Unterstützung seiner Verteidigung zwei ihrerseits recht schillernde Persönlichkeiten wählte: Éric Dupont-Moretti als Anwalt und Daniel Zagury als psychiatrischen Gutachter. *The show must go on* ... Als Dupont-Moretti in seinem Plädoyer andeutet, dass Cahuzac, falls er ins Gefängnis käme, sich das Leben nehmen könnte, gesteht er indirekt ein, dass sein Mandant in diesem Prozess nicht nur für ein Fehlverhalten bestraft werden soll – in diesem Fall würde ihm die Strafe ermöglichen, dieses Kapitel bald zu vergessen –, vielmehr beträfe dieses Urteil auch das Wesen des Angeklagten, das, was er repräsentiert. Der Staatsanwalt erfasste dies sehr wohl, als er von einer «Vorbildpflicht» sprach. Nach der

Trunkenheit des Erfolges konnte nur der tiefe Fall Cahuzac von der Illusion der Allmacht heilen, denn solange man nicht gelitten hat, läuft man Gefahr, weiterhin in Unkenntnis seiner selbst zu leben. Für Jérôme Cahuzac öffnete sich damals ein neues Abenteuer: sich von seinem größenwahnsinnigen Ego zu befreien und endlich er selbst zu werden.

ihr Wort brechen, und gewisser Sportler, die schwören, keine Dopingmittel genommen zu haben, kann man nur sagen: «Sie sollten sich was schämen!» – so wie Eltern, die ihrem Kind die Schwere einer Handlung bewusst machen wollen, zu ihm sagen: «Schämst du dich nicht?» Es ist, als würde mit der Überschreitung eines gewissen Maßes an Narzissmus die Scham ganz verschwinden. Donald Trump steht jenseits der Scham. Machiavelli hat in seinen *Florentinischen Geschichten* mit Blick auf den Condottiere Federico Sforza gesagt: «Große Männer nennen Schande das Verlieren, nicht aber den Gewinn durch Trug.»[12] Als Abwehr gegen die verinnerlichte Schmach entwickelt der Narzisst eine überbordende Selbstbehauptung, oder aber er projiziert die Scham auf einen anderen, indem er ihn verachtet und ihn erniedrigt, um dann sich selbst auf den Sockel zu heben. Tatsächlich kann sich Scham, selbst verinnerlicht, auf andere Personen übertragen. Der Fall des ehemaligen französischen Ministers Jérôme Cahuzac, der, obwohl er alles abstritt, der Steuerhinterziehung überführt wurde, ist an dieser Stelle exemplarisch (s. Kasten).

Der Narzissmus aus Sicht der Soziologen

Wie wir gesehen haben, wurde eine erste Wende im Verständnis des Narzissmus von US-amerikanischen Psychoanalytikern herbeigeführt, die sich in ihren Studien statt dem Unbewussten eher dem Selbst zuwandten, da es ihrer Ansicht nach die Kultur der USA in den glorreichen Jahrzehnten nach dem Zweiten Weltkrieg widerspiegelte. Diese Thematik war danach Gegenstand wichtiger soziologischer Debatten, die den Wertewandel in der Gesellschaft der Gegenwart untersuchten, insbesondere den Individualismus. Bereits Gelehrte der Frankfurter Schule wie Theodor Adorno (1903–1969) sahen den Narzissmus als Abwehrsystem gegen die Schwäche eines kollektiven Ichs im Zuge veränderter ökonomischer Produktionsprozesse.

In *The Lonely Crowd* (dt.: *Die einsame Masse*), erschienen 1950, wies der US-amerikanische Soziologe David Riesman (1909–2002) darauf hin, dass ein ganz auf die Gegenwart ausgerichteter Hedonismus den Sinn für eine entferntere Zukunft verdrängt habe.[13] Hinter der Jagd nach Vergnügen verberge sich ein Kampf um die Macht: «Die Amerikaner […] sind geschickter geworden in der Ausbeutung der zwischenmenschlichen Beziehungen zu ihrem eigenen Vorteil.» 1976 erklärte der Journalist Tom Wolfe (1930–2018) in seinem Essay *The «Me» Decade and the Third Great Awakening*, dass der wirtschaftliche Wohlstand zu einer Explosion der Selbstverherrlichung und des Egoismus geführt habe. Danach zeigte Richard Sennett (geb. 1943) in seinem Buch *The Fall of Public Man* (1977, dt.: *Verfall und Ende des öffentlichen Lebens*) die Rolle der Kultur in der Entwicklung des Narzissmus auf: «Die menschlichen Kräfte, auf denen der Narzissmus beruht, werden so sehr durch unsere Kultur aktiviert, dass sie auf systematische und perverse Weise in die zwischenmenschlichen Beziehungen hereinbrechen.»[14] Er zieht eine kritische Bilanz des Anstiegs einer «psychologisierenden» Kultur der Authentizität mit dem Zwang zur Transparenz für die Politik bzw. für den, wie er sagt, «öffentlichen Menschen», der hinter der Maske seiner gesellschaftlichen Rolle seine Freiheit vollständig zu bewahren weiß.

Eine allgemeinere Fragestellung begann sich ab dem Jahr 1979 mit dem bereits zitierten Buch von Christopher Lasch *The Culture of Narcissism* (dt.: *Das Zeitalter des Narzissmus*) zu entwickeln. Der von der Frankfurter Schule beeinflusste Historiker und Philosoph meinte, dass sich in der Zunahme der Fälle von Narzissmus in der US-amerikanischen Psychiatrie das plötzliche Auftauchen einer narzisstischen Persönlichkeit in der gesamten Kultur spiegele. In seinem Buch zeigt er, dass der Narzissmus nicht nur eine Krankheit, sondern zu einem allgemeinen gesellschaftlichen Phänomen geworden ist. Das Problem der Entwicklung dieses Persönlichkeitstyps liegt für ihn im Grundcharakter der US-Amerikaner am Ende der 1970er Jahre. Ihm zufolge ist der Narzissmus eine «psychische Antwort» auf die bürokratische und therapeutische Gesellschaft, auf die Bilderflut und den Massenkonsum: Er sei die «beste Art, die Spannungen und Ängste des modernen Lebens zu ertragen». Lasch verweist auf den Niedergang des Ideals der kollektiven Emanzipation zugunsten des Heilsversprechens einer individuellen Verwirklichung. Er ist der Ansicht, der US-Amerikaner der Gegenwart gebe die Herkunft und die Geschichte von Generationen auf zugunsten der eigenen Person, eines Hier und Jetzt.

Lasch betont die Invasion der Gesellschaft durch das Ich, in Verbindung mit der Flucht vor Gefühlen, der Weigerung zu altern, der theatralischen Inszenierung des Daseins und der Politik als Spektakel. Er geht davon aus, dass die in den USA entstandene Gesellschaftsstruktur zur Herausbildung individueller und kollektiver Persönlichkeiten geführt habe, die ganz auf sich selbst fixiert sind: «Heute sehnen sich die Menschen nicht nach Erlösung, geschweige denn nach der Wiederherstellung eines Goldenen Zeitalters, sondern nach dem Gefühl, der momentanen Illusion von persönlichem Wohlbefinden, Gesundheit und seelischer Geborgenheit.»[15] Daher die Banalisierung des Narzissmus als Reaktion auf die Veränderungen in dieser Gesellschaft, die geprägt sei von der Intensität der Konkurrenzbeziehungen in Wirtschaft und Gesellschaft und dem «Niedergang der Hoffnungen» auf politische und kollektive Unterstützung der Emanzipation.

Laschs Buch, das die kulturellen und psychologischen Veränderungen untersucht, die mit der Modernisierung des Kapitalismus einhergehen, fand bei einem breiten Publikum großen Widerhall, zunächst in den Vereinigten Staaten, dann auch andernorts. Wir werden später sehen, dass das, was Lasch an den USA der siebziger Jahre beschreibt, im weitesten Sinne der Richtungslosigkeit der europäischen Postmoderne entspricht (s. unten, Kapitel 5).

Indessen wurde Laschs theoretisches Modell wegen Mangels an wissenschaftlicher Stringenz stark kritisiert. Man warf ihm vor, nicht zu präzisieren, in welchem Kontext, warum und wie er seine Begriffe gebraucht. Soziologen kritisierten seinen «Psychologismus», da er seine Idee einer Kultur des Narzissmus auf Arbeiten US-amerikanischer Psychoanalytiker über narzisstische Krankheitsbilder aufgebaut hatte. Psychoanalytiker warfen ihm vor, die Unterschiede zwischen dem Freud'schen Narzissmusbegriff und den Arbeiten der Ich-Psychologie nicht berücksichtigt zu haben: «Das Problem dieser These besteht darin, dass Lasch sein Konzept des Narzissmus auf theoretischen Bruchstücken aufbaut, die er hier und da aufgelesen hat, ohne sich über die Herkunft des Narzissmusbegriffs, um seine Entstehungsgeschichte Gedanken zu machen.»[16] Kritisiert wurde auch, dass er nicht deutlich genug zwischen normalem und krankhaftem Narzissmus unterscheide, wenn er über den Narzissmus als gesellschaftliches Phänomen spricht. Tatsächlich findet man in zahlreichen soziologischen Studien, und nicht nur bei Lasch, ein Gemisch aus narzisstischen Zügen, die im NPI (Narcisstic Personality Inventory, s. nächstes Kapitel) erfasst und zweifellos banalisiert worden sind, und der narzisstischen Persönlichkeitsstörung, die viel seltener anzutreffen ist. Von allen Seiten wurde Christopher Lasch vorgeworfen, einerseits die gegenwärtige psychologische Inflation zu beklagen, andererseits aber begriffliche Anleihen bei der Psychoanalyse zu machen, das heißt einen Referenzrahmen zu benutzen, der genau von den kulturellen Elementen durchdrungen ist, die er kritisiert.

Vier Jahre später, 1983, griff der französische Essayist Gilles Lipovetsky in seinem Buch *L'Ère du vide. Essais sur l'individualisme contemporain* (dt.: *Narziss oder die Leere*) die Kritik an der kapitalistischen Gesellschaft auf, wobei er nicht von der Psychoanalyse ausging, sondern diese Gesellschaft als Folge der Personalisierung der postmodernen Welt oder des Übergangs vom begrenzten zum totalen Individualismus betrachtete.[17] Er beschreibt, wie die ideologische Leere der postmodernen Gesellschaft zu einer Form von Hedonismus führt, die gekennzeichnet ist von Ernüchterung in einer Welt, aus der das Heilige und das Kollektive verschwunden sind, in der der Mensch sich in Szene setzt und seine Existenz statt dem Sein dem äußeren Schein widmet. Dieser Personalisierungsprozess entspricht seiner Ansicht nach «der Gestaltung einer flexiblen Gesellschaft, die auf Information und Bedürfnisstimulierung, auf Sex und der Berücksichtigung ‹menschlicher Faktoren›, auf dem Kult um Natürlichkeit, Herzlichkeit und Humor gründet». Laut Lipovetsky verkörpert der Narzissmus die Ablösung der Disziplin durch die Expansion eines uneingeschränkten Ichs, die zu einem Niedergang des kollektiven Handelns führt und die Privatsphäre begünstigt. In der Folge führte er in seinem Buch *Le Bonheur paradoxal* seine Überlegungen fort und richtete dabei sein Hauptaugenmerk auf den Massenkonsum.[18]

Alain Ehrenberg denkt seinerseits in seinem Buch *La Fatigue d'être soi – dépression et société* (1998, dt: *Das erschöpfte Selbst*) über die Auswirkungen der Kultur der Individualität auf den modernen Menschen nach.[19] Seiner Ansicht nach verweist uns die Individualität auf den Konflikt zwischen der Vorstellung unbegrenzter Möglichkeiten und der des Unbeherrschbaren. Er sieht eine Ära der Depressionen anbrechen, in der der Mensch den Forderungen, die die Gesellschaft an ihn stellt, nicht gewachsen ist. In der Folge bringt er in seinem Buch *La Société du malaise* (2010, dt.: *Das Unbehagen in der Gesellschaft*) die Zunahme des Narzissmus mit einer allgemeineren gesellschaftlichen Forderung in Verbindung, der nach Autonomie: Das moderne Subjekt muss fähig sein, eine möglichst große Anzahl von Dingen eigenständig zu bewältigen.[20] Laut Ehrenberg haben diese Thesen durch eine Art moralischen und gesellschaftlichen Konsens dazu beigetragen, aus der narzisstischen Störung ein soziologisches Konzept zu machen, das es erlaubt, von den Übeln des Individualismus zu sprechen. Über diesen Ansatz hinaus, der aus dem Narzissmus eine Krankheit des Hyperindividualismus und ein Symptom der Krise der sozialen Bindungen macht, fragt er sich, ob es sich auf der gesellschaftlichen Ebene nicht um einen Wandel handelt, der mit einem veränderten Verhältnis zu sich selbst und zu anderen zusammenhängt, in Verbindung mit einer allgemeinen Sorge um Einzigartigkeit und einer Unterordnung unter das Primat des Selbstwerts. Ehrenberg versucht zu verstehen, wie sich der soziale und moralische Kontext einer Gesellschaft auf die Psychopathologie auswirkt: «Die Psychiatrie ist ein lokales Idiom, das sich auf die Identifizierung und Behandlung von partikulären Problemen spezialisiert hat. [...] Psychische Gesundheit ist ein globales Idiom, das es ermöglicht, Formulierungen für die Konflikte und Spannungen des gegenwärtigen modernen Lebens zu finden und Ursachen oder Gründe für Probleme zu benennen, die allgemein mit sozialen Interaktionen verbunden sind.»

Für den deutschen Philosophen mit koreanischen Wurzeln Byung-Chul Han sind Narzissmus und Eigenliebe zwei vollkommen verschiedene Dinge: Die Eigenliebe ist gegen den anderen errichtet, aber sie erkennt ihn an und versucht, sich in ihrem Sein ihm gegenüber zu behaupten; das «narzisstische Subjekt» hingegen «watet überall im Schatten seiner selbst, bis es in sich ertrinkt»,[21] es ist nur offen für das, als was das Ich bereits erscheint, nur offen für das, worin es sich erkennt, ohne indessen zu wissen, wer es ist. Laut Byung-Chul Han beruht der heutige Narzissmus auf einer Leere. Dem Ich bleiben so gut wie keine stabilen Ausdrucksformen mehr, mit denen es sich identifizieren kann und die ihm eine feste Identität verschaffen. Heutzutage dauert nichts an, besteht nichts fort. Diese Kurzlebigkeit wirkt auf das Ich ein, destabilisiert es, lässt es seine Gewissheiten verlieren. Und genau diese Ungewissheit, diese Angst um sich, führt zum «Leer»-Lauf des Ichs. Als Reaktion darauf versucht das Individuum vergeblich, sich zu produzieren, zum Beispiel in Selfies. In Wirklichkeit werden Selfies nicht aus Eitelkeit oder Selbstverliebtheit gemacht, vielmehr illustrieren sie eben jene innere Leere. Wir haben es hier also weniger mit einem stabilen narzisstischen Ich als mit einem «negativen Narzissmus» zu tun.

In seinem Buch *Müdigkeitsgesellschaft* (2010) beschreibt Byung-Chul Han eine von einem «Übermaß an Positivität» besessene Gesellschaft.[22] Danach ist die Not des heutigen Individuums weniger auf einen Mangel als auf ein Übermaß an

Aktivitäten, an Positivität zurückzuführen. Die Disziplingesellschaft von gestern mit ihrem Übermaß an Regeln – also an Negativität – produzierte Herren und Sklaven, aber sie hatte ihre Therapeuten und ihre Revolutionäre. Unsere Gesellschaft, die Burn-out oder Depressionen produziert, verzehrt sich selbst. Um uns selbst zu verwirklichen und den Anforderungen eines übergroßen Ichs zu entsprechen, erklärt Han, halten wir uns für «frei» zu arbeiten ... bis zur Erschöpfung: «Der Exzess der Leistungssteigerung führt zu einem Infarkt der Seele.» Aber die «kulturellen Leistungen der Menschheit, zu denen auch die Philosophie gehört, verdanken wir einer tiefen, kontemplativen Aufmerksamkeit.» Er schlägt also die Rückkehr zu einer gesunden Müdigkeit vor, die es ermöglicht, das Anderssein zu erkennen, und die es erlaubt, sich der Welt hinzugeben.

2015 schrieben die kanadischen Soziologinnen Dahlia Namian und Laurie Kirouac: «Der Narzissmus ist in eine Periode der Umverteilung eingetreten, die ihn aus der Kategorie einer kaum relevanten pathologischen Persönlichkeitsstörung in die Dimension eines Persönlichkeitstyps wechseln ließ, der heutzutage in unterschiedlichem Maße in jedem von uns präsent ist.»[23] Für die beiden Autorinnen zeugt die Veränderung des klinischen Status des Narzissmus von einer Wende auf gesellschaftlicher Ebene. Sie fragen sich, ob der Verlust seines Krankheitscharakters nicht einen Umbruch im Gleichheitsdrang der Individuen anzeigt, eine Folge, die untrennbar mit dem Anstieg des Singularismus verbunden sei, welcher ein verändertes Verhältnis zu sich und den anderen voraussetzt: «Es [das veränderte Verhältnis] zeigt sich weniger im Verschwinden des Strebens nach Gleichheit als vielmehr in der Unterordnung unter das Streben nach Singularität.» Ohne den psychoanalytischen Theorien über den Aufbau eines gesunden Narzissmus Rechnung zu tragen, vertreten die Autorinnen die

Ansicht, dass allein der Selbstwert die Unterscheidung zwischen normalem und pathologischem Narzissmus ermögliche. Ihrer Meinung nach ist ein hoher und stabiler Selbstwert für die seelische Gesundheit von Vorteil.

Während die Kliniker an diese Frage aus der Sicht des persönlichen Leidens ihrer Patienten herangehen – was sie nicht hindert, den sozialen Ursprung von deren Not zu verstehen zu suchen –, bevorzugen die Soziologen oft die Perspektive der Adaption der Individuen an die Gesellschaft. Das bewegt sie zu der Annahme, dass die Individuen, um sozial besser «dazustehen», vor allem ein solides Selbstwertgefühl an den Tag legen müssen. Den Selbstwert dieserart ins Zentrum des Erfolgs zu stellen erscheint wie eine Aufwertung der Supernarzissten mit ihrem triumphierenden Individualismus, die, wie wir sehen werden, in hohem Maße zerstörerisch und eine Quelle von Ungleichheit sind.

Kapitel 3

DIE NARZISSTISCHEN PERSÖNLICHKEITSSTÖRUNGEN

Der Begriff der narzisstischen Persönlichkeit und der der narzisstischen Persönlichkeitsstörung (NPS) setzten sich zunächst allmählich in den USA durch, danach in Europa, und seit 1980 bestreitet niemand mehr deren Existenz. Ebenfalls 1980 erschien die dritte Auflage des DSM, die eine rein beschreibende Definition dieser Störung lieferte, ohne sich um die Ursachen oder tiefer liegende psychische Prozesse zu kümmern, die die Psychoanalytiker zu so lebhaften Debatten angeregt hatten. Doch die klare Abgrenzung der narzisstischen Persönlichkeitsstörung bleibt weiterhin umstritten.

Die Persönlichkeit ist die Gesamtheit der Verhaltensweisen, Haltungen und Motivationen, die ein Individuum charakterisieren und es von allen anderen unterscheiden. Sie hängt von angeborenen Eigenschaften, der Erziehung und dem sozialen Umfeld ab. Das macht die Reaktionen einer Person vorhersehbar. Damit von einer Persönlichkeit die Rede sein kann, müssen jene Elemente zeitlich stabil sein (eine traurige Stimmung nach einem Todesfall etwa ist nicht Bestandteil einer Persönlichkeit). In der Sozialpsychologie beschreibt ein Persönlichkeitsmerkmal das Verhalten, die Gemütszustände, aber auch die Wertvorstellungen einer Person. Für jedes Merkmal wurden psychometrische Instrumente oder Persönlichkeitstests entwickelt, um ein Individuum in Bezug auf die Referenzbevölkerung einzuordnen. In dem sogenannten zweidimensionalen Ansatz werden die Persönlichkeitsmerkmale in zwei Gruppen aufgeteilt: Merkmale, die das Sozialverhalten betreffen (sympathisch, unehrlich …), und solche, die Kompetenzen betreffen (kompetent, dynamisch …). Im «Fünf-Faktoren-Modell» (oder «Big Five») werden die Persönlichkeitsmerkmale in fünf Hauptdimensionen zusammengefasst, die als die Komponenten der Gesamtpersönlichkeit eines Individuums betrachtet werden. Im Englischen wird dieses Modell auch als OCEAN-Modell bezeichnet nach den Anfangsbuchstaben der fünf Dimensionen: *openness* (neugierig, bereit, sich in Frage zu stellen), *conscientiousness* (eher organisiert als spontan), *extraversion* (die Anregung und die Gesellschaft der anderen suchend), *agreeableness* (eher empathisch als misstrauisch) und *neuroticism* (emotional eher labil als ausgeglichen). Nach diesem Modell sind normale Personen im Allgemeinen in der Mitte der fünf Variablen situiert und verbleiben dort für den Rest ihres Lebens. US-Psychologen haben das Modell (sehr vereinfacht) auf mehrere Präsidenten der Vereinigten Staaten angewandt mit dem Ergebnis, dass George W. Bush äußerst extravertiert, aber wenig offen für neue Erfahrungen, Barack Obama hingegen introvertiert und emotional sehr stabil sei. Donald Trump ist, wie gezeigt wurde, ungemein extravertiert und schrecklich unangenehm.

Bei einer Persönlichkeitsstörung treten eine Reihe anormaler und pathologischer Charakterzüge in einer solchen Intensität auf, dass sie eine beträchtliche Störung in den innerseelischen und/oder den zwischenmenschlichen Abläufen bewirken. Laut der Internationalen Krankheitsklassifikation (ICD-10) besteht eine Persönlichkeitsstörung aus ernsten Störungen in Charakter und Verhalten, die gewöhnlich mehrere Bereiche der Persönlichkeit betreffen und im Allgemeinen von erheblichen persönlichen und sozialen Problemen begleitet sind. Sie treten meistens in der Kindheit oder in der Jugend in Erscheinung und bleiben im Erwachsenenalter bestehen.

Der «subklinische» Narzissmus: ärgerlich, aber akzeptabel

Einige Psychiater sind der Meinung, dass der narzisstische Charakter keinesfalls einer Diagnose entspricht: Die narzisstische Persönlichkeitsstörung sei nur eine extreme Form allgemeiner Persönlichkeitsmerkmale. Sie beschreiben die Störung als ein Kontinuum, das von *normal* und *angepasst* (mit minimalen narzisstischen Zügen) über *leichte* oder *mäßige Beeinträchtigungen* bis zur *pathologischen Persönlichkeit* (von extremem Narzissmus) reicht. Viele äußerst erfolgreiche Menschen können narzisstisch wirken, doch man kann Macht und Erfolg suchen, ohne dass dies krankhaft ist, unter der Bedingung, dass man einen kritischen Blick auf sich selbst bewahrt und der Ehrgeiz einen nicht daran hindert, harmonische Beziehungen zu seiner Umgebung zu entwickeln. In einem Dokumentarfilm über seinen Werdegang hat der junge kanadische Filmemacher Xavier Dolan erklärt: «Angesichts meiner Entschlossenheit haben einige gesagt, ich sei narzisstisch. Ich bin weder narzisstisch noch überheblich, ich bin mir einfach nur meiner Sache sicher.»[1] In der heutigen Gesellschaft wird eine ordentliche Portion Narzissmus nicht nur bereitwillig akzeptiert, sondern sogar ausdrücklich begrüßt. Erst wenn diese Merkmale erstarren, zum Dauerzustand werden und beträchtliche funktionelle Veränderungen oder ein Leiden des Subjekts zur Folge haben, stellen sie eine Persönlichkeitsstörung dar.

Um diese als «subklinischer» Narzissmus bezeichneten Merkmale in der allgemeinen Bevölkerung zu messen, entwarfen die US-amerikanischen Psychologen Robert Raskin und Calvin Hall 1979 das Narcissistic Personality Inventory (NPI), ein Messinstrument, das, obwohl es auch kritisiert wird, gegenwärtig in 70% der Untersuchungen zum Narzissmus verwendet wird. Ihnen zufolge können sich narzisstische Merkmale zwar dahin entwickeln, dass sie im sozialen Umfeld der Person zu Problemen führen, bleiben dann aber dennoch im Bereich des Normalen. 1988 identifizierten Robert Raskin und sein Kollege Howard Terry sieben Komponenten des NPI: Autoritätsanspruch (*authority*), Überheblichkeit (*self-sufficiency*), Überlegenheitsgefühl (*superiority*), Angeberei (*exhibitionism*), Manipulationsneigung (*exploitativeness*), Eitelkeit (*vanity*) und Anspruchsdenken (*entitlement*).[2] Die meisten Wissenschaftler verwenden seitdem eine Struktur aus zwei Komponenten (Angeberei/Streben nach Aufmerksamkeit und Führungsanspruch/Arroganz) oder aus drei Komponenten (Führungsanspruch, Angeberei/Streben nach Aufmerksamkeit und Ehrgeiz/Arroganz).

Das NPI beruht auf den Kriterien des DSM zur Bestimmung des pathologischen grandiosen Narzissmus. Man kann daher einwenden, dass der Fragebogen mit vierzig Items, der heute zur NPI-Auswertung dient, nicht die klinischen Feinheiten berücksichtigt. Da er das Augenmerk nur auf den sichtbaren Teil der Problematik legt, kann man zudem kritisieren, dass er Gefahr läuft, seinen eigentlichen Untersuchungsgegenstand mit dem normalen Narzissmus einer Person zu vermengen, die einen gesunden Selbstwert besitzt. Im Übrigen sind die meisten empirischen Untersuchungen zum subklinischen Narzissmus auf dem Gebiet der Sozialpsychologie durchgeführt worden, oft an freiwilligen Studenten, die sich selbst und möglicherweise unvorschriftsmäßig zu positiv bewertet haben.

Um also nicht übermäßig zu «pathologisieren», muss eine klare Unterscheidung zwischen akzeptablen narzisstischen Persönlichkeitsmerkmalen, die im Wesentlichen dem subklinischen Narzissmus entsprechen, und der narzisstischen Persönlichkeitsstörung festgelegt werden. Narzisstische Persönlichkeitsmerkmale können sicherlich die Nerven der Menschen aus dem sozialen Umfeld der betreffenden Person auf eine harte Probe stellen, aber solange sie sich im Normalbereich unserer Zeit bewegen, sind sie nicht pathologisch: Jemand kann extravertiert sein, in Gesellschaft laut sprechen und seine Sätze oft mit «Ich» beginnen, ohne dass das ein Hinweis auf eine Krankheit wäre. Unter den subklinischen Narzissten befinden sich durchaus «Hochbegabte», die vital, kompetitiv und charismatisch sind und gute Beziehungen zu ihren Mitmenschen pflegen. Diese normalen Formen des Narzissmus werden im Allgemeinen als positive Adaptionselemente gesehen, die besonders seit den achtziger Jahren zunehmend geschätzt werden (s. unten, Kapitel 8). Aber wie soll man angesichts der enormen Banalisierung und Aufwertung dieser Persönlichkeitsmerkmale wissen, wo die Grenze zwischen einem akzeptablen und einem pathologischen Narzissmus verläuft? Schon 1984 fragte sich Otto Kernberg: «Wie intensiv muss eine Störung sein, damit man von einer Persönlichkeitsstörung sprechen kann?»[3] Wir werden versuchen, das zu klären.

Der pathologische Narzissmus und das DSM-5

Die am meisten verwendete Klassifizierung von Persönlichkeitsstörungen ist die des *Diagnostic and Statistical Manual of Mental Disorders*, des berühmten DSM (s. oben, Kapitel 1). Seine Definition der narzisstischen Persönlichkeitsstörung basiert allein auf einem deskriptiven Ansatz. Unter der Schirmherrschaft der American Psychiatric Association erarbeitet, war dieses Handbuch ursprünglich dafür bestimmt, Kliniker bei der Diagnose und Wissenschaftler bei der Kategorisierung ihrer Patienten zu unterstützen. Während die ersten Auflagen des DSM (das DSM-I von 1952 und das DSM-II von 1968) noch von der Psychoanalyse geprägt waren, wurden 1980 im

DSM-III die Krankheitsbeschreibungen von einem rein pragmatischen Gesichtspunkt aus aktualisiert. Damals wurde die narzisstische Persönlichkeitsstörung ins DSM aufgenommen. 1994 dann, im DSM-IV, wurden die Kriterien Verletzlichkeit, Fragilität wie auch die Schamreaktionen ausgesondert und nur die «auf einem Übermaß an Selbstliebe beruhenden» narzisstischen Störungen berücksichtigt, was nicht nur zahlreiche Narzissten ausschließt, sondern auch ein klinisches Verständnis des Krankheitsbildes verhindert.

Die Diagnose der narzisstischen Persönlichkeitsstörung (NPS), die im DSM-5 von 2013 beschrieben ist, fand keine allgemeine Zustimmung. Psychologen und Psychiater stellten sie noch während der Arbeit an dieser neuen Auflage in Frage. Angesichts der Häufigkeit der Diagnose wollten gewisse US-amerikanische Psychiater die NPS einfach aus der Klassifizierung der psychischen Störungen streichen. Da die NPS zur Banalität verkommen sei, könne man sie nicht mehr als Krankheit betrachten. Der Psychologe Charles Zanor fasste es in einem 2010 in der *New York Times* erschienenen Artikel mit Humor zusammen: «Dieses Schicksal werden die Narzissten aber gar nicht mögen: ignoriert zu werden.»[4] Man kann indessen einwenden, dass die Tatsache, dass etwas banal oder alltäglich ist, nicht bedeutet, dass es normal ist.

Die meisten Psychiater waren der Meinung, dass die Beschreibung des pathologischen Narzissmus im DSM-5 bei weitem nicht der Komplexität des in der Praxis beobachteten klinischen Phänomens Rechnung trage. Einige unter ihnen ordneten aus einer dimensionalen Perspektive die Stufen des Narzissmus weiterhin in ein Kontinuum ein, das von normal bis krankhaft reichte. Andere schlugen eine Einteilung nach Kategorien vor (Präsenz oder Nichtvorhandensein der Störung): Für sie entsprachen der normale, «angepasste» Narzissmus und der pathologische Narzissmus zwei unterschiedlichen

Dimensionen, wobei sie schwere Krankheitsformen, bis hin zur Perversion, von einfachen narzisstischen Persönlichkeitsmerkmalen unterschieden: «Narzisstisch zu sein, selbst ernstlich, ist etwas anderes, als eine narzisstische Persönlichkeitsstörung zu haben oder einen pathologischen Grad an Narzissmus aufzuweisen.»[5] Unter den Befürwortern des dimensionalen Ansatzes legten jedoch einige Wert darauf, ihre Position zu differenzieren: Ihnen zufolge hatte man die Persönlichkeitsstörungen in zu unklar voneinander abgegrenzte Konfigurationen unterteilt, die es unmöglich machten, deutliche Profile zu erstellen. Auch wollten sie neben der Messung quantitativer Unterschiede den Symptomen verschiedene Intensitätsgrade beifügen, eine Reihe von (vorhandenen oder nicht vorhandenen) Merkmalen erfassen und sie dann nach unterschiedlichen Graden auf einer durchgehenden Achse eintragen. Das eigentliche Problem liegt darin, dass es den Bewertungen aufgrund von Schätzungsskalen, wie sie vom DSM empfohlen werden, an klinischer Differenziertheit fehlt: Es genügt, die Kästchen anzukreuzen, die der Beschreibung der narzisstischen Persönlichkeitsstörung entsprechen. Die Bewertung reduziert sich auf ein simples Ja/Nein oder Vorhanden/Nicht vorhanden, das das Wichtigste außer Acht lässt: das Verständnis des Wesens dieser Störung und ihrer Ursachen.

Theodore Millon (1928–2014), ein US-amerikanischer Psychiater und Spezialist für Persönlichkeitsstörungen, hat mehrere Profile narzisstischer Persönlichkeiten unterschieden: den manipulativen Narzissten (der andere skrupellos ausbeutet), den verführerischen Narzissten (im Stil des Don Juan), den kompensierenden Narzissten (passiv-aggressiv, seinem Groll gegen die Welt hingegeben), den elitären Narzissten (hochmütig und herrisch) und den fanatischen Narzissten (der paranoiden Struktur nahe).[6] Andere Autoren, die einen eher verhaltenstheoretischen Ansatz vertreten, fügten dem grandiosen und dem verletzlichen Narzissmus eine weitere Unterscheidung hinzu, indem sie von extravertierten (*overt*) und introvertierten (*covert*) Formen sprechen.[7] Ihrer Klassifizierung zufolge zeigen Personen, die Merkmale von Größenwahn und Extraversion aufweisen – ein Profil, das man Donald Trump zuordnen könnte –, oft auch eine Aufmerksamkeitsstörung. Umgekehrt klagen Personen, die einen verletzlichen Narzissmus aufweisen, über innere Leere und Langeweile und haben ein fragiles Selbstwertgefühl.

Im Dezember 2012 beschloss die American Psychiatric Association schließlich, die narzisstische Persönlichkeitsstörung im DSM zu behalten, sie aber eher mit einem mehr oder weniger ausgeprägten Persönlichkeitsmerkmal in Verbindung zu bringen als mit einem klar umrissenen Profil. Wenn der pathologische Narzissmus auch nicht aus dem DSM gestrichen wurde, so änderte sich sein Status dort dennoch, denn aus einer eigenständigen Persönlichkeitsstörung wurde eine Gruppe von Merkmalen, die äußerst schwach oder exzessiv vorhanden sein können. Aus dieser Sicht wäre die narzisstische Persönlichkeitsstörung nur eine extreme Variante allgemeiner Persönlichkeitsmerkmale.

Wer sind die Narzissten?

Weil die Psychiater sich nicht auf eine Abgrenzung des pathologischen Narzissmus einigen können, sind die Untersuchungen zur Verbreitung oder Prävalenz der narzisstischen Persönlichkeitsstörung nicht sehr zuverlässig. Bis in die 2000er Jahre ergaben die Schätzungen, dass 0,2 % bis 3 % der in einem psychiatrischen Kontext untersuchten Personen an dieser Persönlichkeitsstörung litten und in der Gesamtbevölkerung viel weniger. In Anbetracht der Häufigkeit narzisstischer Persönlichkeitsmerkmale, die jeder von uns im Alltag beobachtet, könnte man erstaunt sein über die niedrigen Prävalenzraten der Krankheit in der psychiatrischen Fachliteratur. Alles in allem wären diese eher beruhigend, denn anders als die Debatten um das DSM-5 vermuten lassen, entwickeln nicht alle Personen mit narzisstischen Persönlichkeitsmerkmalen eine psychische Krankheit. Aber man muss auch berücksichtigen, dass pathologische Narzissten selten einen Psychiater aufsuchen und meist nur über Personen aus ihrem sozialen Umfeld ausfindig gemacht werden, die unter ihnen zu leiden haben.

Eine neuere Studie aus den USA, die von 2004 bis 2005 an 43 000 Probanden unter Berücksichtigung von Alter, Geschlecht und ethnischen Merkmalen durchgeführt wurde, ergab für die narzisstische Persönlichkeitsstörung eine Prävalenz von 7,7 % bei Männern und 4,8 % bei Frauen, hispanische Frauen ausgenommen, die eine Prävalenz von 7,5 % erreichten.[8] Die Raten in den jeweiligen Altersgruppen waren wie folgt: 8,9 % für die 20–34-Jährigen, 6,5 % für die 35–49-Jährigen und 4,4 % für die Über-50-Jährigen. Eine andere, 2001 in Norwegen durchgeführte Studie ergab eine Prävalenz von 0,8 % in der gesamten Bevölkerung, was den großen Einfluss kultureller Faktoren auf die Ergebnisse zeigt; in Kapitel 5 werden wir darauf zurückkommen.

Die narzisstische Persönlichkeitsstörung ist in jedem Fall häufiger bei Männern als bei Frauen anzutreffen. Eine 2015 von Wissenschaftlern an der University at Buffalo (UB, New York) veröffentlichte Studie, die Daten aus dreißig Jahren und von 475 000 Probanden auswertete, hat dies unabhängig vom Alter der Teilnehmer bestätigt.[9] Die Hauptautorin Emily Grijalva, Dozentin für Personalmanagement an der School of Management der UB, und ihre Kollegen werteten dafür mehr als 350 Zeitschriftenartikel, Dissertationen, Manuskripte und Fachbücher auf geschlechtsspezifische Unterschiede in drei Aspekten des Narzissmus aus: Führungsanspruch (*authority*), Angeberei (*exhibitionism*) und Anspruchsdenken (*entitlement*). Im Bereich des Anspruchsdenkens stellten die Wissenschaftler die größte Abweichung zwischen Männern und Frauen fest: Männer tendieren eher als Frauen dazu, andere auszubeuten und auf gewisse Privilegien Anspruch zu erheben. Im Bereich des Führungsanspruchs zeigen Männer eine stärkere Selbstbehauptung und ein stärker ausgeprägtes Verlangen nach Macht als Frauen. Hingegen stellten die Wissenschaftler keinerlei geschlechtsspezifische Unterschiede bei der Angeberei fest, woraus zu schließen ist, dass Eitelkeit oder Selbstgefälligkeit kein Privileg der Männer ist. All diese Feststellungen können durch Stereotypen erklärt werden, die in der Kultur und der Erziehung verwurzelt sind. So kann die geringe Präsenz von Frauen in Führungspositionen als Folge der kulturellen Unvereinbarkeit zwischen den Stereotypen der Weiblichkeit und denen einer Führungsrolle verstanden werden.

Die Schwierigkeit, narzisstische Persönlichkeitsstörungen zu messen, rührt daher, dass andere Persönlichkeitsstörungen mit ihnen gemeinsame Merkmale aufweisen und dass deren Symptome manchmal neben der narzisstischen Symptomatik vorhanden sind. So kann man für die narzisstische Persönlichkeitsstörung typische Merkmale mit der psychischen Erregtheit von «Hypomanikern», mit dem Aufmerksamkeitsbedürfnis von Borderline-Persönlichkeiten oder mit dem Misstrauen von Paranoikern verwechseln.

Nachdem wir die verschiedenen Kriterien der narzisstischen Persönlichkeitsstörungen definiert haben, können wir nun versuchen, die Merkmale der beiden Haupttypen pathologischer Narzissten zu präzisieren und zu unterscheiden: der grandiosen (oder größenwahnsinnigen) und der verletzlichen Narzissten. Hinzufügen kann man die narzisstischen Perversen, eine besonders destruktive Variante der grandiosen Narzissten.

Kapitel 4

DIE WICHTIGSTEN NARZISSTISCHEN PATHOLOGIEN

Traditionell tendiert man dazu, die narzisstischen Pathologien in zwei Hauptkategorien einzuteilen: den aus einem Übermaß an Selbstliebe entstehenden grandiosen (größenwahnsinnigen) Narzissmus und den aus einem Mangel an Selbstliebe entstehenden verletzlichen Narzissmus. Beide Pathologien haben, wie wir sehen werden, ihren Ursprung in ein und demselben Problem: Sie kaschieren eine große Fragilität, einen Mangel an Selbstvertrauen, Zweifel an den eigenen Kompetenzen und an der eigenen Liebenswürdigkeit.

Die grandiosen oder größenwahnsinnigen Narzissten

Im ersten Kapitel haben wir die Kriterien des DSM-5 verwendet, die die narzisstische Persönlichkeitsstörung des grandiosen Typus definieren, um Donald Trumps Persönlichkeit einzuschätzen. Diese am leichtesten feststellbare Form des Narzissmus ist tatsächlich diejenige, die im DSM-5 vermessen wird. Wir haben außerdem gesehen, dass es schwierig ist, sie mit Hilfe einer einfachen klinischen Beschreibung vom «subklinischen Narzissmus» zu unterscheiden. Das Bild der pathologischen Narzissten, das ich hier zeichnen werde, scheint dem von

Personen mit einfachen narzisstischen Persönlichkeitsmerkmalen zu ähneln. Aber die pathologischen Narzissten unterscheiden sich wesentlich von diesen durch ihre Unfähigkeit, andere für das zu lieben und zu achten, was sie sind, und nicht wegen des Nutzens, den sie ihnen bringen können, sowie durch ihre Unfähigkeit, sich von sich selbst zu lösen, um sich anderen gegenüber zu öffnen. Während sich eine psychische Krankheit gewöhnlich über das Leiden definiert, das der Patient empfindet, wird sie im Fall der narzisstischen Persönlichkeitsstörungen an den negativen Auswirkungen auf andere Personen gemessen. Darum ist es so wichtig, die psychischen Mechanismen von Supernarzissten wie Donald Trump zu verstehen.

Schwer narzisstisch zu sein führt zu einer infernalischen Spirale: Der grandiose Narzisst glaubt sich den anderen überlegen und findet, dass ihm deshalb gewisse Vergünstigungen zustehen. Bei der Arbeit oder auf Partys stellt er sich in den Vordergrund und wertet sich auf Kosten anderer auf. In einem ersten Moment lohnt sich das auch: Er wird geschätzt, bekommt einen guten Posten und lernt interessante Partner kennen. Aber, wie wir sehen werden, findet diese Geschichte im Allgemeinen kein gutes Ende.

Diese Narzissten haben vor allem sich selbst im Auge: In einer Gruppe wollen sie unbedingt im Zentrum der Aufmerksamkeit stehen, sie reden ausgiebig von ihren Leistungen und ihren «außerordentlichen» Projekten. In Gesprächen sind sie immer in vorderster Reihe, reißen das Wort an sich, wissen alles besser als jeder andere, und was immer sie mit Nachdruck sagen, erscheint außergewöhnlich. Da sich alles um ihre Person dreht, neigen sie dazu, jeden ihrer Sätze mit «ich» zu beginnen: «Ich habe dies getan, ich habe jenes gesagt. Ich habe hier Schmerzen, ich gehe jetzt, ich habe das geschafft …» Das kann so unverhältnismäßig oder irreal erscheinen, dass sie sofort als Angeber und Aufschneider dastehen, aber es kann ihr

Umfeld auch faszinieren. Früher brachte man jungen Leuten bei, dass es unhöflich sei, einen Brief mit «ich» zu beginnen. Doch im November 2007 stellte der Sprachwissenschaftler Alain Rey im Magazin von *Le Monde* fest, dass der frisch gewählte Präsident Nicolas Sarkozy das Wort «ich» in seiner Ansprache vor den Abgeordneten vom Juni 2007 126 Mal und in seiner Rede vor dem französischen Arbeitgeberverband MEDEF vom August 134 Mal gebraucht habe und 55 Mal die Formulierung «ich will». Alain Rey schloss seinen Artikel mit der Erinnerung daran, dass einst selbst der König «Wir wollen» gesagt hatte.

Die grandiosen Narzissten sind von ihrer Überlegenheit wirklich überzeugt. Sie glauben, dass sie mehr Qualitäten besitzen als die anderen, dass sie schöner, intelligenter, bedeutender als alle Männer und Frauen um sie herum sind. Ihr Mangel an Bescheidenheit kann bis zu der Arroganz gehen, die Alain Delon an den Tag legte, als er 2011 in einem Interview auf RTL versicherte: «Ich bin eine der seltenen lebenden Legenden des 21. Jahrhunderts»;[1] oder Marlene Dietrich, die wie Alain Delon von sich in der dritten Person sprach.[2] Es genügt, die Interviews mit Zlatan Ibrahimović zu lesen, um zu begreifen, dass wir bei dieser Art von Persönlichkeiten nicht weit vom Größenwahn entfernt sind: «Ich benötige keinen Blick von anderen um zu wissen, dass ich der Beste bin. Mein eigener Blick genügt mir. Klar, denn ich bin so sehr der Beste, dass ich auch der beste Kenner des Fußballs bin, der beste Experte und als Einziger fähig zu beurteilen, wer der Beste ist. Wenn ich also beschließe, dass ich der Beste bin, dann stimmt das auch.»[3]

Da solche Menschen überzeugt sind, den außergewöhnlichen Platz zu verdienen, den sie einnehmen, können sie sich alles erlauben, meinen, dass ihnen alles zusteht, und maßen sich eine Menge alltäglicher Privilegien an. Sie erlauben sich zum Beispiel, ihren Wagen da zu parken, wo es ihnen gerade passt, selbst wenn das andere Autofahrer oder Fußgänger behindert. Sie finden es normal, von kleinen Vergünstigungen zu profitieren, wie eine Warteschlange zu übergehen, und verstehen es nicht, wenn ihre Akte nicht vorrangig bearbeitet wird. Und da sie sehr überzeugend auftreten, gelingt es ihnen auch oft, solche Privilegien zu erlangen.

Sie haben eine so hohe Meinung von sich selbst, dass sie glauben, Normalsterbliche seien unfähig, sie zu verstehen. Also wählen sie für sich die besten Rechtsanwälte, Ärzte oder Star-Friseure, zu denen sie schnellstens eine gewisse Vertrautheit herzustellen trachten. Sie suchen sich mit berühmten oder relativ prominenten Personen anzufreunden, denn auf diese Weise wächst ihr Selbstwert spiegelbildlich um den Wert, den sie diesen Personen beimessen.

Jennifer genießt es, im Zentrum der Aufmerksamkeit aller zu stehen, und sie bleibt auch nie unbemerkt, denn ihre Auftritte sind immer theatralisch. Sie kleidet sich gediegen, aber stets mit einem Hauch von Exzentrizität. Sie redet laut, wenn sie berühmte Personen erwähnt, die sie auf einer Abendgesellschaft kennengelernt hat, und egal um welches Gesprächsthema es geht, immer gelingt es ihr, sich als Star in Szene zu setzen. Selbst wenn sie hoch verschuldet ist, muss sie zeigen, dass sie Geld hat, und stürzt sich in unvernünftige Ausgaben durch teure Geschenke für Menschen, die sie verführen will. Sie spricht von ihren Projekten, eine Stiftung zu gründen oder ein Geschäft zu eröffnen, sie brüstet sich damit, mit einem Politiker zu Abend gegessen zu haben (während sie doch nur im selben Restaurant war wie er). Wenig berührt von den Sorgen ihrer Freunde und Verwandten, schneidet sie einer Freundin, die an Krebs erkrankt ist, das Wort ab, um mit einer Überfülle an Einzelheiten all ihre kleinen persönlichen Probleme zu beschreiben. Um einen

Termin bei ihrem Arzt zu vereinbaren, gelingt es ihr – da sie den normalen Weg ablehnt –, seine Handynummer zu bekommen, damit sie ihn direkt erreichen kann; und sie zeigt sich besonders vertraut im Umgang mit ihm, indem sie ihn mit seinem Vornamen oder mit «lieber Freund» anredet. Sie versteht nicht, dass gewisse Personen, die von ihrer Allgegenwart entnervt sind, versuchen, sie auf Distanz zu halten, und beklagt sich dann über die Undankbarkeit derer, die sie angeblich als ihre Freunde betrachtet.

Die Verführungs- oder Schmeichelstrategien dieser Narzissten sind oft rentabel und können zu einem schnellen sozialen Aufstieg verhelfen. Selbstverständlich finden sich Narzissten mehrheitlich in Bereichen mit großem Einfluss oder in Berufen, die Prestige und Beachtung versprechen: Sie arbeiten als Politiker, Rechtsanwalt, leitender Angestellter, Finanzier oder Künstler, aber auch in anderen Gebieten, wo man mehr Strenge vermuten würde. Dem Immunologen Bruno Lemaitre zufolge führt die starke Konkurrenz, die im Bereich der wissenschaftlichen Forschung herrscht, dazu, Wissenschaftler auszuwählen, die auf den ersten Blick einen brillanten Eindruck machen, in Wahrheit aber ihre Artikel auf wenig aussagekräftige Daten aufgebaut oder diese sogar von anderen übernommen haben[4] – darauf werden wir in Kapitel 8 zurückkommen. Ihr Selbstbewusstsein hilft Narzissten zweifellos, sich in Karrieren durchzusetzen, wo nicht so sehr wirkliche Kompetenz erwartet wird, sondern vielmehr, dass sie den Eindruck vermitteln, sich besser auszukennen als die anderen oder Lösungen parat zu haben. Das gilt für die Politik wie für den Lobbyismus.

Narzissten können in ihrem Bestreben, erfolgreich zu sein und sich von den anderen zu unterscheiden, eine besondere Begabung entwickeln, die ihnen echte gesellschaftliche und berufliche Erfolge beschert. Beispiele sind Künstler wie Salvador

Dalí und Picasso, Schauspieler oder Modeschöpfer wie Alain Delon und Karl Lagerfeld oder auch visionäre Wissenschaftler. Durch ihren sozialen Aufstieg und den beruflichen Erfolg werden sie dann in ihrer hohen Meinung von sich selbst noch weiter bestärkt. Aber ihre Leistungen können durch ihre Intoleranz gegenüber Kritik und eigenem Scheitern oder durch Fehlurteile infolge einer Überschätzung ihrer Kompetenzen und Fähigkeiten auch geschmälert werden. Andere Narzissten, die fragiler sind, verausgaben sich in ihrer Arbeit bis zur völligen Erschöpfung, um den Anforderungen ihres übersteigerten Ichs zu genügen, und riskieren dabei den Burn-out.

Sonia ist eine hübsche Frau um die fünfzig, die sehr auf ihr Äußeres achtet. An ihr ist alles tadellos, ihre Frisur, ihr Make-up, ihre Kleidung wählt sie mit Geschmack. Sie sagt, dass sie sorgfältig darauf achtet, wenn nicht die Schönste, so doch die Eleganteste zu sein. So gibt sie sich die größte Mühe, dem gewachsen zu sein, was sie als unerlässlich erachtet, um akzeptiert zu werden. Sie hält sich körperlich fit, joggt jeden Tag eine halbe Stunde und macht drei Stunden in der Woche Pilates. Sie geht regelmäßig zum Friseur, zur Maniküre, zur Kosmetikerin und erklärt ganz ungeniert, dass sie schon einmal bei einem Schönheitschirurgen war. Sie sagt, es bereite ihr große Genugtuung, sich jeden Morgen im Spiegel zu betrachten: immer schlank, muskulös, gebräunt, aber gerade so viel wie nötig. Ihr Leben lang hat sie versucht, sich zu verbessern, mehr Macht und mehr Bekanntheit zu erlangen. Im Beruf hat sie sich stets ehrgeizig gezeigt, hohe Ansprüche an sich gestellt, nach immer mehr Verantwortung verlangt und ist so Stufe um Stufe bis zur Generaldirektorin aufgestiegen, was viel Neid erregt hat. Aber als sie älter wurde, drohten Konkurrenten an ihr vorbeizuziehen. Das löste bei ihr aggressive Reaktionen aus.

Nicht nur gegen sich selber, auch gegen andere ist sie äußerst hart, was ihr eine Klage wegen Mobbing eingebracht hat.

Anfangs können der sprühende Geist und die Chuzpe von Narzissten, auch die Tatsache, dass sie keine Angst haben, sich zur Geltung zu bringen, zurückhaltendere Menschen begeistern, bei denen sie eine Führungsrolle einnehmen. Sie verlocken, ja faszinieren die, die sich von ihrer Selbstsicherheit und der Erzählung ihrer Taten blenden lassen. Tatsächlich verstehen Narzissten es, ihre Beiträge aufzuwerten, kollektive Erfolge sich selber anzurechnen, sich mit anderen Narzissten zu vernetzen und zu verbünden. Da sie darauf bedacht sind, zu gefallen und anerkannt zu werden, schmeicheln sie ihren Vorgesetzten, präsentieren sich als brillant, charmant und, wenn nötig, auch komisch. Das positive Bild ihrer selbst, das ihnen zurückgeworfen wird, bereitet ihnen große Genugtuung, was wiederum ihren Narzissmus stärkt.

Alexandre ist leitender Angestellter. Wenn er in einen Kreis neuer Bekanntschaften kommt, stellt er sofort seine Überlegenheit zur Schau, und man weiß schon bald, dass er Absolvent der ENA ist, dass er hohe Posten innegehabt hat, aber dass er mitten in seiner Laufbahn durch die Intrigen eines Rivalen gestoppt wurde. Hinter seinem Rücken sagen seine Kollegen, er sei ein Intrigant, ein dreister Taktierer, der sich immer in den Vordergrund zu spielen weiß, selbst auf die Gefahr hin, sich lächerlich zu machen. Er versteht es, zu schmeicheln und sich durchzusetzen, aber da er viel Zeit mit Lobbying verbringt, wird ihm vorgeworfen, er arbeite seine Akten nicht hinreichend durch, was ihn öfter in eine schwierige Lage bringt. Er hat auch einen Hang zum mondänen Leben, geht auf alle «Must»-Events, zu allen Vernissagen, und da er immer dabei ist, wird es für andere zur Gewohnheit, ihn einzuladen. Für ein Medienereignis keine Einladung zugesandt zu bekommen, ist für ihn wie eine öffentliche Beleidigung, die alles in ihm zusammenbrechen lässt und ihn tagelang deprimiert. Er kennt alle Prominenten, Künstler und Journalisten und lässt im Gespräch keine Gelegenheit aus, dies kundzutun. Er nimmt auch an vielen karitativen Abendveranstaltungen teil, begibt sich an die Orte, wo etwas los ist, und genießt es, sich dort mit den schönsten Frauen fotografieren zu lassen, um dann die Fotos auf Instagram und in anderen sozialen Netzwerken zu posten. Aber er ist unzufrieden, denn er hat den Eindruck, in seiner Karriere festzustecken, und findet es ungerecht, dass die anderen schneller vorankommen als er. Und so verabredet er sich immer häufiger mit seinen Kontakten zum Mittagessen und zeigt sich noch öfter auf mondänen Abendgesellschaften.

Die grandiosen Narzissten neigen dazu, neidisch und eifersüchtig auf Personen zu sein, die wohlhabender oder erfolgreicher sind als sie. Ihre Wahrnehmung der anderen ist dichotomisch: Entweder bewundern sie sie, manchmal bis zur Idealisierung, oder sie verachten sie, es sei denn, sie versprechen sich von ihnen irgendeinen Nutzen. Dieser Mechanismus entspricht bei ihnen einer Spaltung zwischen gutem und bösem Objekt. Es kommt auch vor, dass sie eine Person in einem ersten Moment idealisieren und danach verachten und zurückweisen, wenn diese zu viel Distanz wahrt oder ihnen nicht von Nutzen ist. Die mangelnde Sensibilität von Narzissten für die Bedürfnisse und Wünsche ihres Umfelds kann sie dazu bringen, andere bewusst oder unbewusst auszubeuten und Personen zu erniedrigen, die ihnen unterlegen erscheinen.

> Solange, intellektuell und freiberuflich tätig, hat sich mit einem Kreis von Assistentinnen und Mitarbeitern umgeben, denen sie enorm viel Arbeit abverlangt. Aber sie vergisst oft, sie zu entlohnen, denn sie ist der Ansicht, «dass sie sich geschmeichelt fühlen sollten, für sie zu arbeiten». Sie unterhält vertraute Beziehungen zu ihnen, was sie nicht daran hindert, bei der geringsten Verspätung oder Pflichtverletzung unerbittliche Strenge walten zu lassen. Beginnen ihre Mitarbeiter angesichts dieser Situation zu murren, stellt sie sich als Opfer hin und versucht, ihr Mitleid zu erwecken, indem sie von ihrer Erschöpfung und Einsamkeit redet.

Auch privat verfolgt der Blick der Narzissten auf die anderen das Ziel, die eigene Person aufzuwerten, aber während sie mit oberflächlichen Bekanntschaften sehr gut zurechtkommen, fällt es ihnen schwer, engere Beziehungen einzugehen.

Der Beginn einer Liebesbeziehung mit einem grandiosen Narzissten ist oft idyllisch: Er ergeht sich in schönen Worten, macht unglaubliche Versprechen, vermittelt dem anderen die Illusion, einzigartig zu sein, und lässt ihn an eine absolute Liebe glauben. Leider handelt es sich dabei aber nicht um eine gegenseitige Verführung, wo beide einander ihre Aufmerksamkeit schenken, sondern um eine narzisstische Verführung, die das Gegenüber faszinieren und gleichzeitig lähmen soll. Schon bald gibt der Partner seine Illusionen auf, denn der Narzisst ist wenig liebevoll und bringt sich wenig in die Beziehung ein, was eine meiner Patientinnen sehr geistreich so zusammengefasst hat: «Um mich zu verführen, hatte sich der Frosch als Märchenprinz verkleidet, aber sehr schnell wurde er wieder zum Frosch.» Narziss ist keiner Zärtlichkeit und keiner Zuneigung fähig, denn er will vor allem, dass man sich um ihn kümmert und ihn aufwertet. Der Partner eines Narzissten ist nur dazu da, um ihn zu bewundern, zu unterstützen oder ihn zu bedauern, aber er erhält im Gegenzug keinerlei Achtung oder Aufmerksamkeit: «Was ich zu ihm sagte, zeigte keinerlei Auswirkung, es war, als versuchte man, sich an einer Glaswand festzuhalten.» Verlangt der Partner nach mehr Achtung, beginnt der Narzisst sich zu beklagen und sich aufzuwerten, indem er zunehmend außereheliche Abenteuer sucht. Diese Beziehungen sind nicht von langer Dauer, denn im Grunde weiß der Narzisst, dass sein Charme flüchtig ist. Wenn er Kinder hat, erwartet er von ihnen, dass sie eine Erweiterung seiner selbst sind und zur Aufwertung seines eigenen Bildes beitragen.

Martin ist schön, intelligent, kultiviert und stammt aus einer wohlhabenden Unternehmerfamilie. Er ist das jüngste von drei Kindern, wurde schon sehr früh als hochbegabt eingestuft und nahm die ganze Aufmerksamkeit seiner Eltern in Anspruch, die ihre Bewunderung für das kleine Wunderkind nicht verbergen konnten. Nach einer brillanten, aber einsamen Schulzeit besuchte er eine angesehene Wirtschaftshochschule, wo er sich, wie er sagt, gelangweilt hat. Daraufhin gründet er mit einem Freund sein erstes Start-up. Von seinem Geltungsbedürfnis getrieben, geht er Risiken ein, um Investoren zu locken, und da er sehr überzeugend auftritt, gelingt es ihm, Gelder aufzubringen. Der Erfolg lässt nicht lange auf sich warten, und um dem beschleunigten Rhythmus standzuhalten, greift Martin zu Drogen. Seine Familie – er ist mit einer Jugendfreundin verheiratet, mit der er drei Kinder hat – beginnt er zu vernachlässigen, um sich ganz der Entwicklung seines Start-ups zu widmen. Als es nichts mehr zu erfinden gibt und das Start-up eine normale Firma geworden ist, nimmt er ein besonders interessantes Übernahmeangebot an und ist nun im Besitz eines riesigen Vermögens. Daraufhin trennt er sich von der Mutter seiner Kinder, lässt sich mit einem jungen brasilianischen

Model nieder und verbringt von nun an seine Zeit zwischen Paris und Brasilien. Bei der Scheidung überweist er seiner Frau eine beträchtliche Summe Geld, aber mit der größten Selbstverständlichkeit verlangt er, dass seine Kinder nur dann bei ihm sind, wenn es ihm passt, ohne sich um die Zeitplanung seiner Ex-Frau und das Wohlbefinden der Kinder zu kümmern. Obwohl diese noch klein sind, nimmt er sie zu gerade angesagten Locations mit und vergisst dann, sie zur Babysitterin zurückzubringen, damit sie zu einer vernünftigen Zeit ins Bett kommen.

Da Narzissten nur das mögen, was ihre Selbstliebe nährt, benutzen sie den anderen, um sich selber zur Geltung zu bringen. Männer gehen mit reichen Frauen oder «Trophäenfrauen» aus, die selbstredend jung und schön sind und die sie als äußeres Zeichen von Reichtum zur Schau stellen. Frauen hingegen werten sich auf, indem sie mit einer prominenten Person ausgehen.

Marc misst der äußeren Erscheinung seiner Begleiterinnen höchste Bedeutung bei, sie müssen immer sexy sein und anderen Männern gefallen. Gerne zeigt er Fotos von seiner Frau: «Finden Sie nicht, dass sie schön ist?» Obwohl sie eigentlich einfachere Kleidung vorziehen würde, nimmt er sie in Luxusläden mit, um ihr Kleider berühmter Modeschöpfer zu schenken. Je mehr die anderen seine Frau bewundern, desto bedeutender wird er in ihren Augen. Für ihn ist das sogar ein Argument beruflicher Glaubwürdigkeit. Während einer Abendgesellschaft unter Kollegen, zu der auch die Ehepartner eingeladen sind, fühlt sich Marc geschmeichelt, weil mehrere Männer seiner Führungsebene sich von dem Charme und der Schönheit seiner Frau verführt zeigen: «Das hat mein Ansehen in ihren Augen gehoben, denn selbst mein Boss hatte einen neidischen Blick!»

Da Narzissten eine sehr nutzenorientierte Sicht auf die anderen haben, sind sie unfähig, eine Person für das zu lieben und zu achten, was sie ist. Wenn sie Freundschaften knüpfen oder Liebesbeziehungen eingehen, tun sie das nur, insofern es ihnen ermöglicht, ihre Ziele zu erreichen oder ihren Selbstwert zu steigern.

Steffen, der sich als internationaler Experte und Vortragsreisender vorstellt, war wissenschaftlicher Berater bei großen Unternehmen. Aber da er das Gefühl hatte, dass seine überragende Intelligenz nicht genügend geschätzt wurde, wollte er seine eigene Firma gründen. Zu diesem Zeitpunkt lernt er Jenny kennen, die sich wahnsinnig in ihn verliebt und ihre Stelle als Presseattaché aufgibt, um seine Assistentin zu werden. Er verspricht ihr Erfolg und ein großes Vermögen. Auf Steffens Rat hin investiert Jenny fast all ihr Erspartes in seine Firma, um gemeinsam einen Gewerberaum zu kaufen. Sie stellt Steffen ihren Freunden und Bekannten vor, und schon bald wird das Paar, dank Jennys Kontakten, überall eingeladen. Bei Abendgesellschaften führt Steffen das große Wort und präsentiert in allen Einzelheiten «sein» außergewöhnliches Projekt. Dennoch bleibt der Erfolg aus, und zwar, wie Steffen behauptet, weil Jenny nicht das Notwendige getan hat. Von da an geht es mit der Beziehung bergab. Er macht ihr erniedrigende Vorwürfe, schiebt ihr die Verantwortung für alles zu, was nicht funktioniert, und bekommt häufig Wutanfälle. Jedes Mal, wenn er sich ärgert, brüllt er, dass er sie wegen Unfähigkeit rauswerfen wird, und vergisst dabei, dass sie seine Geschäftspartnerin ist, die beinahe ihre gesamten Ersparnisse in die Firma gesteckt hat.

Während der Narzisst in einer Liebesbeziehung im Allgemeinen alles tut, um den anderen abhängig zu machen, vermeidet er gleichzeitig jede Verpflichtung, die seinerseits eine gewisse Abhängigkeit und folglich ein Gefühl der Schwäche mit sich bringen würde. Er ist so sehr in seiner Selbstliebe gefangen, dass es ihm unmöglich ist, den anderen lieb zu gewinnen. In den *Metamorphosen* sagt Ovid über Narziss: «doch bei seiner zarten Schönheit besaß er einen so spröden Stolz: Ihn hat kein Jüngling gerührt und keines der Mädchen.» Auf die heutige Zeit übertragen, entspräche dies in etwa der Erklärung des Schriftstellers und Polemikers Yann Moix in einem Interview vom 29. Mai 2015 in der Zeitschrift *Gala*: Ein Kind zu haben, wäre «das Schlimmste, was [ihm] passieren könnte», denn: «Ich habe schon mich. Es ist mir passiert, dass ich mit bestimmten jungen Frauen nicht leben konnte, weil sie Kinder hatten. Gewiss, von anderen gemacht, aber auch von ihnen. Ich ziehe es vor, dass es da keinerlei Verbindung gibt.»

Werden grandiose Narzissten, sei es privat oder beruflich, mit der Realität konfrontiert, verliert ihr Charme irgendwann seine Wirkung, und am Ende verderben sie es sich mit ihrer Umgebung. Ihr Hochmut wird schnell unerträglich, denn sie wollen immer Recht haben und dulden keinerlei Einwand. Die geringste Kritik wird – wie wir schon bei Donald Trump gesehen haben – wie eine Verletzung oder eine Zurückweisung erlebt, als wäre die ganze Person herabgewürdigt und in Misskredit gebracht worden. Da diese Menschen ihre Fähigkeiten überschätzen, sich auf Kosten anderer aufwerten und sich deren Erfolg aneignen, scheitern sie am Ende. Doch statt in diesem Falle sich selbst in Frage zu stellen, streiten sie alles ab, liefern eine Version der Tatsachen, die für sie günstig ist, und schieben ohnehin den anderen die Verantwortung zu.

Erfolgreiche Narzissten werden «süchtig» nach Macht und Berühmtheit, was zu erklären hilft, dass es Politikern oder Journalisten am Ende ihrer Laufbahn oft so schwer fällt, ihren Posten aufzugeben und vor allem die damit verbundene Bekanntheit. Um dann ein hohes Niveau an Ansehen und Größe zu bewahren, müssen sie weiterhin neue Kontakte ködern, ihre Schwächen oder Mängel durch Ablenkungsmanöver kaschieren und lügen, um sich in den Vordergrund zu stellen. Das kann sie dazu bringen, unbesonnen Risiken einzugehen, in gewalttätige oder andere kriminelle Verhaltensweisen abzugleiten. Es ist, als ob ihr grandioses Selbst auf Sand gebaut wäre und ständig in Stand gesetzt und durch Aufwertungsstrategien gefestigt werden müsste.

> Boris Boillon, einstiger «Sarko Boy» und ehemaliger Botschafter im Irak und in Tunesien, nervte viele mit seiner flamboyanten Art, seiner Arroganz und seinen Fauxpas. Er posierte sogar auf dem Cover eines Boulevardmagazins in schwarzem Anzug und weißem Hemd unter dem Titel «Der James Bond der Diplomatie». Nachdem er beurlaubt und dann vom diplomatischen Dienst suspendiert worden war, verwandelte er sich in einen kühnen Geschäftsmann in heiklen Gebieten des Nahen Ostens. Am 31. Juli 2013 wird er in Paris mit 350000 Euro und 40000 Dollar Bargeld vorübergehend festgenommen, als er einen Zug nach Brüssel nehmen will. Zu seiner Verteidigung erklärt er: «Ich definiere mich nach Bergson als jemand, der als ein denkender Mensch handelt und als ein handelnder Mensch denkt.»

Dennoch vermag, wie wir im Zusammenhang mit Donald Trump gesehen haben, kein Erfolg, Narzissten die Verunsicherung über sich selbst zu nehmen. Sie leben in der ständigen Angst, dem Bild nicht gewachsen zu sein, das sie von sich projizieren möchten, sie fürchten immerzu, abzustürzen und das Gesicht zu verlieren. Im Gegensatz zu den einfachen narzisstischen Persönlichkeitsmerkmalen, die sich mit dem Alter abschwächen, kann man von einer narzisstischen Persönlichkeitsstörung nicht genesen, allenfalls kann sich die Krankheit stabilisieren. In den schwersten Fällen verschärfen sich die Charaktermerkmale der Patienten, während diese gleichzeitig an Glanz verlieren – sofern sie nicht irgendwann mit schmerzhaften Prüfungen konfrontiert wurden, die sie zwangen, sich selbst kritischer zu betrachten. Einige verfallen in Depressionen und isolieren sich, andere klagen immer häufiger über psychosomatische Folgen, wieder andere enden in Verbitterung.

Die verletzlichen Narzissten

Zwar sind sich alle Psychiater einig, dass zwei unterschiedliche Formen der narzisstischen Persönlichkeitsstörung existieren, die grandiose und die verletzliche, aber nicht alle stimmen darin überein, worin genau diese beiden Krankheiten sich unterscheiden. Das erklärt vermutlich, weshalb die moderne Psychiatrie jenen negativen Pol des Narzissmus übergangen hat, der nicht ins DSM-5 aufgenommen wurde, obwohl Otto Kernberg und Heinz Kohut ausgezeichnete klinische Beschreibungen beider Formen erstellt haben (s. oben, Kapitel 2). Gewiss ist der verletzliche Narzissmus in seinem klinischen Bild weit weniger spezifisch als die grandiose Form und daher nicht einfach von anderen klinischen Diagnosen zu unterscheiden, insbesondere von der Borderline-, der schizotypen und der paranoiden Persönlichkeitsstörung. Indessen ist der schwache und verletzliche Narzissmus viel häufiger anzutreffen als der grandiose Pol, und er ist auch der Narzissmus, mit dem Kliniker am meisten konfrontiert werden. Diese Form des Narzissmus wird von einigen Klinikern sogar als die schwerste erachtet, denn sie kann gelegentlich zum Suizid führen.[5]

Verletzliche Narzissten haben mit den grandiosen Narzissten Erfolgs- oder Siegesfantasien gemein. Und wie diese nehmen sie keine Rücksicht auf andere, sondern glauben, dass sich alles nach ihnen zu richten hat. Auch messen sie der Anerkennung eine übermäßige Bedeutung bei und sind folglich äußerst abhängig vom Blick der anderen. Da sie ganz auf sich selbst fixiert sind, erleben sie ihre Probleme besonders negativ, sind oft verängstigt, neidisch und manchmal depressiv. Tatsächlich wollen sie zwar im Vordergrund stehen, doch sind sie sich mehr oder weniger bewusst, dass ihre Fähigkeiten dafür nicht ausreichen und ihre Ziele zu hoch gesteckt sind. Im Allgemeinen sind sie eher unaufdringlich und zurückhaltend, können ihre «Grandiosität» hinter einer falschen Bescheidenheit verbergen und suchen die Achtung und Zuneigung der anderen, indem sie sie durch Jammern, Selbstbeschuldigungen oder auch Manipulation für sich einnehmen.

Manche Psychiater sehen den grandiosen und den verletzlichen Narzissmus als zwei Aspekte derselben Problematik innerhalb der Grundstruktur des Narzissmus. Andere meinen, dass es sich um zwei verschiedene Krankheiten handelt. Einige Psychiater, unter ihnen Kernberg, sind der Ansicht, dass ein und dieselbe Person zwischen Phasen der «Grandiosität» und solchen der Verletzlichkeit hin- und herschwanken kann.[6] Daran ist nichts Erstaunliches, denn hinter dem Größenwahn und der Arroganz eines grandiosen oder verletzlichen Narzissten verbirgt sich immer eine große Fragilität, die auf eine Unzulänglichkeit in der Struktur des Narzissmus verweist. Wenn Narzissten allem, was die anderen über sie denken, so große Bedeutung beimessen, dann deshalb, weil sie sich ständig durch den Blick der anderen versichern müssen, dass sie liebenswert sind. Indem sie behaupten, den anderen überlegen zu sein, versuchen sie, ihr geringes Selbstwertgefühl zu kompensieren, im Falle der grandiosen Narzissten auf Kosten der anderen, im Falle der verletzlichen Narzissten auf Kosten ihrer selbst.

Die Fokussierung des DSM-5 auf den grandiosen Teil der narzisstischen Pathologie erklärt die schwache Prävalenz der verletzlichen Version in wissenschaftlichen Studien. Um dieses Persönlichkeitsprofil besser analysieren zu können, haben US-amerikanische Wissenschaftler Werteskalen wie die Narcissistic Vulnerability Scale (NVS) entwickelt, die den verletzlichen Narzissmus mithilfe zweier Merkmale aus dem Register des Größenwahns (Größenwahn und Bestreben, andere auszubeuten) und eines Merkmals aus dem Register der Verletzlichkeit (schlechte Regulierung des Selbstwerts) bestimmt.[7] Ich für meinen Teil unterscheide aufgrund meiner klinischen Erfahrungen zwei Profile des verletzlichen Narzissmus.

Das erste Profil entspricht Individuen, die einen geringen Selbstwert, ein Gefühl der Entwertung oder der Illegitimität und zugleich ein großes Bedürfnis nach Anerkennung und äußerer Bestätigung aufweisen. Diese Individuen vermeiden Konflikte mit anderen, denn sie fürchten alles, was ihren Selbstwert bedroht. Sie sind hypersensibel, und schon die leiseste Kritik lässt sie nicht mehr los. Dabei haben sie das Gefühl, dass sie so, wie sie sind, nicht genug anerkannt werden. Um sich an das Bild, das die anderen von ihnen haben, anzupassen, legen sie eine Maske an und entwickeln ein falsches Selbst, das sie als besonders konformistische Individuen erscheinen lässt. Somit wäre ihr exzessiver Narzissmus eine unbewusste Reaktion auf ein Gefühl der Scham und des Zweifels an ihren Fähigkeiten. Während bei den grandiosen Narzissten die Scham durch einen Spaltungsmechanismus unterdrückt wird, schämen sich die verletzlichen Narzissten, nicht das zu sein, was sie ihrer Meinung nach sein sollten. Hier zeigt sich der Gegensatz zwischen der unbewussten Vorstellung eines grandiosen Selbst und einem unbewussten System der Unterlegenheit und inneren Leere.

Frédéric, derzeit arbeitslos, konsultiert mich auf Anraten des Arbeitsamts. Nachdem er mehrere Male das Studienfach gewechselt hatte, arbeitete er in der Marketingabteilung einer Versicherungsgesellschaft, danach bei einer Bank. Jedes Mal fühlte er sich ungeeignet, die Arbeit sagte ihm nicht zu. Daraufhin beschloss er, Einzelunternehmer zu werden, aber auch damit scheiterte er. Bei Vorstellungsgesprächen zeigt er sich arrogant, negativ und erweckt den Eindruck, dass er die Stelle nur mangels besserer Angebote annehmen würde. Darum führen diese Gespräche nie zum Erfolg, aber er scheint nicht zu begreifen, weshalb. Als er geknickt, erschöpft, an zahlreichen psychosomatischen Störungen leidend seinen Hausarzt aufsucht, verschreibt ihm dieser Antidepressiva, die er aber jetzt nicht mehr nimmt, weil er, wie er sagt, ihre Nebenwirkungen nicht verträgt.

Für all seine Misserfolge fühlt sich Frédéric in keiner Weise verantwortlich: Die anderen sind schuld – «alles Idioten» –, oder aber: «Ich habe kein Glück.» Wenn seine Umgebung oder seine Bekannten ihm Hilfe anbieten, lehnt er ab, denn er möchte niemandem etwas schulden, und er besteht darauf, allein zurechtzukommen. Seine Familie sorgt sich um ihn, aber sie entdeckt mit Verwunderung, dass er sich in den sozialen Netzwerken ganz anders darstellt, als unverstandener Dichter, als Opfer einer Gesellschaft, die die Besten nicht anzuerkennen vermag.

Psychiater treffen oft auf solche Narzissten, die sich ganz und gar im Recht fühlen, wenn sie in die Sprechstunde kommen – nicht um sich in Frage zu stellen, sondern weil sie in erster Linie ein ärztliches Attest «für ihre Akte» wollen.

Julie arbeitet bei einer großen Verwaltungsbehörde in gehobener Stellung, auch wenn sie der Meinung ist, dass ihr beruflicher Aufstieg angesichts ihrer Fähigkeiten noch nicht weit genug vorangeschritten ist. Sie kommt zu mir in die Sprechstunde, weil sie sich für ein Mobbing-Opfer ihres Vorgesetzten hält, der angeblich aus Eifersucht ihre Beförderung blockiert. Julie gibt sich als eine schüchterne Frau, eine graue Maus, die im Jammerton spricht. Die Situation, die sie mir beschreibt, ähnelt eher einem Konflikt als einem Fall von Mobbing, und das sage ich ihr auch. Daraufhin kommt sie etwas aus sich heraus und erklärt mir, dass ich nichts begriffen hätte. Sie beschreibt mir eine Reihe von Verhaltensweisen ihres Vorgesetzten, die sie als aggressiv einstuft. Als ich sie über ihr Privatleben befrage, beginnt sie eine lange Schmährede gegen ihren Ehemann, der ihren Erwartungen nicht entspricht, und auch hier listet sie all seine Mängel auf. In keinem Moment spricht sie über ihre Gefühle, sondern einzig und allein über das, was ihr nicht passt. Alles, was sie sagt, sowohl in Bezug auf die Arbeit als auch auf ihre Paarbeziehung, ist durchzogen von Wendungen wie «Ich habe das Recht …» und «Das ist nicht normal, das ist er mir schuldig». Eines Tages kommt sie zu mir und beklagt sich erneut über ihre Arbeit, die ihr nicht mehr gefällt. Sie bittet mich um eine Arbeitsunfähigkeitsbescheinigung, wobei sie erklärt, dass sie keine andere Wahl habe, als ihren Vorgesetzten unter Druck zu setzen, da er ihren Antrag auf Versetzung nicht berücksichtigt hat. Als ich ihr sage, dass ich ihr diese Bescheinigung nicht ausstellen kann, da sie nicht krank ist, erwidert sie: «Das stimmt, ich bin nicht krank, aber wenn ich nicht aufhöre zu arbeiten, werde ich krank.»

Das zweite Profil verletzlicher Narzissten entspricht Individuen mit hohem Selbstwert, die aber labil sind und aufgrund ihres Misstrauens Personen ähneln, die eine sensitiv paranoide

Persönlichkeitsstörung aufweisen. Hinter einer Fassade von Sanftmut, Gehemmtheit und Verletzlichkeit sind die sensitiven Narzissten gewissenhafte, ehrgeizige, aber auch extrem empfindliche Personen, die ständig fürchten, nicht respektiert zu werden: Sie haben den Eindruck, Gegenstand spitzer und kritischer Bemerkungen zu sein oder nicht genügend beachtet zu werden, was bei ihnen ein Gefühl der Entwertung oder Erniedrigung hervorruft. Die Sensitiven sind leicht verletzbar, hypersensibel gegenüber den Reaktionen anderer und scheuen Kontakte. Das Affektive hat bei ihnen die Oberhand, aber ihre Reaktionen sind eher depressiv als aggressiv, und nicht selten versuchen sie, sich das Leben zu nehmen. Ohne sich wirklich verfolgt zu fühlen, haben diese Subjekte den Eindruck, dass man sich übermäßig, aber nicht wohlwollend für sie interessiert. Aufgrund ihrer Schwierigkeiten in ihren Beziehungen zu anderen sind sie geprägt von einer Mischung aus Stolz und Demut, fühlen sich in ihrem sozialen Umfeld fehl am Platz und der Situation nicht gewachsen.

Selbst wenn sie sensitiv paranoiden Persönlichkeiten ähneln, finden sich bei den sensitiven Narzissten nicht alle Elemente der paranoiden Struktur, insbesondere nicht die sogenannte Psychorigidität. Während die paranoide Struktur sich durch Unnachgiebigkeit in Gefühlen und Beziehungen auszeichnet, die sich in einer das Gegenüber auf Distanz haltenden Steifheit ausdrückt, sucht ein Narzisst, selbst ein sensitiver, sich gut sichtbar zu machen, um den anderen für sich einzunehmen, damit dieser ihm ein Bild zurückwerfen kann, das ihn aufwertet.

Doch wie die Paranoiker sind auch die sensitiven Narzissten, ob Frauen oder Männer, zu empfindlich, zu anfällig für die reale oder vermutete Feindseligkeit anderer. Seit den 1990er Jahren sind immer mehr dieser sensitiven Narzissten in der Arbeitswelt zu finden, wo sie besonders heftig auf alles reagieren, was sie als einen Angriff auf ihren Selbstwert erleben: So beklagen sich Männer und Frauen, manchmal auch missbräuchlich, Opfer von Mobbing zu sein. In jedem Fall kann man sagen – und wir werden darauf zurückkommen –, dass diese Pathologie in unseren Gesellschaften deshalb einen solchen Anstieg erlebt, weil sich die Arbeitswelt verhärtet hat und die in ihr tätigen Personen immer weniger in ihrer Besonderheit geachtet werden. Das verweist uns auf die Schriften des deutschen Psychiaters Ernst Kretschmer (1888–1964), der in seinem Buch *Der sensitive Beziehungswahn* (1918) nach den Verbindungen zwischen einer Persönlichkeit und ihrer affektiven Antwort auf eine erlebte Erfahrung fragte. Ihm zufolge berührt eine äußere, mehr oder weniger starke Aggression ein Individuum in einem sensiblen Punkt und führt zu einer Abreaktion. Man spricht dann von einer reaktiven Pathologie oder von einer psychogenen Reaktion.

Die verletzlichen Narzissten sind es auch, die nach einer als Erniedrigung erfahrenen Situation sich womöglich per Cybermobbing rächen oder zu Amokläufern in Schulen werden.

Die narzisstischen Perversen oder Psychopathen

Den beiden Haupttypen der pathologischen Narzissten, den grandiosen und den verletzlichen, muss man die narzisstischen Perversen hinzufügen. Es handelt sich hier um eine extreme und gefährliche Persönlichkeitsstörung, denn sie weist einen Zug moralischer Perversion auf.

Die Bezeichnung «narzisstischer Perverser» wurde in der Umgangssprache und in den sozialen Netzwerken zunehmend alltäglich, insbesondere nachdem mein Buch *Le Harcèlement moral. La violence perverse au quotidien* (dt.: *Die Masken der Niedertracht*) großen Widerhall erfahren hatte. Leider wurde der Begriff mit seiner Popularisierung immer mehr ausgehöhlt, und inzwischen ist man recht schnell dabei, einen etwas schwierigen Ehepartner oder Kollegen einen «narzisstischen Perversen» zu nennen. In den sozialen Medien findet man dasselbe Bestreben, diese toxischen Persönlichkeiten anzuprangern, die in US-amerikanischen Netzwerken als «narcs» (für «Narzissten»), in französischen und deutschsprachigen Netzwerken als «PN» bzw. als «NP» (für «narzisstische Perverse») bezeichnet werden. Tatsächlich ähnelt der «narzisstische Perverse» sehr dem *narcissistic psychopath* oder *psychopathic narcissist*, wie die US-Psychiater ihn nennen, die ihn damit in die Nähe der Psychopathie rücken, oder auch dem *malignant narcissisme*[8] (dem bösartigen oder «malignen» Narzissmus). Und wirklich gehören diese Individuen, sobald sie ein boshaftes Verhalten an den Tag legen, für angelsächsische Psychiater in den Bereich der Psychopathie.

Greifen wir die Geschichte des Konzepts des Narzissmus wieder auf, in die wir schon zuvor einen Einblick gegeben haben. Dabei sahen wir, dass Psychoanalytiker schon sehr früh auf die destruktive Seite bestimmter Narzissten hingewiesen haben, ohne sich darüber einig zu sein, welcher Platz ihnen in den Klassifizierungen zuzuweisen sei. Erich Fromm hat die Diagnose des *malignant narcissism* formuliert, um die Persönlichkeit Hitlers zu erklären. Ihm zufolge handelt es sich dabei um die schlimmste Pathologie überhaupt, da sie die Wurzeln der Zerstörungswut und der Unmenschlichkeit in sich trägt. Otto Kernberg vertrat die Ansicht, dass der *malignant narcissism* eine Untergruppe der narzisstischen Persönlichkeit sei, denn «er zeigt die gleichen Merkmale und zusätzlich eine schwere Pathologie des Über-Ichs». Er erkennt in ihm vier Komponenten: eine narzisstische Persönlichkeitsstörung, antisoziales Verhalten, paranoide Tendenzen und Sadismus.

1941 hatte der US-amerikanische Psychiater Hervey Milton Cleckley vom Medical College of Georgia in seinem Buch

The Mask of Sanity die wichtigsten psychopathischen Persönlichkeitsmerkmale beschrieben.[9] Er zeichnete das Bild von Männern, die sympathisch, charmant, intelligent und vertrauenerweckend sind, die großen Erfolg bei Frauen haben, aber von großer affektiver Kälte sind und eine außergewöhnliche Fähigkeit besitzen, andere zu manipulieren, was, wie wir sehen werden, der narzisstischen Perversion sehr ähnelt. Er schlug eine Liste mit diagnostischen Kriterien für die Psychopathie vor: beträchtlicher oberflächlicher Charme und durchschnittliche oder überdurchschnittliche Intelligenz; Abwesenheit von Wahnvorstellungen und anderen Anzeichen von irrationalem Denken; Abwesenheit von Angst/Besorgnis/Nervosität und anderen «neurotischen» Symptomen; Unzuverlässigkeit, Missachtung von Verpflichtungen und mangelndes Verantwortungsgefühl; Unaufrichtigkeit; Fehlen von Reue und Schamgefühl; antisoziales Verhalten, das unangemessen motiviert ist; schlechtes Urteilsvermögen und Unfähigkeit, aus Erfahrungen zu lernen; pathologische Egozentrik und Unfähigkeit zu echter Liebe und Zuneigung; generelle Armut an tiefen und nachhaltigen Gefühlen; Fehlen jeglicher echter Selbsteinsicht, Unfähigkeit, sich selbst so zu sehen, wie man von anderen gesehen wird; Unempfänglichkeit im zwischenmenschlichen Kontakt; «tolles» und anstößiges Verhalten nach Alkoholkonsum und manchmal auch ohne diesen; keine echten Suizidversuche in der Vergangenheit; ein unpersönliches, triviales und dürftig eingebautes Sexleben; Versagen beim Verfolgen eines Lebensplans und beim Führen eines geordneten Lebens.

In der Folge von Cleckleys Arbeiten wurde der als stigmatisierend empfundene Begriff «Psychopath» aus der offiziellen psychiatrischen Terminologie gestrichen, schließlich 1952 aus dem DSM entfernt und durch «antisoziale Persönlichkeitsstörung» ersetzt. Diese Änderung legte das Augenmerk auf die sozialen Aspekte der Krankheit, was leider ein nuanciertes individuelles Verständnis in den Hintergrund rückte und daraus ein anderes Konzept machte. Dem DSM-5 zufolge definiert sich die antisoziale Persönlichkeitsstörung durch das Vorhandensein von mindestens drei der sieben folgenden Symptome: 1) Die Individuen halten sich nicht an das Gesetz, was sich dadurch äußert, dass sie wiederholt Handlungen begehen, die Gründe für eine Festnahme sind. 2) Sie sind betrügerisch, was sich durch wiederholtes Lügen, Verwendung von Decknamen oder das Hintergehen von anderen zu ihrer persönlichen Bereicherung oder ihrem Vergnügen zeigt. 3) Sie handeln impulsiv oder planen nicht im Voraus. 4) Sie sind leicht zu provozieren oder aggressiv, gekennzeichnet durch ständige Verwicklungen in Schlägereien oder tätliche Angriffe auf andere. 5) Sie sind rücksichtslos ohne Berücksichtigung ihrer Sicherheit oder der Sicherheit anderer. 6) Sie handeln durchgehend unverantwortlich, angezeigt durch die Kündigung eines Jobs, ohne Pläne für einen anderen zu haben, oder das Nichtbezahlen von Rechnungen. 7) Sie verspüren keine Reue, was sich durch Gleichgültigkeit gegenüber oder Rationalisierung von Verletzungen oder Misshandlungen anderer zeigt.

Der Begriff «narzisstische Perversion» wurde erstmals 1986 von dem französischen Psychoanalytiker Paul-Claude Racamier beschrieben.[10] Dieses Konzept erscheint nicht in internationalen Klassifizierungen, weil es sich um einen Begriff psychoanalytischen Ursprungs handelt und weil es US-amerikanischen Psychiatern widerstrebt, sich darauf zu beziehen, aber das nimmt ihm nichts von seinem Aussagewert. Zudem enthält sich die US-amerikanische Klassifizierung, die sich als rein deskriptiv versteht, aller Formulierungen, die als moralische Beurteilung interpretiert werden könnten, und beschränkt deshalb den Begriff «pervers» auf sexuelle Perversionen. Wir werden sehen, dass das psychologische Profil der narzisstischen Perversen sich weder mit dem der grandiosen Narzissten noch mit dem der «antisozialen Persönlichkeiten» deckt, weil es nur zwei der sieben Bedingungen aus der Bewertungstabelle des DSM-5 erfüllt.

Narzisstische Perverse sind zweifellos narzisstisch, aber sie verbergen dies hinter einer Fassade von Charme und sozialer Angepasstheit. Da sie ihren Größenwahn nicht zur Schau stellen, erwecken sie nicht sofort Misstrauen. Sie suchen ein gutes Bild von sich abzugeben, können sogar einen moralisierenden Ton anschlagen und sich als Vorbilder gerieren, während sie keinerlei moralische Skrupel haben. Im Grunde sind sie wie Lockvögel, die glänzen und funkeln, um damit ihre zukünftigen Opfer in den Bann zu ziehen.

Wie die grandiosen Narzissten verspüren die narzisstischen Perversen keinerlei Empathie gegenüber anderen, aber während Erstere so sehr auf sich selbst fixiert sind, dass sie sich ihrer negativen Wirkung auf andere nicht bewusst werden, erkennen die narzisstischen Perversen sehr wohl, dass sie anderen Leiden zufügen, was sie aber gleichgültig lässt oder ihnen sogar Freude bereitet. Sie sind Narzissten, doch zu ihrem Größenwahn kommt obendrein noch ein perverser Mechanismus hinzu, der darin besteht, sich genussvoll auf Kosten anderer aufzuwerten. Racamier formuliert das so: «Der narzisstische Perverse ist ein Narzisst in dem Sinne, dass er glaubt, niemandem etwas zu schulden; und er ist ein Perverser in dem Sinne, dass er aktiv die anderen den hohen Preis für die von ihm angestrebte narzisstische Aufgeblasenheit und Konfliktimmunität zahlen lässt.»[11] Einfacher gesagt: Ein narzisstischer Perverser ist narzisstisch, braucht also ein Publikum, aber er ist auch pervers, braucht also eine Beute.

Solche Menschen sind leere Hülsen, die zu täuschen suchen, aber da sie keine Substanz haben, um ihren Narzissmus aufzublasen, fallen sie in das psychische Territorium eines anderen ein, um sich seine Qualitäten oder seine Vitalität einzuverleiben.[12] Sie greifen das Selbstwertgefühl und das Selbstvertrauen anderer zugunsten ihres eigenen Narzissmus an. Ihr Antrieb ist der Neid, aber wenn sie den Erfolg oder die Qualitäten des anderen beneiden, konfrontiert sie das mit ihrer eigenen Unvollkommenheit, was ihnen unerträglich ist. Da sie mit der beneideten Person nicht mithalten können, suchen sie sie zu demütigen und zu erniedrigen. Das Erstaunlichste an ihnen ist ihre Überzeugungskraft, ihre Fähigkeit, andere zum Handeln zu bewegen: Sie verstehen es instinktiv, den anderen so zu manipulieren, dass er auf Kosten seines eigenen Narzissmus Kompromisse akzeptiert. Dabei greifen sie niemals frontal an, sondern in Form von Anspielungen, Einschüchterungen, Druck oder Schuldzuweisung. Sie können ihre Beute zu einem Fehlverhalten bewegen, um sie dann wirksamer zu kritisieren oder zu disqualifizieren.

Francis, leitender Angestellter, ist mit Cécile verheiratet, die er an der Wirtschaftshochschule kennengelernt hat. Sie haben Zwillinge, die jetzt sechs Jahre alt sind. Die verbale Gewalt trat schon zu Beginn ihrer Beziehung auf, aber Cécile entschuldigte sie damit, dass Francis gerade seinen Vater verloren hatte. Es gab nie wirklichen Streit, aber von Francis in kaltem Ton vorgebrachte, verletzende Bemerkungen: «Du bist dumm, du verdienst keinen Respekt», oder aber: «Ich verachte dich nicht, ich stelle dich nur auf die Stufe, die dir zukommt.» Nach einigen Monaten Beziehung beabsichtigte Cécile, Francis zu verlassen, aber da entdeckte sie, dass sie mit Zwillingen schwanger war. Weil es sich um eine pathologische Schwangerschaft handelte, die sie zwang, das Bett zu hüten, drängte Francis sie dazu, auf die Fortsetzung ihres langen Studiums zu verzichten, um in einen Studiengang zu wechseln, der mit der Erziehung der Kinder besser vereinbar wäre. Und so wurde sie Grundschullehrerin. Selbst als er ihr den Arm verdrehte, um sie dann ohne ihr Handy in ein Zimmer einzusperren, wagte sie es nicht, ihn zu verklagen, sondern beließ es bei einer einfachen polizeilichen Meldung, denn «er bezahlt ja alles, ich habe keinerlei Ersparnisse».

Danach unterhält Francis eine außereheliche Beziehung und hinterlässt Indizien, die Cécile in Rage bringen. Da er jedes Mal, wenn sie ihn fragt, die offensichtlichen Tatsachen leugnet, verliert sie die Nerven und macht ihm Szenen, die ihn vollkommen kalt lassen: «Mein armer Schatz, sieh mal, wie du aussiehst, du tust alles, damit ich Lust kriege, dich zu betrügen!» Zuhause ist die Stimmung nun ständig angespannt, und Cécile ist erschöpft, was Francis verärgert: «Ich verstehe nicht, du hast früh Schluss und arbeitest mittwochs nicht, was soll das Gehabe!» Er macht sich vor den Kindern über sie lustig, kritisiert ihre «Scheißarbeit» und zieht alles, was sie sagt, ins Lächerliche.

Als Francis eines Tages besonders gehässig ist, versucht Cécile sich zu wehren. Darauf sagt er zu ihr in einem scheinheiligen Ton, dass er nicht versteht, wovon sie redet, Cécile rastet aus und beginnt zu schreien. Davon macht Francis eine Tonaufnahme: «Danke, das wird sich wunderbar in meiner Scheidungsakte machen, damit wirst du nicht das Sorgerecht für die Kinder bekommen, damit kann ich beweisen, dass du verrückt bist!»

In ihren Familien richten narzisstische Perverse großen Schaden an, denn aufgrund ihrer gespaltenen Persönlichkeit ertragen sie keine familiäre Harmonie und hetzen die Einzelnen gegeneinander auf. Sie haben ein hervorragendes Gespür, das ihnen hilft, die Schwachstellen ihres Gegenübers aufzudecken und ihr Verhalten entsprechend anzupassen. Eine Patientin, die mit einem narzisstisch perversen Vater konfrontiert war, sagte zu mir einmal: «Am Anfang bemerkt man das Problem gar nicht, aber man geht daran zugrunde, man ist wie eine nach und nach verwelkende Blume.»

Barbaras Mutter hat es nie vermocht, ihre Kinder gleichzeitig zu lieben. Wenn sie einem Kind näher kam, dann nur, um ein anderes desto mehr zu kritisieren und herabzuwürdigen. Als Kind wurde Barbara vergöttert, als Erwachsene ignoriert und dann verstoßen. Sie wurde nicht zu den Familienfesten eingeladen, ebenso wenig ihre Kinder. Als die Großmutter zur Hochzeit ihrer Enkelin eingeladen wird, sagt sie im letzten Moment unter einem fadenscheinigen Vorwand ab und schickt nicht einmal eine Glückwunschnachricht. Als Barbaras Vater stirbt, wird weder sie noch ihre jüngere Schwester benachrichtigt, sie erfahren es durch Zufall von entfernten Verwandten. Ihren Platz haben schon die anderen Geschwister in Beschlag genommen.

Narzisstische Perverse gestehen nie ihre Fehler ein und machen die anderen für all ihre Misserfolge verantwortlich. Sie verteidigen sich mit Hilfe von Projektionsmechanismen und bürden den anderen alles auf, was sie bei sich selbst nicht sehen wollen, alles Negative und das Leiden, das sie nicht spüren, oder ihren mangelhaften Selbstwert. Wenn sie entlarvt zu werden drohen, stellen sie sich als Opfer hin.

Gérard, der sich seinem ältesten Sohn gegenüber besonders abweisend verhalten und ihn auch misshandelt hat, während er gegenüber den nachfolgenden Kindern ein normales väterliches Verhalten zeigte, sagt zu mir in einem seltenen lichten Augenblick: «Ich ertrage ihn nicht, denn er ähnelt mir zu sehr.» Das «Schlechte» auf dieses Kind abzuwälzen ermöglichte ihm, ansonsten ein guter Vater zu sein oder nach außen hin so zu erscheinen.

Während grandiose Narzissten und Soziopathen äußerst impulsiv sind, Erstere aus Launenhaftigkeit, Letztere, ohne die Konsequenzen ihres Verhaltens für sich und für andere zu berücksichtigen, was sie oft zu Streit und Aggressionen verleitet, sind die narzisstischen Perversen Strategen, die genau wissen, was sie tun, und die alles bis ins kleinste Detail beherrschen. Sie begehen keine antisozialen Handlungen im eigentlichen Sinne, denn sie sind schlau genug, sich diesseits der Grenze dessen zu halten, was gesetzlich bestraft werden könnte. Sie sind berechnend, und deshalb sind sie auch so zahlreich in Machtzentren anzutreffen. Ihre Fähigkeit zu lügen in Verbindung mit ihrer Skrupellosigkeit und ihrer Gewandtheit, soziale Kontakte zu knüpfen, sichert ihnen einen schnellen sozialen und materiellen Erfolg. Sie lügen, aber auf eine plausible Art, denn sie begnügen sich damit, die Realität zu verzerren. Sie mogeln oder landen spektakuläre Coups, wie der Millionenbetrüger Bernard Madoff, wobei ihre ganze Kunst darin besteht, sich nicht erwischen zu lassen. In der Geschäftswelt brechen die narzisstischen Perversen, im Gegensatz zu den grandiosen Narzissten, die über den Regeln stehen, diese mutwillig und mit großem Vergnügen. In den USA werden sie häufig *white collar psychopaths* oder *successful psychopaths* genannt. Während Donald Trump, wie wir gesehen haben, zweifellos ein grandioser Narzisst ist, ist Frank Underwood aus der Serie *House of Cards* ein narzisstischer Perverser.

Doch in einer narzisstischen Gesellschaft, ob in Unternehmen, in der Politik oder allgemein in den gesellschaftlichen Beziehungen, sind die Kriterien, die narzisstische Perverse kennzeichnen, zu Qualitäten geworden, die notwendig sind, um «erfolgreich» zu sein.

Kapitel 5

DIE WURZELN DES PATHOLOGISCHEN NARZISSMUS

Wie ist die unglaubliche Zunahme des Narzissmus, zuerst in den USA und jetzt überall auf der Welt, zu erklären? Wie bei den meisten Persönlichkeitsstörungen ist nicht nur ein einziges Element für die Entstehung des pathologischen Narzissmus verantwortlich, sondern ein Zusammentreffen biologischer, psychologischer und milieubedingter Faktoren. Die Kultur einer Gesellschaft beeinflusst die psychische Struktur und die Persönlichkeitsmerkmale der Individuen, aus denen die Gesellschaft sich zusammensetzt, und umgekehrt.

Als 1979 US-amerikanische Psychiater die wachsende Verbreitung jenes Charakterzuges feststellten, vermerkte der Soziologe Richard Sennett: «Angesichts der gewaltigen Zunahme narzisstischer Persönlichkeitsstörungen überrascht es, dass die Psychoanalytiker sich nicht gefragt haben, ob nicht die Gesellschaft, in der dieses Ich lebt, das Erscheinen solcher Symptome begünstigt.»[1] Laut Émile Durkheim ist die Persönlichkeit das «sozialisierte Individuum». Zweifellos fördern die kapitalistischen Gesellschaften ein narzisstisches kulturelles Umfeld, mit der Aufforderung zum Konsum, der Verherrlichung des Individualismus über die sozialen Netzwerke und das Reality-TV und schließlich mit der antiautoritären Erziehung der Kinder, die ebenfalls zum Wandel der Gesellschaft beiträgt.

Allgemein kann man sagen: Je individualistischer eine Kultur, desto individualistischer sind ihre Individuen, und das aus mehreren Gründen: Einerseits trifft das kapitalistische System eine Auslese von narzisstischen Individuen und stärkt in jedem von ihnen die narzisstischen Merkmale. Andererseits manövrieren die narzisstischen Individuen, da sie ausgezeichnete Meinungsmacher sind, ihre Kultur hin zu noch mehr Narzissmus. Dieser kulturelle Kontext hat die Familie grundlegend verändert, hat die Autorität der Eltern geschwächt und oftmals den Kindern eine Position der Allmacht verschafft, was die Persönlichkeit der Jugendlichen in ihrer Grundstruktur schlagartig narzisstischer werden ließ. In der Folge tragen diese Menschen dazu bei, ihre Kultur noch narzisstischer zu machen.

2009 verglichen die US-amerikanischen Psychologen Jean Twenge und Keith Campbell in ihrem Buch *The Narcissim Epidemic* den Ursprung des Narzissmus mit einem vierbeinigen Schemel.[2] Eines der Beine ist der Ursprung des Narzissmus in der Entwicklung des Individuums, der in enger Beziehung zu einer antiautoritären Erziehung steht, in der jeder lernt, seinen Platz einzunehmen, ohne sich um die anderen zu kümmern. Das zweite Bein ist die Kultur der plötzlichen Berühmtheit, das dritte Bein das Internet und die sozialen Netzwerke und das vierte der Konsum und das leicht verfügbare Geld, das zu dem Glauben verführt, alle Träume könnten Wirklichkeit werden.

Die Entstehung des Narzissmus: Vom elterlichen Versagen in der Kindheit ...

Was den Ursprung des pathologischen Narzissmus in der Entwicklung betrifft, stehen sich zwei Erklärungsmodelle gegenüber: auf der einen Seite die psychoanalytische Theorie, die zeigt, dass es in der Entwicklung eines gesunden Narzissmus und dem Aufbau des Selbstwerts eines Kindes Entgleisungen geben kann; und auf der anderen Seite die Theorien des sozialen Lernens, die den Ursprung des pathologischen Narzissmus in den Veränderungen der modernen Gesellschaft und in der individualistischen Kultur sehen. Natürlich bevorzugt jeder Spezialist die Erklärung, die seiner theoretischen Orientierung entspricht, aber die beiden Modelle sind nicht inkompatibel. Sie sind sogar miteinander verwoben, und die Erklärung für die meisten Fälle narzisstischer Persönlichkeiten bei Jugendlichen liegt vermutlich dort, wo sich individuelle und soziale Faktoren überschneiden.

Die Persönlichkeit eines Kindes entwickelt sich in der Beziehung zu anderen, insbesondere zur Mutter. Den psychodynamischen Theorien zufolge, die wir bereits gestreift haben, entwickeln sich Persönlichkeitsstörungen schon in der Kindheit. Um seinen Selbstwert aufzubauen, benötigt ein Baby am Anfang das Gefühl, so etwas wie der Herrscher der Welt zu sein – «seine Majestät das Baby», sagt Freud. Während dieser Periode der primären elterlichen Fürsorge, in deren Verlauf das Baby sich in einem Zustand der Allmacht befindet,[3] antizipieren die Eltern seine Bedürfnisse und passen sich ihnen an. Narzisstische Persönlichkeitsstörungen im Erwachsenenalter entstehen den genannten Theorien zufolge aus unbefriedigten narzisstischen Bedürfnissen des Kindes in diesem Entwicklungsstadium. Dem Kind sei es dann unmöglich, seine Eltern zu idealisieren, weil diese es abweisen oder sich ihm gegenüber gleichgültig verhalten zu einem Zeitpunkt, wo sich sein Narzissmus gerade entwickelt und demzufolge verletzlich ist.

Nach den ersten psychoanalytischen Untersuchungen zum Narzissmus waren zahlreiche Autoren der Ansicht, dass Missbrauch, Erniedrigung im frühen Kindesalter oder mangelnde elterliche Fürsorge Minderwertigkeitsgefühle bei Kindern hervorrufen können, die sie durch die Entwicklung von Allmachtfantasien zu kompensieren drohen. Da diese Kinder nicht die Möglichkeit hatten, ein positives Bild der Eltern zu verinnerlichen, versuchen sie verzweifelt ihr Leben lang, von anderen die Anerkennung zu bekommen, die ihnen von den Eltern verwehrt wurde. Wiederholte Erfahrungen von Beschämung und Kränkung in Verbindung mit emotionalen Misshandlungen, ob im familiären oder im schulischen Kontext, können bei einem Kind eine reaktive Abwehrstruktur entstehen lassen. Im Allgemeinen kann jede Situation, in der ein Kind herabgewürdigt wird, bei ihm das heftige Verlangen zu gefallen oder zu herrschen auslösen oder im Gegenteil eine Labilität herbeiführen, die einen Narzissmus des verletzlichen Typus zur Folge hat.

Vincent wird nach einer Verhütungspanne geboren, und sein Vater akzeptiert ihn nie wirklich. Auch wenn er die Vaterschaft anerkennt, wiegt er seinen Sohn nie in den Schlaf, windelt ihn nie, füttert ihn nie und empfindet sein Weinen immer als unerträglich. Als fühlte er sich von seiner Lebensgefährtin, die nicht abtreiben wollte, überrumpelt, bleibt er zwar bei ihr, aber behandelt sie gleichzeitig abweisend. Mutter und Sohn dürfen ihn nicht stören. Dieses Kind lernt sehr früh, nicht aufzufallen, ruhig und still zu bleiben; sobald sein Vater jedoch mit ihm schimpft, nässt es ein, worauf der Vater mit Hohn reagiert. Wenn seine Eltern sich streiten, ergreift Vincent systematisch Partei für den Vater. Während seiner gesamten Schulzeit bleibt er ein schüchternes Kind, ein guter Schüler, aber mehr auch nicht, denn er wagt es nicht, sich zur Geltung zu bringen. Er hat nur wenige Freunde und noch weniger Freundinnen und ist nur das «Anhängsel» einer Clique. Im Unterricht gerät er in Panik, wenn er etwas gefragt wird, doch er blüht auf, sobald ein Lehrer ihn lobt.

Während der Adoleszenz ändert sich sein Charakter allmählich. Er ist schroff zu seiner Mutter und seinen Geschwistern, erträgt nicht die geringste kritische Bemerkung und will immer Recht haben. Dieser in der Adoleszenz ganz normale Charakterzug verstärkt sich noch einmal deutlich bei Vincents Eintritt ins Erwachsenenalter. Er ist jetzt ein rigider und sehr kritischer junger Mann. Wenn er etwas erklärt, sind alle, die ihm nicht zustimmen, «Idioten, die nichts begriffen haben», und er weist sie arrogant zurecht. Vor seinen Freunden gibt er mit seinen grandiosen Projekten an, die aus ihm einen Helden in den sozialen Netzwerken machen werden. Gegenüber den Frauen prahlt er mit Sportarten, die er ausübt, mit Reisen, die er unternommen hat – alles Dinge, die in Wirklichkeit nicht er, sondern sein Vater gemacht hat.

Auch ohne so extreme Situationen wie psychische Misshandlungen erlebt zu haben, können Kinder, denen es an elterlicher Wärme gemangelt hat, sich in der Folge über andere stellen, in einer verzweifelten Suche nach Anerkennung, die ihnen bis dahin gefehlt hat. Das kann bei ihnen eine Reihe von Symptomen auslösen: Frustrationsintoleranz, Labilität in zwischenmenschlichen Beziehungen, Bedürfnis nach Allmacht und Einfluss auf andere, mit Abwehrmechanismen, die vor allem ausgerichtet sind auf Verweigerung (auf Nichtanerkennung eines Teils der Wirklichkeit) und Spaltung (Koexistenz zweier getrennter psychischer Haltungen im Innern des Ichs, wobei die eine die äußere Realität und die andere nur das Begehren berücksichtigt).

Andere Wissenschaftler vertreten die Ansicht, dass der pathologische Narzissmus die Folge einer Erziehung sein kann, in deren Verlauf das Kind in die Position der narzisstischen «Prothese» eines Elternteils versetzt wird, der selber narzisstisch ist und seine eigenen Erwartungen und Ambitionen auf das Kind projiziert. Das Kind soll in dieser Situation die Misserfolge des Elternteils «wettmachen» oder es besser machen als der Vater oder die Mutter. Auf diese Weise bürden Eltern ihrem Kind enorme Anforderungen in Schule, Sport, Musik oder Verhalten auf, ohne ihm im Gegenzug die aufbauende Wertschätzung zukommen zu lassen, die es benötigen würde. Die «Formatierung» eines Kindes mit dem Ziel, ihm den Aufstieg in eine bessere soziale Stellung zu erleichtern, indem man es ein elitäres Gymnasium besuchen lässt oder ihm Privatunterricht und außerschulische Aktivitäten ermöglicht bis hin zur Aufnahme in die Vorbereitungsklasse für eine Hochschule, übt enormen Druck auf den Jugendlichen aus und trägt auch dazu bei, die sozialen Ungleichheiten zu verschärfen. Dieses Subjekt sucht dann in der Adoleszenz und in seinem Erwachsenenleben die Belohnung und die Bewunderung seitens der anderen und in gewisser Weise ihre Unterwerfung unter seinen Charme und seine Herrschaft. Viele Eltern leben in ihren Kindern ein «Stellvertreterglück», sie erwarten von ihnen das, was sie gern gewesen wären, und hinter dem scheinbaren Altruismus steckt der elterliche Narzissmus, der auf diese Weise Revanche nimmt. Freud hatte das seinerzeit schon erkannt: «Die rührende, im Grunde so kindliche Elternliebe ist nichts anderes als der wiedergeborene Narzissmus der Eltern, der in seiner Umwandlung zur Objektliebe sein einstiges Wesen unverkennbar offenbart.»[4] Man kann in diesem Fall von umgekehrter Idealisierung sprechen in dem Sinne, dass «sich nunmehr eher der Elternteil mit dem Kind identifiziert, als dass dieses sich in eine ungewisse Autoritätsfigur projiziert».[5]

Bruno und Sofia arbeiten beide in einer Geschäftsbank. Ihr einziger Sohn Louis beginnt bereits als kleiner Junge, mit seinem Vater Golf zu spielen, und da er begabt zu sein scheint, nimmt er schon bald an Partien und regionalen Wettkämpfen teil. Nachdem er ein gutes Handicap erreicht hat, meldet Bruno ihn zu nationalen Turnieren an, und das Kind wird rasch für ein Eliteprogramm ausgewählt. Als die Psychologin des Golfverbandes die Eltern darauf hinweist, dass sie zu präsent sind und dass Louis in ihrem Beisein Zeichen von Angst zeigt, ist Bruno der Ansicht, dass sie nichts davon versteht; er tritt aus dem Verband aus und engagiert für Louis einen professionellen Trainer und einen Mentalcoach.

In der Adoleszenzkrise beginnt Louis, der bis dahin ein guter Schüler war, schlechte Schulnoten nach Hause zu bringen, sein Interesse für die Turniere lässt nach, und er erzielt nur noch schlechte Ergebnisse. Das macht Bruno wütend: «Er ist unkonzentriert, ihm fehlt die nötige Einstellung!» Er gesteht ein, dass er zu viel Druck auf seinen Sohn ausgeübt hat, genauso wie es sein Vater mit ihm gemacht hatte, aber «das habe ich getan, weil ich gern möchte, dass er Golfprofi wird, um ihm ein eingeschränktes Leben, wie ich es geführt habe, zu ersparen». Bruno, der aus einfachen Verhältnissen kommt, hat hart gearbeitet, um in eine Elitehochschule aufgenommen zu werden und dann eine Stellung zu erlangen, die ihm genügend Geld für einen Lebensstil einbringt, den er zu verdienen glaubt. Beruflich gesehen hat er das Gefühl, von seinen Vorgesetzten nicht genügend anerkannt zu werden, und er gesteht ein, dass die guten Leistungen seines Sohnes bei internationalen Turnieren für ihn eine Quelle der Aufwertung bedeuteten. Was die Erziehung ihres Sohnes anbelangt, hat er eine andere Meinung als seine Frau, deren Erziehungsstil er als zu lax empfindet. Er möchte Louis «auf die harte Tour» erziehen, um seinen Charakter zu stählen.

Als Heranwachsender beginnt Louis, einen rüden Ton

gegenüber seiner Mutter anzuschlagen, seinem Vater auszuweichen, den Unterricht in den Wahlfächern zu schwänzen und die für Sport vorgesehene Zeit mit seinen Freunden zu verbringen. Während Bruno viel Geld für Privatunterricht, einen Coach und für Trainingseinheiten ausgegeben hat, liefert Louis keine einzige Hausarbeit mehr ab, er verschließt sich und kifft mit seinen Freunden. Bei den Juniorenwettkämpfen verschlechtern sich seine Ergebnisse in Bezug auf sein Handicap, so dass er nicht mehr an hochrangigen Wettkämpfen teilnehmen kann. Als Louis seinem Vater verkündet, dass er keine Turniere mehr spielen möchte, will dieser den Sohn gegen den Willen Sofias wegschicken und gibt ihn schließlich in ein Internat im Ausland: «Ich fühle mich nicht in der Lage, wieder auf ihn zuzugehen, ich will ihn nicht mehr sehen, er ist nicht mehr mein Sohn.»

Diese Verhaltensweise kann bei den Kindern zu der Annahme führen, sie würden allein für die von ihnen erwarteten Qualitäten geliebt und nicht für das, was sie wirklich sind. Daher verdrängen manche Kinder aus Angst, die Liebe ihrer Eltern zu verlieren, ihre eigenen Gefühle und Empfindungen und passen sich den elterlichen Erwartungen an. Das führt zur Entwicklung eines «falschen Selbst», wie Winnicott es nennt. Das Kind verhält sich konform und zeigt das, was man von ihm erwartet, aber sein wahres Selbst kann sich nicht entfalten, das Kind kann sich weder auf seine eigenen Empfindungen verlassen noch seine wahren Bedürfnisse kennenlernen. Am Ende bleibt es leer, sich selbst fremd und angewiesen auf die Bestätigung durch andere. Wenn es sich nicht vom Einfluss seiner Eltern befreit, wird es sein Leben lang nach der Anerkennung durch idealisierte Figuren suchen.

… zum Kult des Königs Kind

Das westliche Kind der Gegenwart ist auch das Ergebnis der (meist verharmlosten) Allmacht des elterlichen Wunschdenkens, aus dem heraus viele Eltern sich einen «König Kind» heranziehen. Sie legen eine übertriebene Bewunderung für ihre Kinder an den Tag, werten sie auf und setzen ihnen keinerlei Grenze. Das kann bei den Kindern die Einschätzung ihres eigenen Wertes im Verhältnis zur Wirklichkeit stören und zu einer Verzerrung des Selbstbildes führen. Viele Eltern, die selbst in affektiver Unsicherheit leben, empfinden sich nicht als Garanten der Autorität und der Erziehung, sondern sind in ständiger Verhandlung, um nicht die Liebe ihres Kindes zu verlieren. Tatsächlich ist das westliche Kind – wobei es in China nicht anders ist – vor allem dazu angehalten, seine Eltern narzisstisch zu belohnen, indem es vollkommen ist, das heißt über den anderen steht. Häufig idealisieren Eltern ihre Kinder zu sehr, überschätzen ihre Fähigkeiten und ihre Intelligenz. Aus Sorge, sie zu frustrieren oder zu traumatisieren, ersparen sie ihnen jeden Zwang, geben ihren Wünschen und Forderungen nach und machen so aus ihnen allmählich Tyrannen. Damit ihre Kinder «erfolgreich sind», informieren sich die Eltern anhand von speziellen Fernsehsendungen oder Websites, organisieren eine Vielzahl von Aktivitäten und Stützkursen oder lassen sich von einem «Coach für Elternschaft» helfen. Wenn das Kind trotz der Unterstützung dieser Experten in Schwierigkeiten gerät, machen sich die Eltern Vorwürfe.

Der psychoanalytische Ansatz, der weithin anerkannt ist, erklärt indessen, dass das Kind nach einer Phase elterlicher Fürsorge vom Lustprinzip zum Realitätsprinzip wechseln muss. Seine Eltern müssen ihm dabei helfen, die Grenzen der Welt zu akzeptieren und damit die kindliche Allmacht zu verlassen. Auf diese Weise müssen sie dem Kind ermöglichen, Frustrationserfahrungen zu machen, und ihm beibringen, diese zu ertragen. Das bedeutet, dass sie sich zwar an die Fähigkeiten ihres Kindes anpassen und es beim Lernen ermutigen sollen, dass sie aber gleichzeitig auch die Pflicht haben, sein Ego nicht künstlich aufzublähen, sondern ihm konsequent und zuverlässig Grenzen zu setzen, seine Exzesse in Schach zu halten, kurz, es zu erziehen. Ohne diese Ausrichtung hat ein junger Mensch das Gefühl, dass er über allem steht und sich alles erlauben kann, wie der Fall von Julie zeigt.

Deborah ist zu mir in die Sprechstunde gekommen, weil sie erschöpft ist von dem fortwährenden Druck, den sie seitens Julies erfährt und den sie als «Mobbing» bezeichnet. Julie, ein Einzelkind, wird von Anfang an von den Eltern sehr verwöhnt, die überglücklich sind, eine so schöne und intelligente Tochter zu haben. Die Eltern, die meistens mit ihrer Karriere beschäftigt sind, haben jedoch nur wenig Zeit für sie. Julie wird von einem Kindermädchen betreut, das sie von der Schule abholt und zu ihren verschiedenen außerschulischen Aktivitäten begleitet. Ihre schulischen Leistungen bleiben trotz privaten Nachhilfeunterrichts immer mittelmäßig, aber ihre Eltern glauben, man müsse abwarten, dass ihre Begabung «zutage tritt». Julie findet ihre Lehrer «total miserabel», darum scheint es ihr normal, die Unterrichtsfächer zu schwänzen, die ihr nicht passen. Als sie ein Pferd haben will, geben die Eltern nach, damit sie sich entfalten kann. Als sie Reitstunden nehmen will, sind die Eltern einverstanden trotz der Verpflichtung, sie jedes Wochenende zu begleiten. Obwohl sie mehrfach eine Klasse wiederholen muss, schafft es Julie zur großen Erleichterung ihrer Eltern, an einer Wirtschaftshochschule angenommen zu werden. Zu diesem Zeitpunkt verkündet sie ihnen, dass sie schwanger ist. Sie sagt, es komme nicht in Frage, den Vater des Kindes zu informieren, sie wolle «allein zurechtkommen». Tatsächlich aber bricht sie ihre Ausbildung ab, und obwohl sie angekündigt hat, dass sie sich mit Jobs über Wasser halten werde, sind es vor allem Julies Eltern, die finanziell für das Kind aufkommen. Seit der Geburt ihres Sohnes führt Julie wieder ein Single-Leben und geht oft aus. Dafür benutzt sie ihre Mutter als Kindermädchen ohne Rücksicht auf deren Zeitplanung, bittet sie ständig um Geld und drängt ihre Eltern umzuziehen, um bei ihr in der Nähe zu wohnen. Als Deborah es wagt, sie zu kritisieren, beginnt Julie loszubrüllen und nennt ihre Mutter eine Egoistin. Beide Eltern sind konsterniert, trauen sich aber nicht, etwas zu sagen, aus Angst, ihren Enkel zu verlieren.

Seitdem Empfängnisverhütung und künstliche Befruchtung etwas Alltägliches geworden sind, ist das Wunschkind zu einem Kind geworden, das die Eltern mit all ihren Erwartungen besetzen und manchmal überbesetzen. Diese Fokussierung zeigt sich auch in der explosionsartigen Zunahme an «hochbegabten» Kindern, einer neuen Marktnische für gewisse Psychologen.[6] Dieses Phänomen hat nichts zu tun mit einer Weiterentwicklung der menschlichen Intelligenz: Es hängt vielmehr mit dem Narzissmus der Eltern zusammen, die ein außergewöhnliches Kind haben wollen und Mühe haben, ihr wirkliches Kind zu begreifen. Diese hochbegabten Kinder, die die Eltern mit ihren Wünschen besetzt haben und die sie bewundern, drohen später Narzissten zu werden, denn auch als Erwachsene werden sie dieselbe Bewunderung von anderen erwarten.

2015 veröffentlichten die Wissenschaftler Eddie Brummelman (Universiteit van Amsterdam) und Brad Bushman (Ohio State University) die Ergebnisse einer Studie, in der über achtzehn Monate lang die Verhaltensweise von 565 sieben- bis elfjährigen Kindern in den Niederlanden untersucht wurde; die Kinder befanden sich also in einem «Alter, in dem die individuellen Unterschiede, die mit dem Narzissmus verbunden sind, in Erscheinung treten». Danach wurden die Gewohnheiten der Eltern im Umgang mit ihren Kindern analysiert.[7] Um zu messen, inwieweit die Eltern ihre Kinder überschätzten, wurden sie gefragt, ob sie mit Aussagen wie dieser einverstanden seien: «Mein Kind ist ein gutes Vorbild für die anderen Kinder.» Die Autoren der Studie stellen fest, dass Kinder, die von ihren Eltern mit «spezieller als die anderen» und «verdienen etwas Besseres im Leben» beschrieben werden, bei einem Narzissmus-Test mit größerer Wahrscheinlichkeit hohe Werte erzielen. Und sie fahren fort: «Wenn Eltern zu ihren Kindern sagen, sie seien spezieller als die anderen, glauben die Kinder daran, und das könnte sowohl für sie als auch für die Gesellschaft nicht gut sein.» Ihre Schlussfolgerungen sind eindeutig: Dem eigenen Kind Zuneigung zu zeigen, macht es stärker, aber ihm einzureden, dass es besser sei als die anderen, birgt im Gegenteil die Gefahr, es verletzlicher zu machen.

Ein weiterer Faktor, der zur Verbreitung mehr oder weniger pathologischer narzisstischer Charaktere beiträgt, ist der Umstand, dass der Kinderwunsch sich heutzutage bisweilen in ein «Recht auf ein Kind» verwandelt, was bei Trennungen und Scheidungen offenbar wird. Seit jeher haben sich Eltern um das Sorgerecht für ihr Kind gestritten, aber seit den 2000er Jahren häufen sich in vielen westlichen Ländern die Verfahren vor Familiengerichten mit dem Ziel, das alleinige Aufenthaltsbestimmungsrecht für das Kind zu erhalten oder eine Sorgerechtsregelung anzufechten. Manche Eltern zögern dabei nicht, ihr Kind zu instrumentalisieren – sie bitten es dann, an den Richter zu schreiben, damit es angehört wird und auf diese Weise die Argumente des betreffenden Elternteils unterstützen kann. Für die meisten von ihnen handelt es sich dabei um eine normale Phase in einem Prozess der Trauer, der Begleitung erfordert, um nicht außer Kontrolle zu geraten. Aber andere versuchen, durch Angriffe auf den Ex-Ehepartner eine narzisstische Selbstsicherheit wiederherzustellen, die sie bei der Trennung verloren zu haben glauben. Diese Eltern, die von einer großen Fragilität ihres Selbstwerts und von Frustrationsintoleranz geprägt sind, reagieren oft auf extreme Weise. Das Kind bedeutet für sie eine narzisstische Erweiterung, ein Zeichen gesellschaftlichen Erfolgs, und sie wollen um jeden Preis ihre Scheidung «gewinnen», in dem sie das alleinige Aufenthaltsbestimmungsrecht für das Kind erstreiten, ungeachtet der Konsequenzen für Letzteres.

Die meisten aktuellen Untersuchungen, die sich mit der Entstehung des Narzissmus in der Kindheit beschäftigen, richten ihr Augenmerk also auf die Haltung der Eltern, aber sie ist nicht die einzige Erklärung. In der Tat muss man, wie bei allen anderen Persönlichkeitsmerkmalen, auch hier genetische Faktoren und Charakterzüge der Kinder selbst mit einbeziehen. Einige Hypothesen gehen von einer anormalen Entwicklung der Empathie bei bestimmten Kindern aus. Sie könnte von einem frühen Scheitern in der Entwicklung des Kindes bei dem Versuch herrühren, die empathischen Verhaltensweisen der Eltern zu übernehmen und zu imitieren: Das Kind verharrt in diesem Fall im Stadium der Zentralität seiner eigenen Bedürfnisse. Diese Erklärung widerlegt indessen nicht die Theorien des sozialen Lernens, denn die Aufmerksamkeit gegenüber anderen, die Empathie und das Mitgefühl sind nicht allein spontane Haltungen von Kindern, sondern auch Werte, die durch die Eltern weitergegeben werden. Wovon, im Umkehrschluss, der Fall meiner Patientin Éléonore zeugt.

Éléonore rühmt sich damit, eine große geistige Unabhängigkeit an ihre Kinder weitergegeben zu haben. Sie selbst empfindet sich als außergewöhnlich und überlegen. Wenn ihre Kinder im Unterricht nicht mitarbeiten und schlechte Noten bekommen, ist das nicht schlimm, es ist die Schuld des Schulsystems. Wenn sie von den Lehrern wegen ihrer Respektlosigkeiten bestraft werden, ist dafür die Intoleranz der Lehrkräfte verantwortlich. Und wenn den Kindern der Schulverweis droht, weil sie ihre Hausaufgaben nicht machen, muss man einfach eine andere Schule finden.

2011 hat eine interessante US-Studie diese Sicht mit differenzierten Daten ergänzt.[8] Dreijährige Kinder wurden Tests unterzogen, die Vorstufen von Narzissmus feststellen sollten, während ihre Eltern parallel dazu Informationen zu ihrem Erziehungsstil lieferten. Zwanzig Jahre später bewerteten Wissenschaftler bei den Probanden das Vorhandensein eines gesunden oder eines unangepassten Narzissmus. Laut den Ergebnissen hatte der Erziehungsstil der Eltern eine direkte Auswirkung auf die Entwicklung eines gesunden Narzissmus, während seine Auswirkung auf die Entwicklung eines unangepassten Narzissmus davon abhing, ob bei den Kindern anfänglich Vorstufen des Narzissmus festzustellen waren.

Aber es existieren noch andere Erklärungen für die Zunahme des Narzissmus bei Jugendlichen. 2010 vermerkte Alain Ehrenberg in seinem Buch *Das Unbehagen in der Gesellschaft*: «Der Mensch lebt nicht einfach in Gesellschaft, sondern in einer besonderen Gesellschaft, die ein konkretes und bedeutsames Ganzes bildet, in dessen Schoß er sich sozialisiert, während er sich gleichzeitig personalisiert.»[9] Die gesellschaftlichen Bedingungen der modernen Welt haben die Familie verändert und die Autorität der Eltern geschwächt; die Kinder, die als kleine Könige großgezogen werden, neigen später eher zur Eigenwerbung und zum Narzissmus als ihre Eltern, was die Grundstruktur ihrer Persönlichkeit verändert: «Der Sozialisierungsprozess, der von der Familie und sekundär von der Schule und den anderen Institutionen geleistet wird, die die Bildung des Charakters zum Ziel haben, ändert die menschliche Natur, damit sie sich den herrschenden sozialen Normen anpasst.»[10] In einer Konsumgesellschaft steht das «Haben» über dem «Sein», und auch die Werbung verleitet die Kinder zu Imitationsmechanismen, das heißt, sie erzeugt in ihnen das Verlangen, die gleichen Objekte wie die anderen zu besitzen, um diesen zu ähneln.

2015 führten der deutsche Psychiater Stefan Röpke und sein Team eine Studie mit mehr als 1000 Teilnehmern durch, die auf einem anonym ausgefüllten Online-Fragebogen beruhte. Sie sollte das Selbstwertgefühl, den subklinischen Narzissmus und den pathologischen Narzissmus untersuchen, auf der Grundlage der (an Deutschland angepassten Fassungen der) Fragebögen zum Narzisstischen Persönlichkeitsinventar (NPI) und zum Pathologischen Narzissmusinventar (PNI).[11] Anschließend verglichen die Wissenschaftler Probanden aus Ostdeutschland und aus Westdeutschland. Diejenigen, die ihre Kindheit und Jugend in der Bundesrepublik verbracht hatten, zeigten höhere Narzissmus-Werte als die ostdeutsche Vergleichsgruppe. Nach der Wiedervereinigung glichen sich die Werte nach und nach einander an. Stefan Röpke folgert daraus: «Augenscheinlich ist das westliche System mit höheren Narzissmus-Werten assoziiert.»[12] Er nennt auch eine chinesische Studie, deren Daten zeigen, dass Kinder aus Ein-Kind-Familien eher narzisstisch sind, dass ein höherer sozioökonomischer Status mit mehr Narzissmus verbunden ist und dass Städter narzisstischer sind als Menschen vom Land. Diese Tendenz wurde seit den 2000er Jahren in der gesamten Welt noch verstärkt durch die rasant zunehmende Präsenz von Bildschirmen und digitalen Geräten im Alltagsleben von Jugendlichen, wie wir im folgenden Kapitel sehen werden.

Wie die moderne Welt Narzissten produziert

Schon Ende der siebziger Jahre schrieb Christopher Lasch, wie erwähnt, die Zunahme des Individualismus den Veränderungen einer Gesellschaft zu, die immer bürokratischer wurde und zugleich gekennzeichnet war von einer Flut von Bildern, dem Kult um den Konsum und der Suche nach persönlichem Glück. Seine damalige Feststellung ist heute nicht nur aktueller denn je, sondern diese Prozesse haben sich seitdem noch verschlimmert und beschleunigt. Dennoch wäre es ein Irrtum zu glauben, dass diese Entwicklung sich auf die USA beschränkt, denn über das Internet hat diese Welle die ganze Welt erreicht.

Zahlreiche Untersuchungen haben gezeigt, dass in einer individualistischen Kultur wie der von Nordamerika, die dem Selbstwert große Bedeutung beimisst, mehr Narzissmus anzutreffen ist als in den kollektiven Kulturen Ostasiens. Erklärt wird dies damit, dass Länder mit einer individualistischen Kultur fortwährend Botschaften (Fernsehsendungen, Werbung, Literatur) produzieren, die den Individualismus befördern. In den östlichen, kollektivistischen Kulturen hingegen ist der Narzissmus weniger häufig anzutreffen, weil er von der Gesellschaft verurteilt wird, wie der Spezialist für die japanische Zivilisation Bernard Frank erklärt: «In der japanischen Gesellschaft ist die Zurücknahme des Ichs eine gesellschaftliche Benimmregel, das Individuum hält sich in Bezug auf die Grenzen des anderen zurück.»[13] Um das zu verdeutlichen, verglichen zwei Wissenschaftler aus den USA US-amerikanische und südkoreanische Werbekampagnen. Die Ersteren hoben die Seltenheit und Besonderheit eines Produktes hervor, während die Letzteren die Konformität in den Mittelpunkt stellten.

Die technologischen Fortschritte haben zweifellos unsere Identität und mit dem Vorantreiben der Globalisierung auch unsere Grenzen, unsere Art zu kommunizieren und Beziehungen zu knüpfen, verändert; sie haben außerdem zu grandiosen Allmachtfantasien angeregt, indem sie uns glauben machten, wir könnten die Welt nach unseren Wünschen formen. Leider wurden ihre Versprechungen eines unbegrenzten Fortschritts in unser aller Wohlbefinden und Lebensqualität begleitet von eher düsteren Erscheinungen wie Sucht, geplanter Obsoleszenz oder Betrügereien. In allen Bereichen wird das Individuum aufgefordert, selbstständig, das heißt für sich selbst verantwortlich zu sein. Um «im Leben Erfolg zu haben», muss man die ganze Zeit «in Topform sein», entspannt und glücklich in seiner Arbeit wirken und «hochbegabte» oder außergewöhnliche Kinder haben. Indessen steht jeder unter einem so großen Druck, erfolgreich, effizient und rentabel zu sein, dass er den Weg zu seiner eigenen Freiheit nicht mehr findet.

Der Leistungskult

Wir stehen vor einem Paradox: Dem gegenwärtigen Kulturmodell zufolge soll das Individuum frei sein, sich behaupten, sich verwirklichen und Herr seines Schicksals sein, aber zugleich soll es sich den gesellschaftlichen Regeln anpassen, die unter anderem besagen, dass man leistungsstark zu sein hat. Da der Narzisst die anderen übertreffen will, um den Anforderungen seines aufgeblasenen Ichs zu entsprechen, unterwirft er sich freiwillig diesem Druck bis zur Erschöpfung. Wie wir sahen, zeigt Alain Ehrenberg in seinem Buch *Das erschöpfte Selbst* (1998), wie sehr unser gegenwärtiges Kulturmodell, das von den Individuen fordert, sich zu verwirklichen, sich selbst zu übertreffen, leistungsstark zu sein, bei ihnen ein Gefühl der Unzulänglichkeit erzeugen kann, das Bewusstsein, den Anforderungen nicht gewachsen zu sein, bis hin zu einem völligen

Zusammenbruch des Selbstwertgefühls. Diese Pathologien, die Ehrenberg in seinem Buch als «Depression» bezeichnet, sind untrennbar mit einer Gesellschaft verknüpft, in der die allgemeine Norm sich nicht mehr auf Schuld und Disziplin, sondern auf Verantwortlichkeit und Initiative gründet.

Um sich zu entfalten, sich zu verwirklichen, das Maximum der eigenen Möglichkeiten auszuschöpfen, füllt der moderne Mensch Zeit und Raum mit Informationen, mit Kommunikation, mit Erlebnissen oder neuen Sinneseindrücken. Er nimmt alle Impulse an, Dinge zu tun, zu sehen, kennenzulernen, und er muss sie intensiv leben.[14] Er widmet sich ganz dem, was er tut, und sucht den «Riesenspaß» bei Extremsportarten oder Aktivitäten mit Suchtpotenzial, um einen intensiven und sofortigen Genuss zu erlangen, wie in einer Flucht nach vorn. Alles muss schnell gehen. Auf jeden Impuls von außen, jede Mail, jeden Tweet muss er sofort mit einem Like oder einer standardisierten Antwort reagieren. Zu diesem Zweck wird die Sprache simplifiziert, jede Differenzierung beseitigt, und dies verleitet uns – ohne bis zur Denkarmut eines Donald Trump zu gehen – zu einer Sprache, aus der jede Subjektivität zu verschwinden droht.

Unsere Zeit ist besessen von Unmittelbarkeit und Flexibilität, sie ist kurzfristig ausgerichtet, auch wenn die langfristigen Konsequenzen offensichtlich katastrophal sind. Laut der Formulierung des Soziologen Zygmunt Bauman leben wir in einer verflüssigten Gesellschaft, in der alles, die Gegenstände, aber auch die Menschen, ein kurzlebiger Wegwerfartikel ist.[15] Wir bewegen uns auf eine immer größere Obsoleszenz der Objekte, der Aktivitäten, aber auch der Individuen zu, die von einem Tag zum anderen an ihrem Arbeitsplatz wie auch in ihrer Paarbeziehung ersetzt werden können. Alles geht schnell, aber wenn sich alles beschleunigt, kann man nichts mehr kontrollieren, denn diese schnelle Welt lässt uns keinerlei Raum, um nachzudenken und eine langfristige Perspektive auf das eigene Leben zu entwickeln. Die Narzisstischsten unter uns, das heißt die Fragilsten, mühen sich ab weiterzumachen und riskieren, mit einem Burn-out oder einer Depression zusammenzubrechen, denn sie wollen auf all jene Anregungen antworten, ohne dass ihnen dies gelingen kann.

Der Ausverkauf der Gesellschaft

Unter dem Einfluss der Globalisierung und der Allmacht der Märkte wurde der Wunsch nach individueller Freiheit von der Konsumgesellschaft instrumentalisiert. Diese wirbt für ein leicht erreichbares Glück, das auf dem Massenkonsum beruht, auf dem Recht, man selbst zu sein und all seine Wünsche zu befriedigen, «weil man es verdient hat».

Da das kapitalistische System ständiges Wachstum benötigt, unterhält es die Gier der Menschen, indem es ununterbrochen neue Konsumgüter produziert. Auch die Unternehmen haben besondere Strategien entwickelt, um die Individuen – insbesondere die Jugendlichen – zu mehr Konsum zu drängen. Sonderangebote oder Gratisspiele sollen die Aufmerksamkeit des Konsumenten fesseln, um ihn so besser zu manipulieren. Oder aber es werden Mythen um ein Produkt erschaffen, um den Konsumenten emotional daran zu binden. Um ihre zukünftigen Verkaufszahlen abzusichern, scheuen gewisse große Unternehmen nicht davor zurück, Praktiken anzuwenden, die sich am Rande der Legalität bewegen, wie die geplante Obsoleszenz. Der japanische Hersteller Epson zum Beispiel wurde verdächtigt, die Tintenpatronen seiner Drucker zu deaktivieren, obwohl sie noch gar nicht leer waren. Ebenso hat Apple eingestanden, die Leistung seiner alten iPhones pünktlich zum Erscheinen neuer Geräte gedrosselt zu haben.

Da wir derzeit in Europa nicht mehr wie die USA in den 1980er Jahren im Überfluss leben, hat sich unser Konsum teilweise verändert: Wir legen jetzt mehr Wert auf Lebensqualität, Ökologie und Natürlichkeit und konsumieren verstärkt auch kulturelle Güter. Zudem wollen die Konsumenten nicht so sehr nützliche Gegenstände wie Haushaltsgeräte besitzen, sondern vielmehr Produkte, die «trendy» sind, wie die neuesten Smartphones oder Spielkonsolen, Dinge, die sehr schnell an Wert verlieren. Der Wert einiger dieser Objekte entsteht daraus, dass sie mit einer berühmten Persönlichkeit assoziiert werden. Eine «It-Bag» zum Beispiel ist eine Handtasche, die alle Frauen begehren sollten, da sie am Arm dieser oder jener Schauspielerin gesehen wurde. Und wenn ein Bild – und sei es von Leonardo da Vinci – auf 450 Millionen Dollar geschätzt wird, vergisst man das eigentliche Gemälde und die Ergriffenheit, die es auslöst, und denkt nur noch an den Geldwert. Die Größe dieses Gemäldes besteht nicht mehr in seiner Schönheit, sondern in seinem Preis.

Immer mehr Individuen sind «süchtig» nach Information oder Kultur: Sie müssen in Echtzeit alles wissen, was in der Welt geschieht, und diese Sucht wird von den Alarmsignalen unterhalten, die sie auf ihren Smartphones empfangen (Alarmsignalen, die nicht unterscheiden zwischen nebensächlichen Nachrichten und einem ernsten Ereignis wie einem Attentat). Ihr Leben wird auf diese Weise beschlagnahmt von dem Zwang, alles sofort erfahren zu müssen, und der Furcht, eine Nachricht oder eine Info zu verpassen. Das hat zur Folge, dass diese Menschen nur noch in kleinsten Abschnitten leben, indem sie jede Tätigkeit und jeden Austausch mit anderen ständig unterbrechen, was auch die zwischenmenschlichen Beziehungen verändert. Auf ähnliche Weise geht beim Austauschen von SMS die direkte nonverbale Kommunikation verloren, was eine Distanz zwischen den Individuen schafft, die Sensibilität gegenüber anderen vermindert und letztendlich den Narzissmus verstärkt.

Um auf dem Laufenden zu sein, muss man reisen, ein bestimmtes Buch lesen, diesen Film oder jenes Theaterstück sehen oder eine spezielle TV-Serie verfolgen, so dass man sich anschließend in den Foren darüber austauschen oder auf einer Party darüber sprechen kann. Da es sich dabei um ein endloses Unterfangen handelt, versuchen einige, sich einen kulturellen Anstrich zu geben, ohne große Mühe aufzuwenden und ohne sich die Zeit zu nehmen, sich ein eigenes Urteil zu bilden. Sie verschlingen alle möglichen Informationen und Rezensionen, um über ein Buch sprechen zu können, das sie nicht gelesen haben, oder über einen Film, den sie nicht gesehen haben. Andere warten immerfort mit Reisen und sportlichen Leistungen auf und posten dann ihre Fotos. Und schließlich ist der Sex zu einem Konsumgut geworden, der den gleichen Stellenwert wie andere Genüsse hat. Die paradoxe Folge davon ist, dass die sexuelle Beziehung in der psychischen Ökonomie der Individuen an Bedeutung verloren hat, wie wir sehen werden.

Unsere technokratische Gesellschaft eliminiert alles, was nicht rentabel ist. So wird bereits das Privatleben vermarktet: Man vermietet ein Zimmer seiner Wohnung, um über den Monat zu kommen, bietet bei Wochenendausflügen Mitfahrgelegenheiten an, kocht für Unbekannte. Außerdem muss man «sich gut verkaufen» und freundlich sein, um bessere Bewertungen zu bekommen, denn egal in welchem Bereich man sich zu platzieren versucht, überall entscheidet die Gewandtheit in zwischenmenschlichen Beziehungen über den Erfolg: Die Fähigkeit, sich zur Geltung zu bringen, heißt dann «Sozialkompetenz». Aber die Aufforderung zum Konsum und zur Perfektion hat auch einen paradoxen Effekt, denn sie fördert ein schlechtes Selbstwertgefühl und die Abwertung all derer, die keine Chance zu solch außerordentlichen Erfolgen haben.

Die Überschwemmung durch das Sexuelle

Die Moderne hat es ermöglicht, Hemmungen und moralische Schranken abzubauen, der sexuelle Genuss ist heute nur ein Genuss unter vielen. Im Übrigen ist die Sexualität zwar freier geworden, aber im Seelenhaushalt der Individuen spielt sie nur noch eine untergeordnete Rolle, denn die sexuelle Lust um ihrer selbst willen gehört, im Gegensatz zu Gefühlen wie Liebe und Intimität, deutlich mehr in den Bereich der Triebe. Der Geschlechtsakt bedeutet heute oft nicht mehr eine intime Handlung, die sich aus einer Begegnung ergibt, sondern eine Art der individuellen Selbstbehauptung.

Unsere Zeit empfiehlt den Sex ohne Grenzen. Es handelt sich nicht länger um eine verbotene Frucht, sondern um ein Konsumgut wie jedes andere. Alles ist möglich, jeder hat das Recht, all seine Wünsche und Fantasien auszudrücken und zu befriedigen. Der Orgasmus ist obligatorisch, und sehr oft dient der andere nur als Accessoire, um ihn zu erreichen. Man muss beben und erschauern, «Riesenspaß haben» und immer noch weiter gehen auf der Suche nach immer stärkeren Gefühlen. Frauenmagazine überschütten ihre Leserinnen mit Ratschlägen, wie sie ihr Begehren nach dem Partner oder der Partnerin wecken und sich in neuen Praktiken versuchen können. Es herrscht Übereinkunft, dass alle Formen der Sexualität gleich sind, und die marginalen sexuellen Präferenzen werden sogar aufgewertet und auf die Titelseiten der Zeitungen gesetzt. Während es sich zu Freuds Zeiten nicht gehörte, über Sexualität zu sprechen, spricht man heute nicht nur bedenkenlos darüber, man stellt sie zur Schau, man filmt sich während des Geschlechtsaktes, als wollte man sich wie auf einem Selfie der eigenen Präsenz versichern, um sich sagen zu können: Ich war da, der da bin ich. Natürlich kann das manchmal böse Folgen haben, etwa eine Erpressung mit Sextapes.

Die Erotik ist größtenteils durch die Pornografie ersetzt worden. Alles ist zu sehen, zugänglich und machbar, ohne unbedingt auf das Alter zu achten. Selbst Kinder wissen alles über Sexualität und sehen schon früh Pornos, wovon sie leider oft das Bild einer Sexualität zurückbehalten, in der Gewalt, Beherrschung und Unterwerfung die Norm sind, denn die neuen Pornos kennen noch weniger Grenzen in dieser Hinsicht.

Das Problem ist, dass es aufgrund des Überflusses an Bildern und Stimulationen nichts mehr zu begehren gibt und damit auch nichts mehr zu träumen. Lebensqualität wird derzeit mit Ruhe, Autonomie, genügend Raum und Privatheit gleichgesetzt, denn wir ertragen immer weniger das Zusammensein und die Störung durch andere.

Parallel dazu hat sich in einer Zeit, in der die Leistung zum höchsten Wert aufgestiegen ist, die Angst, den Anforderungen nicht gewachsen zu sein, allgemein verbreitet. Immer mehr Menschen, Männer und Frauen, sehen sich nach Techniken oder Medikamenten um, die ihnen sexuelle Leistungsfähigkeit versprechen, und Ratgeber zur Verbesserung der eigenen Sexualtechnik und sexuellen Fitness sind zu einer gewinnträchtigen und medienwirksamen Marktnische geworden. Man spricht von «sexuellem Elend» bei all jenen, die ein «behagliches» oder gar kein Sexualleben haben. Männer haben keine Entschuldigung mehr für eine sexuelle Panne, denn für sie stehen verschiedene technische Lösungen wie Viagra zur Verfügung, die ihnen die Sicherheit geben können, nicht von ihrem eigenen Körper verraten zu werden; ein Pharmalabor sucht jetzt ein entsprechendes Mittel für Frauen zu vermarkten.

Immer mehr Menschen versuchen, der körperlich-sinnlichen Entfremdung zu entkommen, und wählen eine Sexualität, die nicht das Begehren nach einem anderen erfordert. Dass in Luxusläden als hübsch und spielerisch angepriesene Sexspielzeuge auftauchen, verfolgt nicht, wie es in der Werbung heißt, den Zweck, das weibliche Begehren von Schuldgefühlen zu befreien, sondern zielt eher auf die sexuelle Vereinsamung: «Ich brauche keinen Mann, ich habe alles Nötige!» Das führt manchmal zur Absonderung und Isolation. Da jeder seinen Unterschied feiert, fordern immer mehr Personen für sich das Recht ein, keinerlei Begehren und keinerlei Sexualleben zu haben. Doch sollten wir nicht, während die Medien weiterhin die verschiedensten sexuellen Praktiken bewerben, alarmiert sein und uns fragen, ob die Menschen, gleich den Riesenpandas, nicht dabei sind, ihre Libido zu verlieren?

Wenn die Verweigerung des Andersseins den Einfluss der Coaches begünstigt

In einer Welt der Leistung, die jeder für sich zu erbringen hat, muss man der Beste sein, und die Offenheit gegenüber anderen erweist sich als begrenzt. Der Narzisst interessiert sich nicht für das, was der andere denkt oder fühlt, er kümmert sich vor allem um sich selbst und seine unmittelbare Zukunft, während die Präsenz eines anderen ihn in seiner Allmacht stört. Zu sehr mit sich selbst beschäftigt, vergisst er die anderen, weist jede Verantwortung von sich und setzt sich über die traditionellen gesellschaftlichen Regeln hinweg, um all das für sich in Anspruch zu nehmen, was sein persönliches Wohlbefinden fördert und ihm ermöglicht, seine Autonomie und gleichzeitig seinen Unterschied zu kultivieren. Auf diese Weise entsteht aber nur ein standardisiertes, die Normen der Gruppe erfüllendes Ich anstelle einer wahrhaftigen und freien Person. Das moderne Individuum steht im Zentrum der Welt, doch es lebt mit Masken, die es je nach Umgebung und Situation wechseln kann. Da die modernen Narzissten sich ihres Wertes nicht hinreichend sicher sind, bedürfen sie zu ihrer Selbstbeurteilung der Anerkennung seitens der anderen. Deshalb neigen sie dazu, ihre individuelle Identität in einer kollektiven Identität einzubetten, so dass sie ihre Besonderheit entwickeln können, ohne sich mit dem Unterschied zu konfrontieren. Das veranlasst die Individuen, sich zu Vereinigungen oder Zugehörigkeitsgruppen zusammenzuschließen, in denen die Mitglieder dieselben Interessen teilen, was zur Uniformierung der Gesellschaft um bestimmte Lebensweisen, Denkweisen oder Konsumweisen herum beiträgt.

Daraus entstehen soziale Mosaike, die auf emotionalen Bindungen fußen und die Anerkennung ihrer jeweiligen Privilegien einfordern. Jede Gruppe strebt in einer identitätsstiftenden Logik danach, ihre Besonderheit zur Geltung zu bringen, auf Kosten des Gemeininteresses, und äußert ihre Frustrationen bisweilen mit Gewalt, um die Anerkennung ihrer Privilegien durchzusetzen. In zahlreichen Ländern haben sich viele Bürger von universellen Werten abgewandt, um der ethnischen Zugehörigkeit und dem Protektionismus den Vorzug zu geben. Das zeigt sich in der Abstimmung für den Brexit, im «America first» oder dem Aufstieg der populistischen Parteien, die Patentlösungen vorschlagen, indem sie Sündenböcke bestimmen. Die Solidarität beschränkt sich auf eine Gemeinschaft «der Gleichen», die gemeinsame Interessen teilen, dazu neigen, Personen auszuschließen, die nicht ihren Wertvorstellungen anhängen, und häufig das Schicksal der Menschen ignorieren, die nicht zu ihrer Gruppe gehören. Es ist ein wenig so, als könnte derjenige, der anders denkt oder aus einer anderen Kultur kommt, nur ein potentieller Feind sein.

Aber triumphierend auftretende Narzissten prallen manchmal an der Realität ab und müssen feststellen, dass sie nicht alles erreichen, was ihnen zum vollkommenen Glück fehlt. Dann machen sie die Gesellschaft für diese Einschränkungen verantwortlich und stellen sich selber als Opfer hin. Da Narzissten der Anerkennung ihrer Besonderheit bedürfen, vergleichen sie sich ständig mit anderen und betrachten jede Ungleichheit als eine persönliche Niederlage. Sie werden immer empfindlicher für das, was sie für Ungerechtigkeiten halten, worin Freud den «Narzissmus der kleinen Unterschiede» erblickte. Das führt zu Forderungen nach Anerkennung von Partikularismen oder kollektiven Identitäten, und so herrschen schließlich die Individualrechte über das Gemeininteresse.

Der moderne Narzisst ist der Ansicht, dass er ein Recht auf den freien Ausdruck all seiner Wünsche und ihre volle Befriedigung hat. Er erträgt nur mit Mühe Autorität, Regeln, Zwänge und noch weniger die Bekundung von Herrschaft – nach dem Motto: «Wenn und wann ich will und wie ich will!» Stößt er auf Schwierigkeiten, sucht er verstärkt juristische Unterstützung. Im Falle mangelnder Anerkennung stellt er sich zum Beispiel in den sozialen Netzwerken vor aller Welt als Opfer hin. Auch wenn die modernen Individuen versichern, dass sie selbstständig und Herren ihres Schicksals sein wollen, benehmen sie sich wie Kinder, die auf die Lösung ihrer Probleme warten, und fordern immer mehr Rechte, Schutzmaßnahmen und Sicherheit seitens des Wohlfahrtsstaates ein (der indessen praktisch gar nicht mehr existiert).

Obgleich unsere Welt immer friedfertiger wird, haben sich die zwischenmenschlichen Beziehungen verhärtet, und der andere wird immer mehr als ein Gebrauchsgegenstand wahrgenommen, wie wir in Zusammenhang mit dem Mobbing noch sehen werden. Jeder schützt sich, und man vermeidet direkte Auseinandersetzungen. Wenn es zu Konflikten kommt, manifestieren sie sich nicht auf einer kollektiven Ebene, sondern werden auf eine individuelle Stufe verlagert, manchmal auch in Verbindung mit der Beschuldigung eines Sündenbocks.

In den 1970er und 1980er Jahren warfen Christopher Lasch und Gilles Lipovetsky dem «Psychologismus» vor, für die Passivität ihrer Zeitgenossen verantwortlich zu sein. Lasch vertrat die Ansicht, dass die «Psycho»-Therapien den Menschen seiner Illusionen berauben und damit gleichzeitig andere erzeugen, die zwar sanfter sind, ihn aber noch mehr entfremden: «Das zeitgenössische Klima ist eben nicht religiös, sondern therapeutisch. Heute sehnen sich die Menschen nicht nach Erlösung, geschweige denn nach der Wiederherstellung eines Goldenen Zeitalters, sondern nach dem Gefühl, der momentanen Illusion von persönlichem Wohlbefinden, von Gesundheit und seelischer Geborgenheit.»[16] Diese Bemerkung, die damals von vielen als Angriff auf die Psychoanalyse gewertet wurde, war in Wirklichkeit eine Kritik an der Entwicklung, die die Psychotherapie in den USA genommen hatte: «Die Menschheit von so veralteten Vorstellungen wie Liebe und Pflicht zu befreien, darin liegt der Auftrag der postfreudianischen Therapien, insbesondere ihrer Anhänger und Verbreiter, die unter geistiger Gesundheit die Beseitigung der Hemmungen und die unmittelbare Belohnung der Triebe verstehen.» Tatsächlich haben sich – und in Europa ist es inzwischen nicht anders – die Bitten um psychologische Hilfe sehr verändert: Die Patienten suchen nicht mehr sich besser zu verstehen, sie wollen gegen die Unannehmlichkeiten der Gegenwart kämpfen; sie wollen sich verbessern, aber statt sich nach dem Ursprung ihres inneren Unbehagens zu fragen, beklagen sie sich lieber über die Härte der Außenwelt. Doch wollen sie nicht alle die Gesellschaft in Frage stellen, sondern sich vielmehr an sie anpassen: Man möchte gern Hilfe, aber nur, um noch freier und leistungsstärker zu sein.

Die Psychoanalyse wurde auf diese Weise nach und nach

durch Kurzzeittherapien, die Positive Psychologie und durch Ratgeber für Wohlbefinden ersetzt. Psychotherapien müssen kurz sein und das Ziel haben, Hemmungen zu beseitigen. Sie bieten den Patienten schnelle Lösungen an, um die Symptome zu beheben, die ihr Glück verhindern, auf das sie ein Recht zu haben glauben, und vermeiden, dass die Patienten mit ihren Grenzen und Fehlern konfrontiert werden. Immerzu muss man glücklich sein, und es nicht zu sein wird als eine Krankheit betrachtet, die geheilt werden muss. Die neuen Therapien lehren, dass der individuelle Wille allmächtig ist und das Schicksal eines jeden bestimmt. Dennoch erzeugt unsere narzisstische Gesellschaft, die alles andere als fröhlich oder befreiend ist, viele Ängste: die Angst vor dem anderen und vor Aggressionen, die Angst vor Krankheit und Alter, die Angst, es nicht zu schaffen, aber vor allem die Angst, nicht «konform» zu sein. Überschwemmt von zu vielen Informationen und zu vielen Optionen, überfordert von immer komplexeren Technologien, werden die Individuen von Angst ergriffen und fühlen, dass sie Hilfe brauchen. Unsere Patienten beklagen sich, dass sie zu keinen Empfindungen fähig sind, dass sie ein Gefühl der Künstlichkeit und der inneren Leere verspüren, das sie aber nicht zu analysieren suchen. Wie Alain Ehrenberg zeigt, führt die Autonomie zu einem größeren Verantwortungsbewusstsein der Individuen, die unentwegt angehalten sind, für sich das Beste zu wählen.[17] In dem Maße, wie sie mit Entscheidungen allein gelassen sind, die sie nicht treffen können, suchen sie Hilfe und können von anderen Menschen oder äußeren Instanzen beeinflusst oder sogar manipuliert werden.

Ausgehend von dieser Unsicherheit der Einzelnen, von ihrem Mangel an Selbstvertrauen, hat sich die Industrie des Coaching entwickelt. Das Ziel des Coaching ist zunächst, ein Individuum zu begleiten, um ihm zu ermöglichen, «sein Potenzial zu entwickeln»: Man verspricht ihm mehr «Leistungsstärke», ohne lange Jahre des Lernens oder der Therapie durchlaufen zu müssen. Man erspart ihm jede Art von Infragestellung und liefert ihm fertige Lösungen, die ihn seines Wertes versichern. So fabriziert man leistungsstarke und flexible, das heißt mit dem herrschenden Modell konforme Individuen. Was auch immer die Methoden dieser Ratgeber sein mögen, ihre Empfehlungen bestehen darin, das Selbstwertgefühl zu erhöhen und die Abhängigkeit von anderen zu mindern, was darauf hinausläuft, dass noch mehr Narzissmus und noch weniger Engagement für andere gefördert wird.

Es ist ein kollektiver Prozess, der umso extensiver um sich greift, als die digitalen Technologien mit ihrer süchtig machenden Verbreitung von allen Arten von Displays der wachsenden Bedeutung, die jeder seinem eigenen Bild beimisst, noch weiteren Vorschub leisten, eine erneute Ermunterung zu narzisstischen Verhaltensweisen – und ihren Exzessen.

Kapitel 6

DAS BILD ALS SPIEGEL DES SELBST

Wir haben gesehen, dass Narzissten nur durch den Blick des anderen existieren. Darum sind sie in einer Gesellschaft des Bildes und des äußeren Scheins Könige, und ihr Mobiltelefon dient ihnen als Spiegel, gleich dem Teich, in dem Narziss sein Spiegelbild betrachtete. Nun sieht man aber auf einem Selfie nicht sich selbst, sondern das Bild von sich durch den Blick eines anderen. Während man früher die wichtigen Momente des gemeinschaftlichen Lebens (Hochzeiten, Geburtstage und andere Feste) fotografierte, macht der moderne Mensch Selfies, die er anschließend auf Instagram oder Facebook postet. Anstatt den gegenwärtigen Moment zu leben, setzt er sich in Szene, indem er dem Denkmal oder der Landschaft den Rücken zuwendet, und diese bruchstückhaften Spiegelbilder, die in den sozialen Netzwerken ausgestellt werden, sagen dann der ganzen Welt: «Ich war an diesem Ort oder mit jener Person zusammen.» Oder der Narzisst sendet ein Foto von den Speisen im Restaurant, um seinen Genuss zu teilen: «Seht mal, was ich gegessen habe.» Mit der Digitaltechnik haben wir das Lebendige durch das Bild ersetzt, und die Selbstliebe ist zur Liebe des Selbstbildes geworden. Allerdings ist das Bild keine Wahrheit, es zeigt nur einen aus dem Leben gegriffenen Augenblick, was aber nicht so wichtig ist, denn was zählt, ist das, was man zeigt, selbst wenn es ein fabriziertes Bild, ein «falsches Selbst» ist, dazu bestimmt, den Erwartungen der anderen zu entsprechen.

Der Imperativ der Schönheit des Körpers

Man muss sich in den Medien und den sozialen Netzwerken exponieren, man darf nichts verbergen, muss sich entblößen, sonst existiert man nicht. 1979 hat Richard Sennett in seinem Buch *Verfall und Ende des öffentlichen Lebens. Die Tyrannei der Intimität* gezeigt, wie das Intime sich über das öffentliche Leben und die sozialen Rollen erhoben hat.[1] Die heutige Zeit zwingt dazu, sichtbar zu sein, aber wenn man ganz auf sich zentriert ist, begegnet man nur sich selbst und seinesgleichen. Soziale Netzwerke und personalisierte Suchmaschinen erschaffen eine Welt, in der Andersdenkende nicht mehr auftauchen.

In dieser Bilderwelt muss man schön, schlank, fit sein und glücklich wirken, um ein Bild des Erfolges abzugeben. Unser Äußeres ist zu einem Kapital geworden, in das man täglich investieren muss, um Arbeit oder die Liebe seines Lebens zu finden, und die, die sich gehen lassen, werden schnell stigmatisiert. 2013 zeigte eine Studie des US-amerikanischen Wirtschaftswissenschaftlers Daniel Hamermesh, dass ein schöner Mensch im Durchschnitt 17% mehr verdient als ein weniger schöner.[2] Ihm zufolge sind die Gewinne eines Unternehmens um so höher, je schöner seine Angestellten sind. Selbst ein Schriftsteller oder ein wissenschaftlicher Experte muss telegen sein, ein anziehendes Äußeres haben oder zumindest eine markante Physiognomie. Das geschriebene Buch – das im Übrigen kaum jemand lesen wird – ist weniger wichtig als «im Fernsehen gewesen zu sein».

Tamara wurde entlassen, nachdem man sie lange gemobbt hatte, um sie zur Kündigung zu bewegen, denn sie entsprach nicht mehr «dem Standard» des Unternehmens. Sie ist eine schüchterne, sehr gewissenhafte, aber etwas unscheinbare

> Frau. Während eines Lehrgangs beim Arbeitsamt gab man ihr zu verstehen, sie müsse, wenn sie wirklich eine Arbeit finden wolle, ihre äußere Erscheinung ändern, sich etwas sexyer kleiden und sich schminken: «Aber ich bin doch Buchhalterin in einem Büro und den ganzen Tag hinter meinem Rechner, warum muss ich da anders sein?»

Der moderne Narzisst und die moderne Narzisstin verbringen ihre Zeit damit, sich zu betrachten, um nach den ersten Anzeichen von Schwäche Ausschau zu halten: «Werde ich dem entsprechen, was man von mir erwartet?» Sie betrachten sich als Ware, die es zu verbessern und zu modellieren gilt. Dafür formen sie ihren Körper mit Bodybuilding, verändern ihn durch Schönheitsoperationen, korrigieren seine Falten mit Botox-Injektionen, lassen ihn tätowieren, um ein ästhetisches Objekt aus ihm zu machen, oder suchen seine Vitalfunktionen mit Smart-Armbändern zu optimieren. All das findet nie ein Ende, denn Biotechnologie und Kognitionswissenschaft arbeiten daran, den Menschen noch weiter zu verbessern, seine Fähigkeiten zu steigern, Krankheiten und Alterungsprozesse zu verringern, ja sogar den Tod zu besiegen. Während Frauenmagazine immer jüngere Models präsentieren, auf deren Fotos auch die winzigste Falte und das kleinste Fettpölsterchen retuschiert wurden, wächst der Konkurrenzdruck ständig. Entspricht man diesen Normen nicht oder hat man ein negatives Selbstbild und zweifelt an den eigenen Qualitäten, kann das zu Zwangsvorstellungen oder übermäßigen Reaktionen führen wie der Anorexie bei jungen Frauen, die von ihrer Gewichtskontrolle und dem Blick der anderen besessen sind. Auf diese Weise entsteht eine soziale Ungleichheit durch Schönheit und Gesundheit, die sich in einer Segregation bei der Jobsuche oder der Kontaktsuche im Internet ausdrückt, ebenso wie eine Ungleichheit beim Problem der Einsamkeit.

Da die moderne Narzisstin und der moderne Narzisst nicht sie selbst sein können, konstruieren sie sich eine Persönlichkeit, indem sie ein Bild von sich mit identifikatorischen Anleihen entwickeln, die den Platz des Ich-Ideals einnehmen. Zur Ikone verklärte Persönlichkeiten, Sänger, Schauspieler oder charismatische Führer, deren wesentliche Qualität darin besteht, berühmt zu sein, inszenieren so ihr Leben für eine fortwährende Show. Céline Dion hat sich eine Persönlichkeit fabriziert, um bekannt zu werden und ein Produkt zu verkaufen, sich selbst; dafür hat sie ihr Privatleben in den Medien vermarktet wie auch ihre Kinder und sogar den Tod ihres Ehemannes. Kim Kardashian stellt ihr Alltagsleben in Reality-TV-Sendungen aus. Karl Lagerfeld hat – wahrscheinlich unter großen Opfern – sein äußeres Erscheinungsbild verändert, um das Logo seiner eigenen Marke zu werden. Indem unsere Mitmenschen sich mit solchen Persönlichkeiten identifizieren, tragen sie dazu bei, Monster zu fabrizieren und deren Narzissmus in dem Maße zu verstärken, wie ihre Berühmtheit zunimmt. Denn welches Talent diese ganz und gar künstlich fabrizierten Persönlichkeiten auch haben mögen, sie müssen immer an erster Stelle rangieren, wenn sie in den Medien weiter existieren wollen. Das ist nichts Neues, wird man einwenden, wie die lange Saga der Hollywood-Stars beweist. Aber diese schreibt sich nun im Rahmen neuer sozialer, technischer und psychischer Codes fort.

Das Suchtpotenzial des Internets, der sozialen Netzwerke und der Videospiele

Zahlreiche US-amerikanische Studien schreiben die erhöhte Verbreitung des Narzissmus in den modernen Gesellschaften der wachsenden Präsenz von Displays und sozialen Netzwerken im Alltag eines jeden Menschen zu. Nun machen uns die neuen Medien nicht narzisstischer, sie enthüllen einfach auf neue Weise einen bereits bestehenden Narzissmus, denn im Internet findet man die gleichen narzisstischen Verhaltensweisen wie im realen Leben. Dennoch verleihen die sozialen Netzwerke, auch wenn sie nicht direkt die Zunahme von Narzissten bewirkt haben, diesen zweifellos eine größere Sichtbarkeit, denn dank jener Plattformen kann die Zahl ihrer Ansprechpartner und Bewunderer ins Unendliche anwachsen.

Ob wir es wollen oder nicht, das Internet und die neuen Medien sind nicht nur ein passiver Informationskanal, sie beeinflussen unsere kognitiven Fähigkeiten, unsere Gedanken und damit uns in unserem ganzen Wesen. So wurde Facebook vorgeworfen, die US-Präsidentschaftswahlen von 2016 beeinflusst zu haben, indem es höchst parteiische und spaltende Inhalte begünstigte. Abgesehen von Fake News bieten die sozialen Netzwerke jedem Internetnutzer vorzugsweise Informationen an, die seinen politischen Vorlieben und Ansichten entsprechen. Daraus erklärt sich zum einen die Entstehung von «kognitiven Blasen», die gleichgesinnte Personen zusammenschließen, und zum anderen die geringe Konfrontation mit anderen Meinungen.[3] Im Übrigen können diejenigen, die sich in einem kollektiven Meinungsaustausch zu kritisch zeigen, mit einem Klick gelöscht werden, es genügt, ihre Adresse zu blockieren. Bei den seltenen offenen Debatten bestehen die Praktiken oft darin, den Gegner zu disqualifizieren, damit seine Argumente möglichst unsichtbar bleiben.

Tatsächlich wird im neuen Informationszeitalter unser Gehirn durch eine Fülle von Reizen überstimuliert. Das befriedigt unseren Wunsch nach Neuigkeiten, aber es kann auch zu einer zwanghaften Nutzung oder zu einer Abhängigkeit führen. Seit einigen Jahren betreffen die meisten Suchtverhaltensweisen nicht mehr den Gebrauch von Drogen oder Alkohol, sondern die Nutzung des Internets. Das ist nicht überraschend, denn es wird dieselbe Hirnregion aktiviert, wenn ein Facebook-User seine Likes zählt und wenn ein Drogensüchtiger seine Dosis Heroin nimmt. In seinem Buch *The Hacking of the American Mind* (dt.: *Brainwashed*) zeigt der Neurowissenschaftler Robert Lustig, dass die Belohnungen in den sozialen Netzwerken die Ausschüttung von Dopamin bewirken, einem Neurotransmitter, der mit unmittelbarer Lust und dem Belohnungssystem verbunden ist.[4] Gleichzeitig aber bewirkt alles, was zur Erhöhung des Dopaminspiegels führt, direkt oder indirekt ein Absinken des Serotonins, eines Neurotransmitters, der mit dem Gefühl von Erfülltheit und Wohlbefinden verbunden ist.

Diese physisch-psychischen Mechanismen werden von den Internetriesen, den GAFAM (Google, Apple, Facebook, Amazon, Microsoft), instrumentalisiert mit suchterzeugenden Maßnahmen, die die User abhängig machen, um so deren Aufmerksamkeit und deren «verfügbare Gehirn-Zeit» für sich zu gewinnen. So wählen Algorithmen die populärsten Websites und Themen aus, stellen sie ganz nach vorn und machen uns ständig Angebote. Da sie dank Cookies, die ohne unser Wissen auf unseren Endgeräten installiert werden, unsere Gewohnheiten kennen, bieten sie uns unentwegt Seiten an, die unseren Interessenschwerpunkten entsprechen. Der Newsfeed auf unseren Smartphones reißt nie ab, und alles ist darauf ausgerichtet, uns «anzufixen». Die Hyperlinks sind nicht nur Hinweise, sie öffnen die Tür zu neuen Inhalten: In einer Serie wird am Ende einer Folge automatisch die nächste Folge gestartet; Smartphone-Spiele bieten zuerst leicht zu erreichende Ziele an, dann locken sie einen auf den nächsten Level, wo man mehr Zeit verbringen muss, und vergrößern so die Sichtbarkeit der gezielt eingeblendeten Werbebanner, und so weiter.

Es ist verständlich, dass angesichts dieser Entwicklungen viele Psychologen und Beobachter wegen der schädlichen Auswirkungen von Bildschirmen und sozialen Netzwerken auf Jugendliche besorgt sind. In der modernen Gesellschaft existieren Kinder in der Tat nicht mehr nur im Verhältnis zu den Erwachsenen, sie bilden eine eigenständige Gruppe, was die Marketingstrategen der Internetriesen sehr wohl begriffen haben. Sie sind sich wohl bewusst, welchen Platz das Kind als Subjekt einnimmt, und sprechen es direkt als Konsumenten an, denn es entscheidet über die Käufe.

Kinder werden schon sehr früh vor Bildschirme gesetzt. Mit ihren Eltern über Mobiltelefone verbunden, dann in sozialen Medien vernetzt, sind sie potentielle Konsumenten. Im Dezember 2017 brachte Facebook in den USA deshalb eine speziell für Sechs- bis Zwölfjährige bestimmte Version seiner Nachrichtenplattform Messenger heraus. Google hofft seinerseits, eine neue Generation von Usern schon vom frühesten Kindesalter an für sich zu gewinnen, mit Hilfe von preiswerten Rechnern und Programmen, die speziell für den Unterricht konzipiert sind, um so die Kinder daran zu gewöhnen, seine Serviceleistungen zu nutzen. Diejenigen Jugendlichen, die in eine stabile Familienstruktur eingebunden sind, lernen schnell, mit dem Angebot angemessen umzugehen, und nutzen die digitalen Werkzeuge als Tür zur Welt, während die fragileren oder weniger fest eingebundenen Jugendlichen von den Angeboten abhängig werden und in ein «schrankenloses» Verhaltensmuster verfallen. Das kann sie zur Abhängigkeit von Online-Spielen führen oder ihnen Zugang zu gewalttätigen oder pornographischen Videos verschaffen, die sie in ihrer Vorstellungswelt beeinträchtigen.

Narzisstische Charakterzüge sind bei Jugendlichen zwar verbreitet, aber nicht unbedingt ein Indikator dafür, dass sie später eine pathologische narzisstische Persönlichkeit entwickeln werden. Tatsächlich haben die Kinder der nördlichen Gesellschaften – die oft schon bei der Einschulung mit einem

Smartphone ausgestattet sind, was ihnen überall und jederzeit unbegrenzten Zugang zum Internet ermöglicht – sich einer Welt angepasst, die für Eigenständigkeit und Findigkeit wirbt; sie wissen schon früh, wie sie gratis etwas downloaden können, was sie interessiert (Musik, Filme) oder wie man sich über gemeinsame Plattformen austauschen kann. Die heutigen Jugendlichen bewegen sich bevorzugt in ihrer Zugehörigkeitsgruppe und erschaffen so ihre eigene Kultur. Jedoch sollte man auf die Warnungen von Spezialisten hören wie der britischen Neurowissenschaftlerin Susan Greenfield, die allerdings auch sehr kritisiert wurde; sie hatte nämlich vor den Gefahren übermäßigen Internetgebrauchs durch Kinder mit der Befürchtung gewarnt, es könnte eine ganze Generation hyperaktiver, von sich selbst eingenommener Kinder mit verminderten intellektuellen Fähigkeiten entstehen.[5] Zumal die führenden Manager der GAFAM sich dessen immer bewusst waren, wenn es um sie selber ging: Mehrere von ihnen, darunter Steve Jobs (der 1976 Apple gründete) und Bill Gates (der 1975 Microsoft gründete), gaben zu, ihre Kinder gewarnt zu haben. Im November 2017 gestand der Ex-Präsident von Facebook, Sean Parker, ein, dass er dabei geholfen habe, ein Monster zu konstruieren, und dass er es bedauere, dazu beigetragen zu haben, «die Verletzlichkeit der menschlichen Psyche auszubeuten». Und einen Monat später erklärte einer der Mitbegründer von Facebook, Chamath Palihapitiya, dass Facebook «das soziale Geflecht zerreiße».[6] Auch andere ehemalige Ingenieure oder Investoren bedauern, an der Erschaffung eines vor allem für Jugendliche suchterzeugenden Werkzeugs teilgenommen zu haben. Anfang 2018 verkündete Mark Zuckerberg eine Änderung in der Organisation der Plattform mit dem Ziel, dass «Facebook nicht nur Spaß macht, sondern auch dem Wohlbefinden der Nutzer dient».

Ebenfalls 2018 wurde die Abhängigkeit vom Internet oder

von Videospielen in die 11. Ausgabe der Internationalen statistischen Klassifikation der Krankheiten und verwandter Gesundheitsprobleme (ICD-11, engl.: International Statistical Classification of Diseases and Related Health Problems) aufgenommen, die von der Weltgesundheitsorganisation herausgegeben wird. Die diagnostischen Kriterien für die Abhängigkeit von Videospielen beinhalten unter anderem eine reduzierte Kontrolle über das Spielverhalten, eine dem Spiel eingeräumte Vorrangstellung in Verbindung mit einem Desinteresse für andere tägliche Aktivitäten und die Weiterführung des Spiels trotz negativer Konsequenzen. Diese fortwährenden oder wiederkehrenden Störungen haben für die Verhaltensweisen im persönlichen, familiären, sozialen, schulischen und beruflichen Bereich gravierende Folgen.

Am offensichtlichsten treten die Phänomene der Abhängigkeit von Videospielen in Asien zu Tage, vor allem in China und Südkorea. Die Attraktivität von Bildschirmen und virtuellen Spielen erklärt sich großenteils aus dem Druck, den Jugendliche in der Familie, in der Gesellschaft und in ihrer Erziehung erfahren. Die Praxis des Videospiels, einer im Prinzip entspannenden Aktivität, die es ermöglicht, sich von einem Übermaß an Arbeit, vom Stress des Konkurrenzkampfs und von der ständigen Überwachung durch die Eltern zu erholen, entwickelt sich bei einigen besonders fragilen Heranwachsenden zu einem Suchtverhalten, das sie in die Isolation oder in die Entsozialisierung treibt. 2017 schätzte man die Zahl der Heranwachsenden in China, die unter dieser Störung leiden, auf 24 Millionen, und an die 400 Entwöhnungszentren sind dort entstanden, um diesen Jugendlichen zu helfen, sich aus der Abhängigkeit zu befreien und erneut in der realen Welt zu agieren.[7]

2016 veröffentlichte das *European Journal of Psychiatry* eine Studie zur «cyberaddiction» mit 1011 Teilnehmern aus drei Ländern (350 aus Polen, 341 aus der Ukraine und 320 aus der Türkei).[8] Als Bewertungsinstrumente dienten der Young's Internet Addiction Test und die Rosenberg's Self-Esteem Scale. Die Autoren stellten fest, dass die Probanden, die zu einer «starken Selbstkritik» («heavy self-criticism») bereit waren und dazu neigten, sich als «unwürdig» («unworthy») zu betrachten, eine ausgeprägtere Internet-Abhängigkeit aufwiesen. Dabei handelte es sich ganz offensichtlich um das Profil des verletzlichen Narzissten.

Warum die Attraktion der Bildschirme den Narzissten nutzt

Die Attraktion, die von den Bildschirmen ausgeht, hängt nicht vom Medium selber ab, sondern von dessen Gebrauch. In den sozialen Netzwerken unterwegs zu sein, einen Twitter-Account zu haben und dort anderen Personen zu folgen oder auch selbst Kommentare zu posten bedeutet nicht, dass man narzisstisch ist – alles hängt davon ab, was man dort tut. Im Unterschied zu Donald Trump sollte man fähig sein, von etwas anderem zu reden als nur von sich. Die sozialen Medien sind nichts weiter als Werkzeuge, mit deren Hilfe das Beziehungsgeflecht zwischen Individuen sichtbar gemacht oder die eigene Bekanntheit, der eigene berufliche Status gesteigert werden kann. Bei der Arbeitssuche ist es in der Tat wichtig, das eigene Netzwerk einzubeziehen, um von anderen empfohlen zu werden. Im Übrigen empfehlen die Berater der Arbeitsämter, das eigene Netzwerk zu «überarbeiten» und sich an Personen zu wenden, die einem gute Tipps geben können, wie man sich um einen begehrten Posten bewirbt. Bei gewissen Berufen, etwa in der Mode-, Musik- oder Medienbranche, ist es wichtig, bekannt zu sein, noch bevor man sich bewirbt. Aber dafür muss man sichtbar sein und ein Maximum an Kommentaren oder Likes in den sozialen Netzwerken erhalten. Man muss sich im Internet in Szene setzen, seine Meinungen auf Twitter teilen, einen Blog betreiben, um von den Medien wahrgenommen zu werden, und auf seiner Facebook-Wall das Beste von dem posten, was man tut.

Natürlich sind Narzissten ausgezeichnet darin, sich in den sozialen Netzwerken zur Geltung zu bringen. Denn sie bevorzugen Zweckverhältnisse, sehen in jeder Beziehung eher einen Stärkungsmechanismus als eine Partnerschaft und verstehen es, sich an einflussreiche oder berühmte Personen heranzumachen, um sich deren Image anzueignen.

Das Problem ist, dass man meist nicht ins Internet geht, um sich zu zeigen, wie man ist, sondern so, wie man gern sein möchte, oder genauer, wie man gern gesehen werden möchte. Einige User haben das sehr gut verstanden und zeigen nur ein von ihnen selbst vollständig kontrolliertes Bild, in dem alles Negative ausgelöscht ist. Sie präsentieren ausschließlich das, was ihrem Netzwerk oder ihrer Arbeit zuträglich ist, verbergen oder verbessern bestimmte Aspekte ihres Profils und erschaffen so eine Person, die auf die Adressaten abgestimmt ist, die sie verführen wollen. Da die Beliebtheit einer Person an die Zahl der Likes gekoppelt ist oder an die Zahl der Besucher ihrer Homepage, muss man alles tun, damit die eigene Website an die Spitze der Suchergebnislisten aufsteigt. Bei diesem Spiel sind die Narzissten zwangsläufig die Gewinner. Einige haben verstanden, dass sie aus ihrem positiven Image Profit ziehen können, denn es genügt, mit seinen Posts, Videos oder Fotos auf sich aufmerksam zu machen, um eine Art Leitfigur im Marketing zu werden. Die Markenhersteller suchen solche Individuen, die in den sozialen Netzwerken sehr aktiv unterwegs sind, um sie als Meinungsmacher für sich einzusetzen: Diese Leute werden dann zu *digital influencers*, indem sie Videos oder Fotos in Umlauf bringen, die ein Produkt zur Geltung bringen oder die Bekanntheit einer Marke noch weiter steigern. Je mehr Follower man in diesem Fall hat – mindestens 200 000 auf den verschiedenen Kanälen müssen es sein –, desto höher fällt die Bezahlung aus.

Manche Narzissten gehen nicht aus beruflichen oder freundschaftlichen Gründen in die sozialen Netzwerke, sondern einzig und allein, um sich zur Schau zu stellen. Sie breiten dort ihre «ganz großen Leistungen», ihre Feiern, ihre Reisen, ihre letzten Errungenschaften, ihre Kinder sowie alle Mini-Ereignisse ihres Alltags aus, als wären sie das Zentrum der Welt. Sie hoffen, eine gewisse Bekanntheit zu erreichen, indem sie auf YouTube ein Video posten, das ihr Talent als Tänzer, Sänger oder Imitator zeigt und von Millionen Usern auf der ganzen Welt gesehen werden kann. Sie inszenieren sich mittels Hashtags und Selfies und stellen ihr Privatleben zur Schau, mag es auch noch so belanglos sein. Sie liefern alles von sich, in der Illusion, dass dies ihren Wert steigert. Einige Internetnutzer schaffen es sogar, Zehntausende Klicks zu bekommen, indem sie auf YouTube ihre Supermarkt-Einkäufe (*grocery hauls*) ausstellen; und trotz eines so uninteressanten Themas antworten User darauf mit Likes und Kommentaren. Andere, die keinerlei Talent vorzuweisen haben, präsentieren sich in komischen oder sogar peinlichen Situationen, nur um von sich reden zu machen.

Da sich narzisstische Individuen auf diese Weise spontan exponieren, sind einige Wissenschaftler zu der Ansicht gelangt, dass sie keine standardisierten Studien mehr durchführen müssten, um die Menschen außerhalb ihrer unmittelbaren Umgebung zu analysieren: Sie fanden es ausreichend, den Nachrichtenverkehr im Internet auszuwerten. 2008 nutzten die US-amerikanischen Psychologen Laura Buffardi und W. Keith Campbell in diesem Sinne die sozialen Netzwerke, um deren Beziehung zum Narzissmus zu analysieren.[9] Dafür kopierten sie die Facebook-Seiten von 129 freiwilligen Studenten und baten sie, das Narcissistic Personality Inventory (NPI) auszufüllen. Sie nahmen eine detaillierte Analyse der Facebook-Seiten vor, fassten sie zusammen und ersuchten dann einen unabhängigen Wissenschaftler, danach den Narzissmus jedes einzelnen Users zu bewerten. Die Ergebnisse dieser Studie zeigten, dass der von dem unabhängigen Wissenschaftler festgestellte Narzissmus-Grad in allen Punkten den Resultaten entsprach, die die Studenten im NPI-Test erlangt hatten. Dabei fiel eines auf: der Umfang des Nachrichtenverkehrs. Offenbar ist eine übermäßige Anzahl von Posts ein deutlicher Indikator für narzisstische Charakterzüge, was vermuten lässt, dass ein solcher Nachrichtenaustausch nicht ehrlich gemeint ist, sondern nur dafür bestimmt, sich selbst zur Geltung zu bringen.

Da jedes Netzwerk seine Besonderheiten hat, kamen andere Wissenschaftler auf die Idee, sie unterschiedlich zu betrachten. In einem Artikel, der 2013 in der Zeitschrift *Computers in Human Behavior* erschien, präsentierte Elliot Panek, Psychologe an der University of Michigan, eine Studie über den Narzissmus, die zwischen den Usern der verschiedenen sozialen Netzwerke unterschied.[10] Zu diesem Zweck hatte er die Persönlichkeitsmerkmale von 500 Studenten und 93 Erwachsenen sowie deren Nutzung der sozialen Netzwerke untersucht. Daraus ergab sich für die Studenten, dass das regelmäßige Twittern ein Indikator für einen Überlegenheitskomplex ist, während das Posten auf Facebook exhibitionistischen Charakterzügen entspricht. Twitter ist das am einfachsten zu analysierende soziale Netzwerk, weil hier die Information auf wenige Zeichen begrenzt ist und weil der Nachrichtenaustausch in einer außergewöhnlichen Geschwindigkeit und einem erstaunlichen Ausmaß geschieht.

Das Internet hat auch eine dunklere, weniger erfreuliche Seite, denn es erlaubt den Ausdruck narzisstischer Verhaltensweisen, die im realen Leben kaum annehmbar wären oder sogar bestraft würden, wie Aggressionen oder Mobbing. Je mehr die eigene Persönlichkeit auf einem «falschen Selbst» beruht, desto mehr kann man in den sozialen Netzwerken das sein, was man sich sonst nicht zu sein gestattet. Im Schutz der Anonymität kann man hier seinen Hass, seinen Rassismus oder seinen Sexismus auslassen. Die Debattenkultur wurde so teilweise durch eine Kultur der Einschüchterung und der Hetze ersetzt. Die Anonymität des Internets kann dazu führen, dass gewalttätige Angriffe gegen eine Person geführt, Verleumdungen verbreitet oder Gerüchte geschürt werden. Man kann falsche Informationen veröffentlichen, die tausendfach wiederholt und dann für Wahrheiten gehalten werden. Wer sich gekränkt fühlt, kann sich dafür weltweit rächen mit dem Ziel, Genugtuung für das zu erhalten, was er als narzisstische Verletzung erlebt hat. Eine Äußerung kann auf der Stelle aufgegriffen, aus ihrem Kontext herausgerissen und manipuliert werden, um jemanden zu disqualifizieren; und sind solche Äußerungen erst einmal verbreitet, kommt jede Berichtigung zu spät. Diese Vergeltungen und Hassausbrüche befriedigen den Voyeurismus der User, die sich an Polemiken ergötzen. Dennoch können die sozialen Netzwerke auch einen großen positiven Einfluss ausüben, indem sie Kontakte ermöglichen und Wissen vermitteln – darauf werden wir noch zurückkommen.

Das Reality-TV und die Talkshows: Narzisstische Spiegel

Auf einer anderen Ebene ist auch das Reality-TV eine Art gigantischer Spiegel, der den Narzissten vorgehalten wird und in dem sie sich betrachten können, denn es setzt Individuen in Szene, die vor allem wegen ihres pathologischen Narzissmus ausgewählt wurden. Man castet Kandidaten nach dem Vorbild von verwöhnten Kindern, denen die Eltern keinerlei Grenzen setzen. Sie sind auf sich selbst fixiert, stellen einen hemmungslosen Egoismus zur Schau, verstehen es, mit allem, was sie tun, zu prahlen, und verachten dabei ostentativ ihre Konkurrenten. Mit diesen «Helden» kann sich jedes Individuum, das bereits narzisstische Züge aufweist, leicht identifizieren, denn sie funktionieren nach dem gleichen Muster. Jugendliche, die leichter manipulierbar sind, laufen Gefahr, diese Verhaltensweisen als Norm zu betrachten und sich zu einem ähnlichen Verhalten verleiten zu lassen.

Mit zweifelhaften Versprechungen ködern diese Reality-TV-Sendungen Jugendliche ohne besonderes Talent und wecken in ihnen die Hoffnung auf plötzlichen Ruhm. Manchmal bringen sie es übrigens fertig, Personen zu fördern, deren einzige Fähigkeit später darin bestehen wird, berühmt geworden zu sein. Die Kandidaten glauben, ihre Berühmtheit hänge damit zusammen, dass sie von Millionen Menschen gesehen wurden, während ihr Ruhm in Wirklichkeit überhaupt nicht auf ihrem Talent, sondern auf ihrer Hemmungslosigkeit und ihrer Beeinflussbarkeit beruht. Tatsächlich werden sie von den Fernsehproduzenten manipuliert, die diese Sendungen geradezu in ein Rollenspiel verwandeln: Man verlangt von den Kandidaten, «sie selbst zu sein», man animiert sie, ihr Privatleben zu enthüllen, und stellt dabei bestimmte Besonderheiten von ihnen heraus, um die Fernsehzuschauer zu fesseln. Damit deren Voyeurismus befriedigt wird, muss alles offengelegt werden, einschließlich intimer Verletzungen. Es geht darum, den Zuschauer zu überraschen, um die Einschaltquote zu erhöhen; und um aufzufallen, übertreiben einige die Provokation bis hin zur Lächerlichkeit. Je mehr schockierende Szenen vorkommen, desto höher ist die Einschaltquote und desto mehr macht die Sendung von sich reden.

Die Talkshows oder angeblichen Gesprächsrunden sind ganz wie die Reality-TV-Sendungen darauf ausgerichtet, die Emotionen hochkochen zu lassen. Im Übrigen werden die sachliche Vermittlung von Informationen und das ausdrückliche Bestreben, die Einschaltquote zu erhöhen, nicht immer auseinandergehalten. Ideal ist es, mit den heikelsten Gesellschaftsthemen Showbusiness zu betreiben oder sogar einen Schlagabtausch zu provozieren. Anstelle eines zu ernsten Gastes lädt man also vorzugsweise diejenigen zu einer Debatte ein, die eine Polemik entfachen oder einen Skandal auslösen können. Tatsächlich zählen die an die Einschaltquote gekoppelten Werbeeinnahmen mehr als die Qualität der Sendung, denn in einem Kontext unfassbarer Informationsfülle wird es immer schwieriger, die Aufmerksamkeit des Publikums zu gewinnen. In den französischen Sendungen *Un dîner presque parfait* oder *Quatre mariages pour une lune de miel* bewerten die übrigen Kandidaten denjenigen, der gerade dran ist, und zeigen sich dabei in ihrer Kritik oft grausam und kränkend.

Zwischen Reality-TV und Talkshow bewegt sich Cyril Hanouna. Seine Sendung *Touche pas à mon poste*, die angeblich die Medien analysiert, ist in Wirklichkeit eine Reality-TV-Show, an der anstelle der Kandidaten Redakteure und Gäste teilnehmen, von denen man sich ein Bonmot oder einen unterhaltsamen Vorfall erwartet. Hanouna ist nicht einfach ein bekannter Narzisst, der sich mit Eigenwerbung begnügt, sondern vor allem ein narzisstischer Perverser, der sich auf Kosten anderer aufwertet und es genießt, völlig ungestraft Grenzen zu überschreiten. Unter dem Vorwand zu scherzen, demütigt, beleidigt und erniedrigt er in der Sendung seine Redakteure. Bedenkenlos hat er sich auf Kosten Homosexueller amüsiert, indem er sich in einer Live-Sendung für einen Mann auf der Suche nach sexuellen Kontakten ausgab. Die Skandale, die sein sexistisches oder homophobes Verhalten auslösen, werden nicht wirklich sanktioniert und verhelfen der Sendung im Gegenteil zu noch größerem Erfolg. Er kann dies alles ungestraft tun, denn angesichts seiner Einschaltquoten – ungefähr 1,5 Millionen Zuschauer Abend für Abend – wagt niemand, seinen Ausfälligkeiten Grenzen zu setzen. Erst als Werbekunden sich von ihm distanzierten und der französische Rundfunkrat im Sommer 2017 die Sendung mit einer dreiwöchigen Werbesperre belegte, begann der Fernsehsender zu reagieren.

Führt das Reality-TV zu narzisstischen Verhaltensweisen, oder werden vielmehr Narzissten von solchen Sendungen angezogen, die sie in ihrem Narzissmus bestärken? In einer Studie von 2016, die die Sehgewohnheiten von fast 600 Männern und Frauen analysierte, kamen Wissenschaftler zu dem Ergebnis, dass die Personen, die Reality-TV-Sendungen sahen, einen höheren Grad an Narzissmus als die anderen aufwiesen.[11] In der Studie baten sie 565 Studenten anzugeben, wie oft und für wie lange sie fünfzehn verschiedene Genres von Fernsehsendungen sahen, und ließen sie dann das NPI ausfüllen. Die Studie zeigte, dass Menschen, die sich für Nachrichtensendungen interessieren, sich auch bürgerschaftlich mehr engagieren, während jene, die lange und täglich fernsehen, wie auch diejenigen, die mehr Reality-TV-Sendungen sehen, hohe Narzissmus-Werte im NPI erreichen. Tatsächlich hat mit Donald Trump als Präsident der Vereinigten Staaten der Star des Reality-TV die Macht ergriffen …

Nachdem wir nun zahlreiche Faktoren untersucht haben, die die Verbreitung des Narzissmus, insbesondere des pathologischen, in den modernen Gesellschaften erklären, werden wir in den beiden letzten Kapiteln die Auswirkungen dieser Entwicklungen auf das Alltagsleben (Arbeit, Familie) und auf die Gesellschaft im Allgemeinen betrachten.

Kapitel 7

DIE AUSWIRKUNGEN DES NARZISSMUS IM ALLTAG

Zweifellos haben die Auswüchse des Narzissmus in der Arbeitswelt die gravierendsten Konsequenzen. Der Wandel im Management hat die Einzelnen geschwächt und in den Arbeitsbeziehungen zu Situationen des Leidens geführt, die bis zu Mobbing, sexueller Belästigung und anderer Gewalt reichen können.

Die Beschädigung der Arbeitswelt

In Frankreich begann man sich der Problematik des Mobbings erst bewusst zu werden, nachdem ich im September 1998 mein Buch *Die Masken der Niedertracht. Seelische Gewalt im Alltag und wie man sich dagegen wehren kann* veröffentlicht hatte.[1] Dieses Leid war zuvor weder von Arbeitssoziologen noch von Gewerkschaften, die ganz auf kollektive Ansätze fokussiert waren, aufgedeckt worden, weil es sich nur auf individueller Ebene manifestierte. Es warf zahlreiche Fragen auf zu den Mechanismen, die Gewalt und Machtspielen am Arbeitsplatz zugrunde liegen, aber die einschlägigen französischen Studien konzentrierten sich im Wesentlichen auf organisatorische Ursachen. Das Mobbing ist jedoch ein komplexer Prozess, der nicht auf eine einzige Ursache zurückzuführen ist; er ist vielmehr an verschiedene Faktoren – psychologische, soziologische und solche aus dem Bereich des Managements – gekoppelt, die ineinandergreifen und sich gegenseitig verstärken. Zwar hat das Phänomen auch mit arbeitsorganisatorischen Mustern zu tun, aber es ist nicht zu bestreiten, dass individuelle Elemente, die mit den Persönlichkeitsveränderungen des modernen Individuums zusammenhängen, eine wichtige Rolle dabei spielen.[2]

Um sich einem weltweiten Markt anzupassen, der unter einem immer stärkeren Konkurrenzdruck steht, und die sofortige Rentabilität zu steigern, hat sich die Arbeit intensiviert, und der konstante Druck, der auf die Angestellten ausgeübt wird, damit sie vereinbarte Zielsetzungen einhalten, ist so groß geworden, dass man überall eine Zunahme psychischer Pathologien im Zusammenhang mit der Arbeit beobachten kann. Angesichts der Entwicklungen im Management stellt sich ein Gefühl des Sinnverlusts bei den Arbeitnehmern ein. Die Arbeit drückt sich nicht mehr in zwischenmenschlichen Beziehungen aus, sondern anhand von Zahlen, Zielen und Ergebnissen. Und um diese einzuschätzen, hat man immer mehr Verfahren ersonnen, wie die individuelle Leistungsbeurteilung, die Beurteilung der Gesamtqualität und den Zielvertrag, die häufig als Kontrollinstrumente erlebt werden. Das aktuelle Management bewirkt eine starke Isolation der Personen, die nicht mehr in gewachsenen, festen Teams arbeiten, sondern abteilungsübergreifend, je nach Projekt.[3]

Die großen Unternehmen beuten die Bereitschaft der Angestellten aus, sich einzubringen und sich über ihre Arbeit zu verwirklichen, indem sie sie buchstäblich einspannen. Man gewinnt sie zunächst durch die Aussicht, dass sie sich im Unternehmen entfalten und gemeinsame Wertvorstellungen teilen können, aber man verschweigt die Widersprüche, die Konflikte und die Komplexität der Arbeitsbedingungen. Man spricht von Eigenständigkeit, selbst wenn die Ziele schon im Voraus festgelegt sind und die Entscheidungen immer mehr einer eng begrenzten Managerelite vorbehalten sind. Von den Angestellten verlangt man, sich einzusetzen, obwohl sie austauschbar sind und von einem Tag auf den anderen gekündigt werden können. Man redet von Teamwork, obwohl die Leistungsbeurteilung individuell erfolgt, und man schiebt Personen, die sich Vorwürfe machen, ihre Zielsetzungen nicht eingehalten zu haben, die Verantwortung dafür zu. Mit diesem paradoxen Diskurs errichtet man eine semantische Schutzwand, um zu kaschieren, dass man mehr als je zuvor Unterwerfung und Gehorsam von den Angestellten fordert.[4] Man spielt sie durch Konkurrenz gegeneinander aus, um die Besten auszulesen und diejenigen zu eliminieren, die weniger leistungsstark sind, auf die Gefahr hin, Loyalität und Solidarität zu zerstören.

In den großen Unternehmen des Privatsektors setzt man auf die «Hochbegabten», auf diejenigen also, die zu Topmanagern aufsteigen werden, während alle anderen austauschbar sind. Einige dieser Individuen sind bereits auf der Hochschule aufgefallen, weniger auf Grund ihrer kreativen und sozialen Fähigkeiten oder ihrer Kompetenzen als vielmehr wegen ihrer Anpassungsbereitschaft und der Fähigkeit, ihr Netzwerk auszubeuten – Eigenschaften, die narzisstischen Persönlichkeiten ganz besonders dienlich sind. Diese verwöhnten Kinder der Gesellschaft werden von den Unternehmen bevorzugt behandelt. Sie werten sie auf, indem sie ihnen Coachings und Fortbildungen anbieten und sie so auf einem hohen Leistungsniveau halten. Um den Erwartungen des Unternehmens zu genügen, opfern diese Personen ihre wahre Persönlichkeit und entwickeln ein «falsches Selbst», einen Abwehrmechanismus, der darin besteht, Verhaltensweisen anzunehmen, die aus ihrer Sicht die an sie gestellten Erwartungen erfüllen. Für etliche dieser Hochbegabten zählt nur die Leistung an sich, sie leben die Arbeit wie einen Sport, bei dem es hauptsächlich darum geht zu gewinnen. Sie passen sich endlose Male an, gehen immer weiter über ihre Grenzen hinaus und werden so zu Chamäleons, während sie ihre wahre Persönlichkeit vergessen. Alles geht gut, solange sie nicht in einer Situation der Schwäche sind, aber sie wissen, dass ihre Lage auf lange Sicht gesehen unsicher ist und dass durch eine Änderung in der internen Organisation oder infolge einer abgelehnten Beförderung alles zusammenbrechen kann.

Weil es narzisstischen Individuen an Wertmaßstäben fehlt und sie ein gewaltiges Bedürfnis nach Anerkennung haben, müssen sie sich durch absolute Wahrheiten rückversichern, was sie anfälliger macht für Beeinflussungen und Manipulationen, einschließlich solcher durch Unternehmen. Diese können sie leicht dazu verleiten, all ihre Energie in ihr Berufsleben zu stecken. Genau in diesem Kontext entwickelt sich das Burnout, dessen Krankheitsbild drei Dimensionen in sich vereinigt: emotionale Erschöpfung, Rückzug aus persönlichen Beziehungen, der bis zum Zynismus gehen kann, und ein schwindendes Gefühl persönlicher Erfüllung. Dieses Syndrom bleibt lange im Verborgenen, denn um mit dem Stress fertig zu werden, setzt das Individuum Strategien der Hyperaktivität ein, die so lange halten, bis es vollkommen «ausgelaugt» ist. Die betroffenen Personen brechen aber nur scheinbar allein wegen der Arbeit zusammen, ein weiterer Grund ist ihr Perfektionismus und die Tatsache, dass sie mit den Aktivitäten in ihrem Leben außerhalb der Arbeit überfordert sind. Der «Vorteil» des Burnout liegt darin, dass es eine Externalisierung der Verantwortung ermöglicht, denn diese Krankheit gilt in der Gesellschaft als Folge eines zu großen Einsatzes bei der Arbeit. In diesem Sinne ist sie eine Zivilisationskrankheit.

Die neuen Formen der Arbeitsorganisation erweisen sich als fruchtbarer Nährboden für die Entgleisungen von Narzissten. Einige Unternehmen legitimieren über eine zynische Managementkultur oder mit missbräuchlichen Normen gewaltsame

Verhaltensweisen. Unter dem Vorwand, Teams zu stimulieren, und mit dem Ziel, Allianzen zu zerschlagen, setzt man Personen oder Personengruppen in Konkurrenz zueinander, auf die Gefahr hin, einen Arbeitnehmer dahin zu bringen, dass er denjenigen aus dem Rennen zu werfen sucht, der ihn in den Schatten stellen könnte. Die Beziehungen in der Arbeitswelt sind immer härter geworden, und auf sämtlichen Hierarchieebenen ist jeder um seine Stellung besorgt: Zu der Angst, seine Arbeit zu verlieren, gesellt sich die Angst, dem Leistungsdruck nicht mehr standhalten oder Zielsetzungen nicht einhalten zu können. Die Arbeitnehmer leben mit der ständigen Drohung, gekündigt oder kaltgestellt zu werden, wenn sie den Anforderungen nicht gewachsen sind. Nun heißt es «Jeder für sich», denn falls Personal abgebaut wird, behält man nur die, die am meisten zu leisten scheinen. Die Regel lautet, dass man in einer harten Welt hart zu sein hat und nicht zögern darf, den anderen auszuschalten, wenn er ein Hindernis für den eigenen Erfolg ist. Sendungen wie *Le Maillon Faible* (2001–2007) haben das Mobbing zum Schauspiel gemacht und es sogar gerechtfertigt: Es ging dabei nicht so sehr darum, den schwächsten Konkurrenten ausscheiden zu lassen, als vielmehr darum, den stärksten loszuwerden, den, der zum direkten Konkurrenten werden könnte. Das moderne Management schätzt besonders die starken Persönlichkeiten mit einem aufgeblasenen Ich, diejenigen, die aggressiv, pragmatisch, teilnahmslos sind, denen Handeln wichtiger ist als Überlegen und die zu allem bereit sind, um zum Erfolg zu gelangen. Allgemein sucht ein Narzisst, wie wir gesehen haben, seine Position zu verbessern. Um in der Hierarchie aufzusteigen, wird er also nicht zögern, die Position eines Rivalen zu schwächen oder dessen Ruf zu schädigen. Einige haben auch verstanden, dass es in Anbetracht der individuellen Leistungsbeurteilung lohnender ist, die Arbeit eines Kollegen zu sabotieren als die eigene zu verbessern.

Die ständige Anspannung infolge der Intensivierung der Arbeit kann in manchen Unternehmen durch den zerstörerischen Managementstil noch verschärft werden. Überall erleben die Werte der Solidarität und des Wohlwollens einen Niedergang zugunsten von Leistung und Effizienz. Tatsächlich ist das Management, entgegen dem, was zahlreiche Leitfäden behaupten, keine logische und rationale Wissenschaft: Man predigt hier eine Reihe inkohärenter «Regeln» mit negativen Auswirkungen sowohl mit Blick auf die Arbeitnehmer als auch hinsichtlich der Produktivität. Umso mehr, als an der Führungsspitze narzisstische Persönlichkeiten oft prächtig gedeihen und dabei die Kultur des Unternehmens wie auch dessen Managementstil beeinflussen. Letzterer kann über die Maßen autoritär sein, mit Unternehmenschefs und Abteilungsleitern, die ein übersteigertes Ego haben, sich ihrer Überlegenheit sicher sind und nicht zögern, jeden abzukanzeln, der ihnen nicht «auf der Höhe» der Anforderungen zu sein scheint. Oder der Managementstil ist im Gegenteil zu lax, mit schlecht definierten Rollen, die Machtspiele erlauben und dabei den Ehrgeizigsten oder Narzisstischsten das Feld überlassen. Vor allem zeigt sich hier ein perverses Management, dessen Alltagsrealität in völligem Widerspruch zu einem wohlwollenden offiziellen Diskurs und einem tadellosen berufsethischen Kodex steht. Dieser Managementstil unterstützt das vertikale Mobbing destruktiver oder narzisstischer Abteilungsleiter, die von einem ungesunden Arbeitsklima profitieren, um einen Rivalen zu disqualifizieren oder Macht zu erlangen, und er begünstigt zugleich das horizontale Mobbing per Auftrag. Man praktiziert hier auch ein strategisches, bewusstes, vorsätzliches Mobbing, um «Underperformer» zu verdrängen.

Die finnische Arbeitspsychologin Maarit Vartia zeigte in einer Studie von 1996, dass in 68 % der Fälle Neid der Ausgangspunkt für Mobbinghandlungen ist.[5] Eine derartige Situation entsteht etwa, wenn ein junger überqualifizierter Mitarbeiter unter der Führung eines Vorgesetzten steht, der weder über ein gleichwertiges Ausbildungsniveau noch über gleichwertige Kompetenzen in neuen Technologien verfügt. Neid aber ist ein wesentliches Merkmal narzisstischer Individuen, die sich ständig mit anderen vergleichen.

Pierre kommt in meine Praxis, weil er sich «vernichtet» fühlt vom Mobbing, das er durch seinen Vorgesetzten in der Firma erlitten hat, bei der er gerade angefangen hat zu arbeiten. Bis zu diesem letzten Arbeitsplatzwechsel war Pierres Werdegang der eines typischen Hochbegabten. Nach einem Doppelstudium an einer Wirtschaftshochschule und einer juristischen Fakultät wurde er von einem Großkonzern rekrutiert, der ihn gleich für mehrere Jahre ins Ausland entsandte. Er vervollständigte seine Ausbildung mit einem MBA in den USA. Als er beschloss, nach Frankreich zurückzukehren, nahm er eine Stelle als Personalvorstand bei einem anderen großen Konzern an. Dort blieb er einige Jahre, bis ihm von einem Headhunter eine Stelle mit noch mehr Prestige angeboten wurde.

Bei seinem Eintritt in die neue Firma scheint sich für Pierre zunächst alles bestens zu entwickeln, doch dann gerät alles ebenso schnell ins Stocken. Sein Vorgesetzter reagiert verärgert, sobald Pierre eigene Initiativen ergreift. Er wirft ihm vor, sich nicht an die Firmenkultur zu halten, er behandelt ihn wie ein Kind, brüllt ihn an, ohne seine Argumente anzuhören, und lässt ihn vor allem nicht arbeiten. Pierre ist nun auf der Hut, er fühlt sich in seinen Entscheidungen blockiert. Er versucht, mit der Unternehmensleitung darüber zu reden, wird aber nicht einmal empfangen. Daraufhin bricht er zusammen und muss krankgeschrieben werden. Als wir gemeinsam die Motive analysieren, die seinen direkten Vorgesetzten dazu bewegt haben könnten, so zu handeln, wird deutlich, dass dieser Pierre um seinen «idealen» Werdegang beneidete. Ebenso beneidete er ihn um seine Tüchtigkeit, Gewandtheit und Ausgeglichenheit. Für diesen Mann, der seine ganze Laufbahn in derselben Firma absolviert hatte, ging es trotz der Unterstützung durch sein Netzwerk beruflich nicht mehr weiter, denn er hatte die Grenzen seiner Fähigkeiten erreicht.

2003 identifizierten der Deutsche Dieter Zapf und der Norweger Stale Einarsen, beide Professoren für Arbeits- und Organisationspsychologie, mehrere Arten von Mobbing, die an verschiedene Täterprofile gekoppelt sind.[6] In einer Reihe von Studien zeigten sie, dass in 70% der Fälle Mobbing das Ziel verfolgt, den Selbstwert des Täters zu schützen. Den Autoren zufolge kann ein Narzisst das Gefühl haben, sein Ego sei bedroht, wenn er mit einer jüngeren und qualifizierteren Person zusammenarbeiten muss. Er kann auch gegenüber einer brillanteren oder körperlich attraktiveren Person Eifersucht empfinden. Aber da Narzissten keine Kritik ertragen, sind die «grandiosen» unter ihnen oft versucht, diejenigen zu mobben, die über sie in einer Weise urteilen, die nicht ihrer eigenen idealisierten Sicht von sich selber entspricht; hingegen sind die «verletzlichen» Narzissten häufig bereit, sich als Mobbingopfer zu sehen, auch wenn dies gar nicht der Fall ist.

Die narzisstische Fragilität dieser Personen kann sie zu illoyalen defensiven Verhaltensweisen verleiten. In einer 1996 veröffentlichten Studie zeigten der US-amerikanische Psychosoziologe Roy F. Baumeister und seine Kollegen, dass Personen, die ein hohes, aber fragiles, weil labiles, temporär oder künstlich aufgeblasenes Selbstwertgefühl besitzen – was dem Profil des verletzlichen Narzissten entspricht –, versuchen sich zu schützen, indem sie andere attackieren.[7] Für diese Individuen, die sehr von der Meinung anderer abhängig sind, ist alles in Ordnung, solange ihr Selbstbild scheinbar dem entspricht, was die anderen von ihnen denken; aber sobald sie ihr Ego bedroht sehen, beginnen sie, sich aggressiv zu verhalten. Da diese verletzlichen Narzissten eine hohe Intoleranz gegenüber Frustration und Angriffen auf ihren Selbstwert haben, insbesondere gegenüber allem, was als Beherrschung oder Erniedrigung wahrgenommen wird, drohen sie bei der geringsten Kritik eines Vorgesetzten zusammenzubrechen oder das Verhalten der anderen fälschlicherweise als aggressives Handeln zu interpretieren, das man als «Mobbing» bezeichnen kann. In Situationen von Ungewissheit, Kritik oder Frustration stellen sie sich nicht in Frage, sondern neigen dazu, ihre Probleme auf andere abzuladen und sich als Opfer hinzustellen.

Abgesehen von diesen archetypischen Fällen sind die modernen Individuen häufig fragiler geworden, weil sie durch ihren Narzissmus immer stärker eingeschränkt werden. Einige attackieren mehr oder weniger regelmäßig ihr (berufliches oder familiäres) Umfeld, weil sie sich in Gefahr fühlen: Sie misstrauen den anderen und schreiben ihnen aggressive Gefühle zu, was es in ihren Augen rechtfertigt, die anderen anzugreifen, bevor sie selber angegriffen werden. Andere reagieren, wie wir gesehen haben, überempfindlich auf alles, was sie als Infragestellung ihres Selbstwerts betrachten. Wieder andere schließlich laufen Gefahr, Mobbing missbräuchlich zur Anzeige zu bringen, denn in einer Arbeitssituation, die ihnen sinnlos erscheint, macht es ihr Leiden erträglicher, wenn sie es durch eine vorgebliche Verfolgung rechtfertigen.

In der Arbeitswelt ist Mobbing also selten die bewusste, willentliche Handlung eines boshaften Individuums – das wäre der nicht so häufige Fall des narzisstischen Perversen –, vielmehr zeigt es sich häufig in einem Mangel an Achtung und Aufmerksamkeit gegenüber dem anderen, in Gleichgültigkeit oder mangelnder Wertschätzung, alles Verhaltensweisen, die ganz alltäglich geworden sind in einer Gesellschaft, die bis in die familiären Beziehungen hinein den Individualismus preist.

Tiefgreifende Veränderungen in den Familien

In einer solchen Gesellschaft werden Selbstverwirklichung und persönliches Wohlbefinden, affektive und sexuelle Bindungen nicht mehr institutionell vorgegeben, sondern frei vereinbart und eingegangen. Und die alten Normen wurden neu definiert, indem man den Unterschied zwischen gesellschaftlichen Schichten, Geschlechtern und Generationen eingeebnet hat. Heute fordert jeder das Recht ein, nicht nur zu sein, was er ist, sondern auch dafür zu werben.

Die flüssige Liebe

Seit den 2000er Jahren lavieren junge Männer und Frauen der westlichen Gesellschaften oft zwischen ihrem Bedürfnis nach Liebe und ihrem Wunsch nach Unabhängigkeit. Sie wollen frei sein und erstreben gleichzeitig ein intensives, erfülltes Liebes- und Sexualleben. Von der Paarbeziehung möchten sie nur den beglückenden Aspekt behalten. Auf ihrer Suche nach Liebe wollen sie nicht so sehr eine Beziehung aufbauen, vielmehr sind sie auf der Suche nach sich selbst, wobei sie eine Verbesserung ihrer Lebensqualität suchen, um den Zustand des «Ich, aber noch besser» zu erreichen. Nur: Wenn man ganz und gar von sich erfüllt ist, wo ist dann noch Platz für den anderen? Zu oft ist die Liebe, die in einer Beziehung an den Tag gelegt wird, nur eine narzisstische Liebe, in der der andere ein aufwertendes Bild von einem selbst zurückwerfen und einem Selbstentfaltung ermöglichen soll. Um frei zu bleiben, erfindet jeder seine eigenen Werte, wie zum Beispiel die «Polyamorie», in der man liebt, wen man will, aber mit einer gewissen Distanz und ohne Furcht vor Abhängigkeit.[8]

Natürlich ist ein deutlicher Unterschied zwischen den Generationen festzustellen: Die jüngeren Paare sind heute unwillkürlich egalitärer und mehr auf Eigenständigkeit ausgerichtet. Junge Frauen trauen sich eher, sich zu behaupten, junge Männer akzeptieren eher eine Aufgabenverteilung und kümmern sich viel um die Erziehung der Kinder. Dennoch stehen wir vor einem Paradox, denn die häufig idealisierte Liebe wird gleichzeitig immer ungewisser. Einerseits gilt die Paarbeziehung als Zufluchtsort gegenüber der Härte der Welt, andererseits ist die Scheidung etwas ganz Alltägliches geworden und erfolgt viel eher als in früheren Zeiten. Man geht eine Verpflichtung ein, aber für eine begrenzte Dauer: Wenn der andere der Richtige ist, erneuert man den Vertrag, aber wenn er einen nicht zufriedenstellt, löst man sich schnell aus der Beziehung. Paarbeziehungen sind nun in jedem Moment widerrufbar, man bedient sich des Partners als eines Objekts, das man «wegwirft», sobald es nicht mehr der Erwartung entspricht oder als «defekt» erachtet wird. Das Privatleben wird damit wie das Berufsleben sequenziell.[9] Zygmunt Bauman erklärt es so: «Die Verkümmerung der Geselligkeit wird verstärkt und beschleunigt durch die von der herrschenden konsumistischen Lebensweise inspirierte Neigung, andere Menschen wie Konsumgüter zu behandeln und sie zu bewerten, wie man eben diese Güter bewertet, nach der Menge an Vergnügen, die sie bieten können, und nach dem Motto ‹etwas für sein Geld bekommen›.»[10]

Der Begriff der Paarbeziehung hat sich zudem erweitert. Während Homosexualität seit den 2000er Jahren von fast allen akzeptiert wird, setzen sich heute sehr schnell weitere Veränderungen durch. In einer «flüssigen Gesellschaft» lanciert man

Zuordnungen, die dazu führen, dass die Sexualität in hermetische und unverrückbare Kategorien unterteilt wird. Jeder kann ein Etikett oder eine Community finden, hinter die er sich zurückziehen kann, je nach seinen sexuellen und identitätsstiftenden Vorlieben, die in den 2010er Jahren unter dem Kürzel LGBTQI (lesbisch, gay, bisexuell, trans, queer, intersexuell) zusammengefasst wurden. Denn das Gender, das die gesellschaftlich definierte Rolle bezeichnet, entspricht nicht notwendigerweise dem bei der Geburt angegebenen Geschlecht. Manche Personen nennen sich «nicht-binär», das heißt weder vollkommen männlich noch vollkommen weiblich. Andere bezeichnen sich als «agender» (gender-neutral), und wieder andere betrachten sich als «genderfluid», das heißt manchmal als Frau, manchmal als Mann oder auch als keines von beiden.

Das Geschäft mit dem Dating

Zweifellos hat sich die Art, wie wir Liebesbeziehungen oder sexuelle Kontakte suchen, durch technologische Innovationen verändert. Aber wenn es heute möglich ist, per Internet Kontakte zu Personen zu knüpfen, denen man sonst nie begegnet wäre, oder alte Freunde aus der Kindheit wiederzufinden, werden die echten Begegnungen doch immer seltener. Der Individualismus unserer Gesellschaft bringt neue Formen der Einsamkeit hervor, verstärkt durch die neuen Technologien, die einen dazu verleiten, sich hinter seinem Bildschirm zu isolieren.

Das Geschäft mit dem Dating ist zu einer Nische geworden, die den Gesetzen des Marktes und der Leistung unterliegt. Um ihr Angebot zu differenzieren, haben sich die verschiedenen Dating-Portale nach Kriterien wie Alter, Religion, sexueller Präferenz, ethnischer Zugehörigkeit und geographischer Lage spezialisiert. So ist zum Beispiel Tinder ein Dating-Portal, das auf der geographischen Lokalisierung beruht und sich an junge Erwerbstätige richtet. Die App bietet Fotos von Männern und Frauen in der Nähe des oder der Suchenden an und fordert dazu auf, diese zu liken oder nicht. Das Ganze ist schnell und direkt, man weiß sehr bald, ob es sich um eine echte Verabredung oder eine reine «Sexnummer» handelt. Seit den 2010er Jahren sind aber auch Senioren zunehmend eine Zielgruppe der Dating-Portale. Tatsächlich wollen Menschen aus der Generation der Babyboomer, deren Kinder erwachsen sind und die jetzt ins Rentenalter kommen, «das Leben genießen», reisen oder ins Theater gehen und suchen dafür einen Partner oder eine Partnerin, nur um etwas Schönes zu erleben.

Da solche Portale das Konkurrenzdenken der gegenwärtigen Gesellschaft widerspiegeln, zwingen sie die Nutzer, sich durch ihr Aussehen, ihren finanziellen Erfolg oder ihre sozialen Qualitäten zur Geltung zu bringen. Jeder sucht sich wie ein Produkt zu verkaufen, indem er sich aufwertet, dabei seine Schwächen verbirgt und bei seinen Fotos oder seinem Lebenslauf schummelt. So gelangt man sehr schnell zu einer Zweckbeziehung, in der der eine zu einem Instrument wird, um die Bedürfnisse des anderen zu befriedigen. Bei einer angeblich echten Verabredung treffen zwei Personen aufeinander, die sich hinter der Maske der sozialen Normen verbergen. Eine meiner Patientinnen sagte einmal zu mir: «Da ich mir meines Äußeren nicht sicher bin, habe ich bei Dates mit Männern auf meinen Intellekt gesetzt, aber das macht ihnen Angst. Wie soll ich mich am besten verhalten?»

Die Mehrzahl dieser Portale hat ein großes Suchtpotenzial, und man gerät leicht in die Falle, immer noch etwas Besseres zu wollen, indem man endlos weitersucht, ohne sich Zeit zu lassen, den anderen zu entdecken, und ohne dass eine echte Begegnung in der Wirklichkeit möglich wird.

Deborah, seit einigen Jahren alleinstehend, hat sich auf einem Dating-Portal für Senioren registriert. Sie erzählt, im ersten Moment sei sie enttäuscht gewesen, denn die Männer sagten nicht viel über sich, und wenn man sie frage, seien ihre Antworten banal. Dennoch lässt sie sich nach einem kurzen Austausch auf ein Treffen mit einem Mann ein, den sie «nicht übel» findet. «Er sprach nur von sich und von all den berühmten Personen, die er kannte. Am Anfang war es interessant, aber dann wurde es schnell ermüdend.» All die Personen, von denen er redete, waren so «toll», dass Deborah ihn fragte: «Äußern Sie nie Kritik?» In keinem Moment fragte dieser Mann sie danach, wer sie ist, wie sie lebt, was sie denkt, als hätte ihm das genügt, was sie in ihrer Annonce geschrieben hatte: ihr Beruf, die Zahl ihrer Kinder. Als sie sich an diesem Tag von ihm verabschiedete, sagte sie zu ihm nicht: «Bis bald!»

Kinder machen

Bewusst oder unbewusst ziehen immer mehr Frauen eine Paarbeziehung nur noch mit dem Ziel in Betracht, Kinder zu bekommen. Weil sie ein Kind wollen, suchen sie einen Vater.

Ein Kind zu haben, ist oft ein Element narzisstischen Erfolgs, denn das Kind ist ein Mittel der sozialen Reproduktion und als Objekt emotionalen Konsums besetzt. Die Fortschritte auf dem Gebiet der Fortpflanzungsmedizin haben die Institution der Ehe tiefgreifend verändert: Seitdem Verhütungsmittel allgemein zugänglich sind und Abtreibung nicht mehr strafbar ist, entscheiden die Frauen über das Kinderkriegen. Aber die Veränderungen reichen noch weiter: Dank des wissenschaftlichen Fortschritts ist die Empfängnis eines Kindes jetzt nicht mehr notwendigerweise an die Begegnung zwischen einem

Mann und einer Frau gebunden. Einige haben daraus den etwas voreiligen Schluss gezogen, dass jede Frau oder jeder Mann ein Kind haben kann, «wenn und wann ich will». Jeder glaubt, das Recht auf ein Kind zu haben: «Da es technisch möglich ist, warum dann nicht ich?» Nicht in der Lage zu sein, ein Kind zu zeugen, gilt heute als eine erhebliche narzisstische Wunde. Aber jeder Fortschritt hat seine Kehrseite, und die Aussicht auf eine – im Übrigen nicht problemlose und nicht unumstrittene – schrittweise Öffnung der künstlichen Befruchtung für reine Frauenpaare und alleinstehende Frauen, die ohne männlichen Partner dank einer Samenspende ein Kind zu bekommen wünschen, hat einige Männer verunsichert, die sich ausgeschlossen sehen und das Gefühl haben, nur noch Erzeuger zu sein.

Trennungen

Bindungen können sehr schnell eingegangen werden, aus einer leidenschaftlichen Anwandlung heraus. Aber die Trennungen werden heute immer brutaler, sogar begleitet von Gewalttätigkeiten. Und oft geht es dabei um das Aufenthaltsbestimmungsrecht für die Kinder. Während dieses früher systematisch der Mutter zuerkannt wurde, was viele Väter dazu bewog, sich von ihren Kindern zu entfernen, fordern die Väter jetzt häufig, sich gleichberechtigt um die Kinder kümmern zu können – ohne indessen das geteilte Sorgerecht so oft zu erhalten, wie sie es verlangen, denn viele Mütter finden es noch normal, dass sie das Hauptsorgerecht für die Kinder bekommen, da sie sie ja ausgetragen und als Säuglinge umsorgt haben.

Weil narzisstische Eltern eine große Fragilität ihres Selbstwerts mit einer hohen Frustrationsintoleranz aufweisen, zeigen sie bei Trennungen oft Überreaktionen. Die Auflösung der

Paarbeziehung kann sogar eine bis dahin mehr oder weniger unbemerkte narzisstische Persönlichkeitsstörung an den Tag bringen. Mit der Behauptung, dass der andere Elternteil «verrückt», «gewalttätig» oder «ein narzisstischer Perverser» sei, erklären sich diese Narzissten für allein fähig, das Kind richtig zu erziehen. Sie attackieren den Ex-Ehepartner und suchen so, den Narzissmus wiederherzustellen, den sie bei der Trennung verloren zu haben glauben. Das Kind verkörpert ihre Identität, ein Zeichen gesellschaftlichen Erfolgs. Darum ist es für sie so wichtig, ihre Scheidung zu «gewinnen», indem sie das Aufenthaltsbestimmungsrecht für das Kind bekommen, egal welche Konsequenzen daraus für das Kind entstehen. Einige gehen sogar so weit, ihre Kinder derart zu beeinflussen, dass diese ihre Position unterstützen oder den anderen Elternteil disqualifizieren. Das führt zu bisweilen sogar in den Medien ausgetragenen Rosenkriegen, in denen alles recht ist, um zu beweisen, dass der andere Elternteil dem Kind schadet. Es ist ein wenig so, als sollte der, der beschlossen hat, die Beziehung zu verlassen – womöglich sogar aufgrund erlittener körperlicher oder seelischer Gewalt –, mit dem Entzug des Kindes symbolisch für die narzisstische Wunde bestraft werden, die er dem anderen zugefügt hat.

Lauras Eltern haben sich kurz nach ihrer Geburt getrennt. Alexia, die Mutter, hat, nachdem sie durch ihren Ehemann Olivier psychische Gewalt erlitten hatte, die Flucht ergriffen. Das Kind wird zunächst der Mutter zugesprochen, der Vater erhält das klassische Umgangsrecht: jedes zweite Wochenende, die Hälfte der Ferien und jeden zweiten Mittwoch. Doch der Vater geht schon bald vor Gericht, um das Hauptsorgerecht für seine Tochter einzuklagen, da ein geteiltes Sorgerecht wegen der großen Entfernung zwischen den beiden Wohnsitzen unmöglich ist. Nachdem sein Antrag vom Gericht ein erstes, dann ein zweites Mal abgewiesen wurde, beginnt Olivier seine Tochter zu «konditionieren», indem er Alexia schlecht macht, sie systematisch kritisiert und der Tochter erklärt, dass die Mutter «total verrückt» und deshalb gefährlich sei. Er kritisiert die Kleidung, die sie der Tochter kauft, und lehnt alles ab, was sie beschließt. Als Alexia Laura am Konservatorium anmelden will, hält es der Vater für besser, dass sie Judo macht, und weigert sich, sie mittwochs zum Musikunterricht zu bringen und das Instrument während «seines Wochenendes» zu sich zu nehmen. Laura bricht daraufhin «von sich aus» den Unterricht am Konservatorium ab und bleibt mittwochnachmittags bei ihren Freunden.

Nach und nach wird Laura sehr aufsässig und hart gegenüber ihrer Mutter: «Du bist völlig verrückt. Du hast mir gar nichts zu sagen.» Dann beginnt sie, ihre Mutter regelmäßig zu beschimpfen. Als Alexia den Wunsch äußert, Laura von einem Kinder- und Jugendpsychiater behandeln zu lassen, erklärt der Vater seiner Tochter, dass die Psychiater verrückter als ihre Patienten seien. Und im Übrigen gehöre ihre Mutter in Behandlung. Um mit seiner Tochter in engem Kontakt zu bleiben, hat Olivier ihr schon ein Handy geschenkt, als sie noch sehr klein war. Als dieses dann in der Schule konfisziert wird, schenkt er ihr ein anderes, das Laura in ihrem Zimmer versteckt, so dass sie noch spät abends miteinander sprechen können. Olivier geht erneut vor Gericht und bittet seine Tochter, dem Richter zu schreiben. Laura wird angehört, aber den Antrag des Vaters weist der Richter erneut ab: «Das Kind spricht nach, was ihm vorgesagt wurde.» Lauras Gewalt gegenüber ihrer Mutter nimmt daraufhin zu: «Da du nicht willst, dass ich zu Papa gehe, werde ich dein Leben kaputt machen!» Erschöpft gibt Alexia schließlich nach.

Andere Trennungen verlaufen auf sehr verstörende Weise. Mit den sozialen Netzwerken sind sogenannte *revenge porns* aufgetaucht: ursprünglich in einem Kontext der Intimität aufgenommene Fotos und Videos erotischen oder sexuellen Inhalts, die später ohne das Einverständnis der abgebildeten Personen im Netz verbreitet werden. Meistens handelt es sich dabei um die Rache eines abgewiesenen Ex-Geliebten, aber es können auch Fotos sein, die von Hackern geraubt wurden.

Virginie ist Künstlerin, sie hatte zwei Jahre lang eine Liebesbeziehung mit Yves. Die Beziehung war kompliziert, denn Yves war manchmal charmant, in anderen Momenten aber beschimpfte er Virginie, machte sie schlecht oder stieß sie zu Boden. Virginie sagt, ihr sei nicht bewusst gewesen, dass es sich um Gewalt handelte, denn sie ließ sich nichts gefallen und schlug zurück. Dennoch verließ sie Yves, nachdem er sie eines Abends beinahe erdrosselt hätte. Leider verfügte Yves über alle ihre Passwörter. Kurze Zeit nach der Trennung änderte er ihren Facebook-Account, postete schreckliche Bilder von ihr und sandte an alle ihre Freunde Nachrichten, in denen er erklärte, dass es ihr schlecht gehe, dass sie drogensüchtig und eine «narzisstische Perverse» sei. Parallel dazu schickte er ihr E-Mails, jeweils mit einer Kopie an die ganze Familie, in denen er aus ihr eine drogensüchtige Frau machte, die er vor ihr selber und ihrer Zerstörung retten wolle. Die Sache wurde vor Gericht gebracht.

Infragestellung der männlichen Macht

Da ich viel über Mobbing und Gewalt gegen Frauen gearbeitet und geschrieben habe, war ich nicht sehr überrascht von der Welle an Enthüllungen über sexistische und sexuelle Gewalttaten im Anschluss an die Affäre Weinstein und die #MeToo-Welle. Solche Gewalttätigkeiten haben immer existiert, aber bevor bekannte Frauen sie in den sozialen Netzwerken anprangerten, schlossen unsere Gesellschaften beharrlich die Augen. Bei sexualisierten Belästigungen und Aggressionen geht es nicht um Sex, sondern um Macht. Unsere Gesellschaft ist immer nachsichtig gegenüber den Mächtigen gewesen, und da Macht lange Zeit hauptsächlich die Männer innehatten, konnten sich diese jeden Missbrauch gestatten, ohne dass es den Frauen möglich war, sie anzuklagen.

Die sexuelle Revolution vollzog sich nach und nach ab den 1970er Jahren, doch erst seitdem Erfahrungen von sexueller Belästigung mit intimen Bekenntnissen, oft nicht anonym, im Netz geteilt werden, hat das Phänomen der sexuellen Belästigung weltweite Bedeutung erlangt, und der Wandel von einem individuellen zu einem kollektiven Bewusstsein wurde möglich. Diese Bewegung hat nicht nur dramatische Themen wie sexualisierte Aggressionen ans Licht gebracht, die, so hoffen wir, nie ungestraft bleiben werden; sie hat auch auf andere Probleme aufmerksam gemacht, die zweitrangig scheinen können, wie die seelische Belastung oder die Belästigung auf der Straße, die man heute aus feministischer Sicht neu liest. Auch wenn eine egalitäre Kultur zwischen Männern und Frauen noch nicht wirklich verinnerlicht worden ist, hält sie doch allmählich Einzug in den Alltag. Es ist der Beginn eines Prozesses, der zu einem Wandel in den Verhaltensweisen und den Strukturen der Gesellschaft führen müsste.

Angesichts der zunehmenden Macht von Frauen und sexuellen Minderheiten in den westlichen Gesellschaften ist die traditionelle männliche Macht geschwunden. Zwar hat der verstärkte Zugang der Frauen zu bezahlter Arbeit, Familienplanung und Rechtsgleichheit weder die Ungleichheiten zwischen den Geschlechtern noch alle anderen Formen der Unterordnung von Frauen beseitigt, aber er hat eine Krise des männlichen und weiblichen Rollenverständnisses ausgelöst und zugleich das familiäre Gleichgewicht tiefgreifend verändert. Männer waren die längste Zeit in einer Position der physischen, sozialen und materiellen Überlegenheit und fanden das normal. Jetzt haben sie ihre Gewissheiten verloren, auch weil in der modernen Welt sich niemand seiner Arbeitsstelle mehr sicher sein kann. Auch andere Veränderungen, die mit der narzisstischen Gesellschaft verbunden sind und die wir bereits erwähnten, haben die einstigen Wertmaßstäbe grundlegend verschoben. Der Wandel von der väterlichen zur gemeinsamen elterlichen Autorität zwingt die Väter dazu, alle Entscheidungen in Bezug auf die Kinder zusammen mit der Mutter zu treffen, aber die Kinder folgen ohnehin eher den Wertvorstellungen, die sie über die Medien oder Freunde vermittelt bekommen, als dem väterlichen Vorbild. In vielen Familien versuchen es die Väter gar nicht mehr, sich zu behaupten, so dass nun die Mütter die Autorität verkörpern; sie sind es, die abends die Bildschirme verbieten und den Kindern Grenzen zu setzen suchen.

Männer mit einer fragilen Identität fühlen sich heutzutage unsicher, denn sie fürchten, ihre Männlichkeit in Beziehungen zu verlieren, die auf einem höheren Maß an Gleichberechtigung basieren. Die neu eroberte Eigenständigkeit der Frauen wird von ihnen als Enteignung, als Verlust an Macht, auch als Verlust an persönlichem Wert und damit an Selbstwert erlebt. Ein Mann zu sein bedeutet nach dem traditionellen Modell, in der Lage zu sein, sich durchzusetzen, seine Rechte zu verteidigen, tapfer und stark und unter gewissen Umständen sogar aggressiv zu sein. Ein Mann muss demnach herrschen und kontrollieren. Aber diese Stereotypen sind auch eine Bürde, und in Anbetracht einer Gesellschaft, die immer mehr von ihnen verlangt, fühlen sich zahlreiche Männer den Anforderungen nicht mehr gewachsen. Viele von ihnen suchen psychologische Hilfe wegen Problemen mit Angst und Impotenz.

Am stärksten betroffen von diesen gesellschaftlichen Veränderungen sind natürlich diejenigen, die ein grandioses Selbstbild haben, die narzisstischen Persönlichkeiten. Wir haben gesehen, dass die narzisstische Persönlichkeitsstörung mehrheitlich bei Männern anzutreffen ist (s. oben, Kapitel 3 und 4). Narzisstische Männer haben eine Zweckbeziehung zu den Frauen: Sie wollen sofortige Lust erleben, wollen geliebt, begehrt und bewundert werden, ohne etwas dafür zu geben. Sobald die Lust vergeht, suchen sie eine andere «Trophäenfrau», um sich aufzuwerten. Männer, die stark sein wollen, sich aber als fragil erweisen, sehnen sich nach der Zeit zurück, in der das «Familienoberhaupt» alle Macht über Frau und Kinder hatte. Sie neigen dazu, sich mit Vorbildern triumphierender Virilität zu identifizieren, wie Donald Trump, der ohne Scham mit der Größe seines Penis prahlt, oder wie Wladimir Putin, der seine Muskeln zur Schau stellt. Einige suchen durch Kontrolle, psychische oder sogar physische Gewalt ihre Privilegien zu bewahren, denn was manche dieser Männer gewalttätig werden lässt, ist gerade ihre Fragilität.[11] Ihre narzisstischen Schwächen bilden die Grundlage ihres Verhaltens; ihre Fragilität und ihr Gefühl innerer Hilflosigkeit bewirken, dass sie ihre Lebensgefährtin kontrollieren und beherrschen wollen.

Hinter der Herrschaft der Männer über die Frauen verbirgt sich die Herrschaft der starken Männer über alle anderen, Männer und Frauen, entsprechend ihrer sozioökonomischen Merkmale – Hautfarbe, Religion, sexueller Orientierung. Wenn sich die Machtverhältnisse ändern, ist es nicht ausgeschlossen, dass narzisstische Frauen dieselben Schemata gegenüber anderen Frauen oder anderen Männern reproduzieren. So ist zum Beispiel die Schauspielerin Asia Argento an die Öffentlichkeit gegangen, um die sexuelle Belästigung anzuprangern, die sie durch Harvey Weinstein erlitten hatte. Doch sie hatte «vergessen», dass ihr eigenes Verhalten keineswegs untadelig gewesen war. Hoffen wir, dass das eine Ausnahme bleibt.

Kapitel 8

DIE AUSWIRKUNGEN DES NARZISSMUS AUF DIE GESELLSCHAFT

In einer Welt, die immer stärker von Wettbewerb geprägt und normiert ist und die den Individualismus begünstigt, muss man die anderen übertreffen, um zu überleben. Diejenigen, die skrupellos genug sind, anderen ihren Platz streitig zu machen, schaffen es leichter in die vorderste Reihe. Die Gesellschaft erwählt – und «produziert» folglich – auf diese Weise Narzissten, die einzig und allein von ihrem persönlichen Interesse angetrieben werden.

Die den Narzissten gewährte Macht

Das kapitalistische System ermöglicht es den Mächtigen, immer mehr Macht und Reichtum zu erwerben. Das haben wir im Zusammenhang mit den GAFAM gesehen, die schon jetzt den Raum aller zukünftigen Möglichkeiten kontrollieren, unser Leben und damit uns selber zu verändern, und eine Finanzkraft besitzen, die bisweilen die eines Staates übersteigt (s. oben, Kapitel 6). Insofern können ihre Bosse sich alles erlauben und sämtliche Regulierungen aushebeln. Sie haben zum Beispiel das Einverständnis der staatlichen Organe, problematische Informationen zu unterdrücken, zu filtern und herabzustufen, selbst wenn das die Meinungsfreiheit bedroht.

Was wir im Allgemeinen beobachten, ist eine kleine Zahl von Individuen – die Eliten –, die sich wie eine geschlossene Gruppe verhält; sie nimmt Macht und Geld für sich in Anspruch und trifft alle wichtigen Entscheidungen in Wirtschaft und Politik. Aber viele Mächtige neigen dazu, ihre Macht zu missbrauchen, und unter ihnen gibt es zweifellos pathologische Narzissten. Auf Staatsebene sind politische Anführer wie Putin, Xi Jinping, Orbán oder Kaczyński nach und nach zu Autokraten geworden, indem sie alle Gewalten auf sich vereinten, die Opposition einschränkten und kritische Stimmen zum Schweigen brachten. In Frankreich werden diejenigen, die später einmal die angesehensten Posten in Verwaltung, Politik und Wirtschaft innehaben werden, durch das System der Elitehochschulen ausgewählt, zu denen insbesondere die ENA (École Nationale d'Administration), die École Polytechnique und die HEC (École des Hautes Études Commerciales) gehören. Diese mächtigen Männer (und wenigen Frauen) sind fast austauschbar. Da sie sich alle untereinander kennen, können sie dank ihrer Kontakte Druck ausüben, um ihre Privilegien zu bewahren, und ihre unvermeidliche Komplizenschaft kann sie dazu verleiten, kriminelle Geschäfte zu vertuschen. Es sind kleine Abmachungen unter Freunden, die sie nicht unbedingt als Verstöße gegen das Gesetz wahrnehmen, was der Politologe Pierre Lascoumes und die Juristin Carla Nagels so erklären: «Es ist, als enthöbe ihr Beitrag zum Gemeinwohl sie der Pflicht, die Gesetze zu befolgen, oder als stellten diese Verstöße gegen das Gesetz eine zusätzliche symbolische Entlohnung dar.»[1]

Dasselbe Streben nach Macht findet sich auf der Ebene der globalisierten Unternehmen wieder, die vor allem profitorientiert sind und kurzfristiges Management mit langfristiger Planung geschickt verbinden. Hierzu entwickeln sie Strategien, die die Konkurrenz zerschlagen sollen, wenn nötig, indem sie ihren Kunden Dumpingpreise anbieten. Wichtig ist ihnen nur, hinreichend zu wachsen, um eine Monopolstellung einzunehmen, denn sobald ein Unternehmen mächtig genug ist, kann es sich jeder Kontrolle entziehen, Gesetze brechen, Steuerzahlungen umgehen und so noch mächtiger werden. Logischerweise findet man Narzissten auf allen Hierarchieebenen solcher Unternehmen, aber am häufigsten auf den obersten Führungsebenen: Da sie ein unbändiges Bedürfnis verspüren, sich zur Geltung zu bringen und bewundert zu werden, haben sie es auf die begehrtesten Posten abgesehen und verstehen es, sich mit den nötigen Mitteln zu versehen, sie zu erlangen. Sie brillieren vor allem in der Finanzbranche, in der man schnelle Entscheidungen treffen muss, ohne sich um die möglichen Auswirkungen auf andere zu kümmern. Diejenigen, die ein überzogenes Ich besitzen, schaffen es dabei besser sich durchzusetzen als andere.

Sogar die Gleichheit aller vor dem Fiskus begünstigt die Mächtigen. Im November 2017 enthüllten die *Paradise Papers*, dass die Superreichen und die multinationalen Konzerne, die die Mittel besitzen, Spezialisten des internationalen Steuerrechts zu bezahlen, bedenkenlos alle gesetzlichen Lücken nutzen, um ihre Steuerlast zu verringern. Apple zum Beispiel deklariert mithilfe von Tricks den größten Teil seines Gewinns in den irischen Filialen. 2012 zeigte Paul K. Piff, Wissenschaftler an der University of California, Berkeley, gemeinsam mit seinen Kollegen in einer Studie, dass die Angehörigen der Oberschicht eher «dazu neigen, zu täuschen, zu lügen und gegen die Gesetze zu verstoßen», als die der unteren Klassen.[2] Die Autoren erklärten dieses Ergebnis mit der größeren Empfänglichkeit der Reichen für die Verlockungen des Geldes, unterstützt durch die Tatsache, dass seit den 1980er Jahren weltweit eine Reihe von Steuerreformen durchgeführt wurde mit dem Ziel, ihren Reichtum zu vermehren und ihre Macht weiter zu stärken. Im Januar 2018 veröffentlichte Oxfam, der internationale Verbund von NGOs, einen Bericht, der sich mit der ungleichen Verteilung von Vermögen in der Welt beschäftigt. Daraus geht hervor, dass «82 % des im Jahr 2016 verzeichneten globalen Vermögenswachstums nur 1 % der Weltbevölkerung zugute kamen, während das Vermögen der ärmeren Hälfte der Weltbevölkerung stagnierte». In den Vereinigten Staaten besaßen zu diesem Zeitpunkt die drei reichsten Personen (Bill Gates, Jeff Bezos und Warren Buffett) so viel wie die ärmere Hälfte der US-Bevölkerung, das heißt 160 Millionen Menschen. Zwar verteilen einige Superreiche über Stiftungen ihren Reichtum an die Ärmsten weiter, aber das tun sie oft vor allem, weil ihnen daraus ein steuerlicher Vorteil erwächst und sie damit ihr Image als Philanthropen aufbessern.

Die Reichen und die sehr Reichen betrachten nichts als unmöglich. Der argentinische Fußballer Lionel Messi, Star des FC Barcelona, erhielt 2018 ein Einkommen von mehr als 100 Millionen Euro pro Saison zugesichert. Um seine Einkünfte zu optimieren, verschob er Werbeeinnahmen in Millionenhöhe in Steuerparadiese, wobei er sich seiner Stiftung für kranke Kinder bediente.

Dem Narzissten genügt es nicht, reich und mächtig zu sein, er muss seinen Erfolg auch zur Schau stellen – so wie Elon Musk, der Chef des US-amerikanischen Autoherstellers Tesla, der so reich ist, dass er im Februar 2018 ein Auto ins All schießen konnte, um seinen Ruf zu verbessern und sein Ego weiter aufzublähen. Und als der New Yorker Bildhauer Jeff Koons, unterstützt von der US-Botschafterin in Paris, im November 2016 der Stadt Paris eine 10 Meter hohe und 33 Tonnen schwere Skulptur mit dem Titel «Tulpenstrauß» zu Ehren der Anschlagsopfer von 2015 «schenkte», war das auch ein Mittel, um seine Bekanntheit zu steigern; denn er verlangte, dass seine Schöpfung gut sichtbar zwischen dem Museum für Moderne

Kunst und dem Palais de Tokyo aufgestellt würde. Das Ganze mag dennoch großzügig erscheinen, aber diese ostentative Gabe war vor allem ein vergiftetes Geschenk, dazu bestimmt, die eigene Person des Künstlers zu feiern, denn dieser «schenkte» nur das Konzept des Werkes; Frankreich musste die Realisierung und den Aufbau mit 3 Millionen Euro finanzieren.

Die Protagonisten all dieser Beispiele sind männliche, nicht weibliche Narzissten, denn, wie wir gesehen haben, wurden Frauen über Jahrhunderte von den Machtstrukturen ausgeschlossen. Dies erlaubte den Männern, allgemeiner gesprochen, auf individueller Ebene ihre Gewalt auf Frauen auszuüben, um sie noch mehr zu unterdrücken.

Die Bedeutung des Äußeren

Das Primat der äußeren Erscheinung hat sich, wie wir in Kapitel 5 gesehen haben, auf die Arbeitswelt ausgedehnt. Was zählt, ist vor allem das Image des Unternehmens gegenüber der Außenwelt, das die Aktionäre überzeugen soll, und nicht so sehr die langfristigen Ergebnisse. Immer wieder beobachten wir, dass Unternehmen ihren Aktionären die Dividenden und ihren Managern die Boni erhöhen, obwohl die Geschäftszahlen eher mäßig sind. 2014 erhöhte Antony Jenkins, damals Vorstandsvorsitzender der britischen Bank Barclays, die Boni um 200 Millionen Pfund, während die Gewinne der Bank am Schwinden waren. Er rechtfertigte dies damit, dass eine Bank, die keine hohen Boni mehr ausschüttet, ihrem Markenimage schadet. Im Grunde muss man auch in der Geschäftswelt ein äußeres Bild vortäuschen und reich erscheinen, um reich zu werden.

Bei der Arbeitssuche werden neben einer Ausbildung und Branchenkenntnissen zwar auch solide soziale Kompetenzen verlangt, aber vor allem ein sicheres Auftreten und Gewandtheit in der Kommunikation. Es genügt nicht mehr, zu arbeiten und gute Ergebnisse zu erzielen, man muss sich auch zeigen, sich die Anerkennung der Vorgesetzen erwerben und darf nicht zögern, für seine Ideen einzutreten, selbst wenn man sich die der anderen zu eigen macht. Mehr als Leistung und Effizienz zählt die Sichtbarkeit. Frankreich ist angeblich führend, was das Phänomen des «pathologischen Präsentismus» angeht: Nach 19.30 Uhr noch an seinem Arbeitsplatz zu sein gilt bei leitenden Angestellten als Zeichen eines starken Einsatzes für die Arbeit, egal ob dadurch die Produktivität erhöht wird oder nicht.[3] Das erklärt auch, weshalb manche leitende Angestellte unbedingt weiter zur Arbeit gehen wollen, auch wenn sie krank sind.

Ein echter Narzisst muss überall von sich reden und sich zur Geltung bringen. Daraus speist sich vermutlich auch die Beliebtheit der Autofiktion. Dieses literarische Genre ist in der Tat ein – gemeinhin schmeichelhaftes – Selbstporträt, in dem der Autor seine eigene Wahrheit schildert und sich dabei gleichzeitig über die Wirklichkeit hinwegsetzt. In ihrem Roman *Sujet Angot* (1998) lässt Christine Angot zum Beispiel ihren Erzähler sagen: «Deine Art zu schreiben ist so unglaublich, intelligent, wirr, aber immer leuchtend, zugänglich, direkt, körperlich …»

2016 zeigten die US-amerikanischen Psychologen Scott B. Kaufmann und Chia Jung Tsay, dass es besser ist, begabt zu erscheinen als fleißig.[4] Sie ließen ihre Probanden jeweils zwei Musikaufnahmen anhören, die zwei Musikern zugeordnet waren, von denen einer als Naturtalent beschrieben wurde und der andere als jemand, der hart gearbeitet hatte, um dieses Niveau zu erreichen. Dabei wurde auf beiden Aufnahmen dasselbe Musikstück von demselben Interpreten gespielt. Die Probanden bevorzugten mehrheitlich die Interpretation, die der imaginären Person mit der Bezeichnung «Naturtalent» zugeordnet war. Eine andere Studie zeigte, dass ein «fleißiger» Start-up-Gründer bis zu fünf Jahre mehr an Erfahrung benötigt als ein «natürlich begabter», um einen Investor zu finden.

Wie wir gesehen haben, ist das Entscheidende im Hinblick auf die soziale Effizienz des postmodernen Individuums nicht das, was es wirklich ist, sondern das, was es nach außen zeigt. Es ist also nicht so wichtig, dass dies nur eine Täuschung und eine Illusion ist. Das hat einige Analytiker zu der Äußerung bewogen, dass es, um Erfolg zu haben, besser ist, ein «soziales Chamäleon» zu sein, wie diejenigen, die nie vollständig sagen, was sie denken, oder die nicht einmal eigenständig zu denken wagen. 2016 hat im Übrigen eine Studie gezeigt, dass sich in der Arbeitswelt Ehrlichkeit meistens nicht auszahlt: Man muss nur ehrlich erscheinen.[5] Die Autoren erklären, dass sie die Antworten von 257 Ingenieuren einer multinationalen Firma für Software-Entwicklung auf eine Online-Befragung über ihre Authentizität bei der Arbeit gesammelt haben. Ihre Kollegen und Mitarbeiter (insgesamt 810) wurden ebenfalls befragt, ob sie glaubten, dass die Ingenieure authentisch seien, ihre Mitarbeiter mochten und im Allgemeinen sympathisch seien. Ein Jahr später bat man die direkten Supervisors der Ingenieure, deren Arbeitsleistung zu bewerten, um die möglichen Auswirkungen jener Faktoren auf die Karriere zu erforschen. Die Auswertung der Antworten der Ingenieure und ihrer Kollegen ergab, dass die Ingenieure, die sich selbst für vertrauenswürdig hielten, von ihren Kollegen überhaupt nicht so wahrgenommen wurden, vor allem dann nicht, wenn sie sich bemühten, herzlich oder aufmerksam gegenüber den anderen zu sein. Sogar das Gegenteil war der Fall, denn sie erweckten dann eher Argwohn oder Misstrauen. Diese – möglicherweise sogar zu Unrecht – als wenig authentisch beurteilten Personen wurden auch in ihrer Leistung weniger gut bewertet. Entgegen der herrschenden Meinung besteht demnach kaum ein Zusammenhang zwischen «man-selbst-sein» und der Tatsache, von den anderen als «authentisch» wahrgenommen zu werden: In Unternehmen und in öffentlichen oder privaten Einrichtungen, die heute nach den Managementregeln des Neoliberalismus strukturiert sind, muss man lediglich den Anschein erwecken, dass man denkt, was man sagt, egal ob es wahr oder falsch ist, und man muss glaubhaft machen, dass man Altruist ist und sich um die anderen sorgt, selbst wenn es nicht stimmt.

Wegen des ständigen Drucks, dem sie ausgesetzt sind, und des Zwangs, mit immer weniger Mitteln immer mehr immer schneller zu leisten, setzen indessen viele Arbeitnehmer zunehmend auf Glück und Opportunismus statt auf ihre Kompetenzen: Sie bevorzugen den schnellen Weg, der darin besteht, sich eher durchzuwursteln als sich anzustrengen, eher zu schummeln als zu arbeiten. Da man ihre Leistung wieder und wieder testet, bewertet und sie gegeneinander konkurrieren lässt, kann jeder irgendwann in Versuchung geraten zu schummeln, um sein Image zu verbessern; und auch da haben die Narzissten wieder die Nase vorn. Da man keine Zeit mehr hat, seine Gedanken zu ordnen, jongliert man mit den Ideen anderer, imitiert und betreibt *copy & paste*. Studien haben gezeigt, dass mehr als jeder zweite Lebenslauf geschönt ist, unter Auslassung von Zeiten der Arbeitslosigkeit oder sogar mit Hilfe gefälschter Zeugnisse.[6] Selbst Menschen mit einem brillanten Werdegang neigen manchmal dazu, etwas hinzuzufügen, um einen besseren Eindruck zu machen und die Karriereleiter schneller zu erklimmen. So auch der Großrabbiner von Frankreich, Gilles Bernheim, von dem 2013 bekannt wurde, dass er sich eine erfundene Zulassung für das höhere Lehramt in Philosophie ausgestellt hatte; oder in Deutschland Karl-Theodor zu Guttenberg, Verteidigungsminister unter Angela Merkel, der 2011 zurücktreten musste, als entdeckt wurde, dass er einen

Großteil seiner juristischen Dissertation von anderen Autoren abgeschrieben hatte. In diesen Fällen ging es nicht um das berufliche Überleben, sondern einfach um das narzisstische Bedürfnis, sich größer zu sehen, als man ist.

Narzissten in Unternehmen

Zahlreiche Führungspersönlichkeiten und Unternehmer sind Narzissten, was an sich unproblematisch ist, solange sie es nicht übertreiben. Allerdings wird es zum Problem, wenn sie ihren Narzissmus auf übermäßige oder sogar pathologische Weise ausleben. Sie haben zunächst Erfolg, weil ihr Selbstvertrauen sie wagemutiger und überzeugender macht, wenn es darum geht, ihre Projekte zu vertreten. Da sie Verführer sind, verstehen sie es, ein gutes Bild von sich abzugeben, ihre Arroganz zu kaschieren, mit Witz Misstrauen zu entkräften und dank ihres angeborenen Gespürs für Netzwerke rasch herauszufinden, wie man nützliche Allianzen schmieden kann. Bei Vorstellungsgesprächen brillieren sie und schaffen es, die Personalberater zu täuschen, die sich von ihrer ungezwungenen Fassade blenden lassen. Wie die US-amerikanischen Psychologen Robert Kaiser und Bartholomew Craig 2014 anmerkten, «entsteht das Charisma der narzisstischen Persönlichkeiten aus der obsessiven Aufmerksamkeit, die sie ihrer eigenen Person widmen».[7] Ihre Überheblichkeit, ihr Charisma und ihr Egoismus helfen diesen Narzissten, in der Rangordnung aufzusteigen, bis sie Führungspositionen einnehmen, denn sie faszinieren ihre Umgebung durch ihren zur Schau gestellten Ehrgeiz, ihre Kontaktfreudigkeit und ihre strategische Sicht.

2018 beschrieb der ehemalige französische Wirtschaftsminister Arnaud Montebourg den «unkonventionellen Araber» Ramdane Touhami, den erfolgreichen Erfinder der Kosmetikmarke Buly, dem es gelungen war, «schlafende Schöne [Mode- oder Luxusmarken] wiederzuerwecken», wie folgt: «Ich war Minister, er war mitreißend, einnehmend, dominant und witzig, sehr temperamentvoll und erfüllt von dem Wunsch nach Anerkennung und Erfolg, der mir auch sofort einleuchtete.» Das veranlasste ihn, Touhami bei seinen Projekten zu unterstützen: «Ich informierte mein Kabinett, um die üblichen Kreditprobleme zu regeln. Danach überzeugte ich M Capital, den drittgrößten französischen Risikokapitalfonds, in Touhamis Projekt zu investieren. So konnte er seine Läden öffnen.»[8]

Wenn narzisstische Individuen auf hohe Posten befördert werden, betrachten sie diese Beförderung in der Regel als Anerkennung ihrer Fähigkeiten und ihres Ehrgeizes, und ihr narzisstisches Verhalten kann dann noch extremer werden.

> Karim sucht mich im Zuge einer schwierigen Scheidung auf. Das erste Mal in seinem Leben hat er das Gefühl, nicht alles im Griff zu haben, und das bewegt ihn, mir seinen beruflichen Werdegang zu beschreiben.
>
> Er kommt aus sehr bescheidenen Verhältnissen und war ein mittelmäßiger Schüler, aber er strengte sich enorm an, um studieren zu können. Mit neunzehn, als er noch auf die Wirtschaftshochschule geht, gründet er sein erstes Start-up. Er scheitert, macht viele Schulden, verliert jedoch nicht den Mut. Und nach mehreren vergeblichen Versuchen findet er Investoren, die an ihn glauben. Sie schätzen seine Energie und seinen außergewöhnlichen Charakter, die es ihm erlauben, unvoreingenommen neue unternehmerische Möglichkeiten wahrzunehmen. Karim hat sich immer damit gebrüstet, nie einen Plan gehabt und sich immer jeder Kontrolle entzogen zu haben, womit er erklärt, dass er nie einen Geschäftspartner hatte. Sein Fleiß und seine wagemutigen Visionen zahlen sich aus: Sein Start-up floriert und entwickelt

sich zu einer Firma, die etwa hundert Arbeitnehmer beschäftigt, was ihn in seiner Überzeugung bestärkt, dass er der Beste ist. Aber das genügt ihm nicht: Er will weiter wachsen, mehr investieren und tätigt zahlreiche Risikoinvestitionen. Seine Überheblichkeit hat mit seinem beruflichen Aufstieg weiter zugenommen. Er entledigt sich der Mitarbeiter, die sein Management kritisieren, und umgibt sich mit anderen, die weniger brillant und ihm ergeben sind. Sein Traum ist es, sein Unternehmen so mächtig zu machen, dass er mit den größten konkurrieren oder sie sogar verdrängen kann. Aber da ihm das nicht gelingt, beschließt er, seine Firma zu verkaufen, und sucht seitdem nach einer anderen genialen Idee.

Narzisstische Firmenchefs tendieren in Geschäftsdingen zur Kühnheit, was sich sowohl in sensationellen Erfolgen als auch in spektakulären Misserfolgen äußert. Sie veranlassen häufiger – und schneller – Veränderungen als Nicht-Narzissten und stürzen sich in Großprojekte, die alle Aufmerksamkeit auf sie lenken. In einer 2007 erschienenen Studie zeigten die beiden US-amerikanischen Unternehmensforscher Arijit Chatterjee und Donald Hambrick, dass narzisstische Führungspersönlichkeiten dazu tendieren, öfter Strategiewechsel vorzunehmen, häufiger und in größerem Umfang Anschaffungen zu tätigen sowie extremere Leistungsschwankungen aufzuweisen.[9] Die Autoren bewerteten den Narzissmus-Grad von 111 Firmenchefs aus der Soft- und Hardwarebranche und verglichen ihn mit den Strategien und Leistungen ihrer Unternehmen. Die von ihnen verwendeten Indikatoren zur Messung des Narzissmus-Grades waren: welchen Stellenwert die Fotos dieser Firmenchefs in den jährlichen Geschäftsberichten einnahmen, wie oft sie in den Pressemeldungen erwähnt wurden, wie häufig sie das Wort «ich» bei Meetings verwendeten und wie groß der Gehaltsunterschied zwischen ihnen und ihren unmittelbaren Untergebenen war. Um diese Indizien zu ermitteln, untersuchten die Autoren diverse Dokumente der betreffenden Unternehmen aus einem Zeitraum von zwölf Jahren, und sie stellten Daten zu deren betrieblicher Leistung aus derselben Zeitspanne zusammen. Diese Arbeit erlaubte ihnen, einen «Narzissmus-Index» aufzustellen und zu zeigen, dass es einen direkten Zusammenhang gibt zwischen dem Narzissmus eines Firmenchefs und der Anzahl wie auch der Tragweite von Operationen wie Fusionen oder Übernahmen, die von der von ihm geleiteten Firma durchgeführt werden: «Während weniger narzisstische Firmenchefs dazu neigen können, schrittweise Strategien zu verfolgen, die bedeuten, dass man den Status quo optimiert und weiterentwickelt, treffen narzisstische Firmenchefs gewagte und deutlich sichtbare Entscheidungen.» Der Werdegang von Jean-François, ein Beispiel aus Frankreich, veranschaulicht diesen Zusammenhang:

> Jean-François, Absolvent der Pariser École Polytechnique und Bauingenieur, beginnt seine Laufbahn als Mitarbeiter in verschiedenen Ministerbüros. Als die Regierung wechselt, geht er für eine Weile in die private Wirtschaft und kehrt dann in den gehobenen öffentlichen Dienst zurück. Dort bleibt er einige Jahre, bis sich ihm die Gelegenheit bietet, eine Stelle in der Leitung eines Privatunternehmens anzutreten. Aber mit Blick auf seine weitgesteckten Ambitionen scheint ihm das zu bescheiden, daher stürzt er sich in große Investitionsprojekte. Er beginnt, die Pariser High Society zu frequentieren, sich mit bekannten Politikern zu zeigen und bei mehreren Medienevents den Vorsitz zu führen. Überall redet man über ihn, und sei es, um über seinen Größenwahn herzuziehen. Er verhehlt nicht, dass er sein Unternehmen zu einem Giganten auf seinem Gebiet machen will. Ungeachtet

der Vorbehalte einiger Investoren erwirbt er eine Firma nach der anderen. Innerhalb von zwei Jahren kauft er drei seiner Konkurrenten auf. Sein Konzern gerät ins Wanken, aber das hält ihn nicht auf, denn gleich einem Glücksspieler sucht er seine Verluste wettzumachen und tätigt immer mehr Risikoinvestitionen. Nach einem weiteren Jahr belaufen sich die durch seine riskanten Operationen entstandenen Verluste auf mehrere Milliarden Euro, und die Aktie seines Konzerns verliert mehr als 40% ihres Wertes. Jean-François ist gezwungen aufzugeben, geht aber mit einer mehr als beachtlichen Betriebsrente.

Wie wir gesehen haben, sind Narzissten für Belohnungen empfänglicher als für negative Warnsignale, und das verleitet sie dazu, Risiken einzugehen. Den US-Psychologen Joshua D. Fister und James C. Brennan zufolge bestand die Mehrheit der Akteure der Finanzkrise von 2008 – unter ihnen Jeffrey Skilling, der ehemalige Vorstandsvorsitzende des Unternehmens Enron – aus Narzissten, die von ihrem Ranglistenplatz, ihrer Macht und von Sex besessen waren. «Narzissten tätigen riskante Investitionen nicht unbedingt, weil sie das damit verbundene Risiko falsch einschätzen, sondern eher wegen der Verlockung des Geldes, der sie nicht widerstehen können.»[10] Skilling definierte sich so: «I am fucking smart!» Um ihre persönlichen Ambitionen voranzutreiben, bedienen Narzissten sich anderer, ohne sich selbst in Frage zu stellen. So geschieht es, dass sie sich auf Grund der Überschätzung ihrer Kompetenzen und Fähigkeiten in ihrem Urteil täuschen und schwere Misserfolge einstecken müssen, in die sie außerdem ihre Unternehmen hineinzuziehen drohen. In den großen internationalen Konzernen verleiten sie die unaufhörlichen Fusionen und Übernahmen sowie die permanente Suche nach Einsparungen dazu, Personen einfach zu «benutzen» ohne Rücksicht auf deren Gesundheit. Der Arbeitspsychologe Tomas Chamorro-Premuzic fasst dies in einem bereits zitierten Artikel in der *Harvard Business Review* treffend zusammen: «Dank ihrer Fähigkeit, Macht und Einfluss anzusammeln, gelten die Narzissten in den Augen der Normalsterblichen als Meister der Führungsstärke. Dennoch ist die Ansicht, dass Führungspersönlichkeiten überheblich, charismatisch oder egoistisch sein müssen, um effizient zu sein, sehr weit von der Realität entfernt. Sicher helfen diese Charakterzüge ihnen dabei, Führungspositionen zu erlangen, aber sie sind auch die Ursache für ihre Unehrlichkeit und Inkompetenz, sobald sie einmal an der Spitze angelangt sind.»[11] Eine 2008 veröffentlichte Studie legt nahe, dass ein Narzisst in der Lage ist, sich um eine führerlose Gruppe zu kümmern.[12] Andere Untersuchungen zeigen, wie schon erwähnt, dass aus einem Kollektiv von geringem Zusammenhalt ein Narzisst, selbst wenn er inkompetent ist, mit hoher Wahrscheinlichkeit als prädestinierter Anführer hervorgeht.

In Start-ups werden Narzissten wie Gurus angehimmelt, weil sie das Unternehmertum mit Glamour versehen und sexy machen. Über Oussama Ammar, den jungen Begründer der Investitionsgesellschaft The Family, sagen manche: «Er bringt eine Vision und großen Schwung mit»; während andere meinen: «Er ist eine Persönlichkeit, die spaltet. Von einem Teil des Ökosystems wird er verehrt: Seine Studenten am Institut d'Études Politiques de Paris loben ihn überschwänglich. Andere hassen ihn.» Indessen hat Oussama Ammar mehrere Prozesse hinter sich, und im Juni 2018 wurde er von der Strafkammer Nanterre wegen «Vertrauensbruchs, Urkundenfälschung und Verwendung gefälschter Urkunden» zu vier Monaten Haft auf Bewährung verurteilt.[13]

Das Problem ist, dass die Verführungskraft der Narzissten oft kurzlebig ist und ihr Charme rasch verblasst. Dann tritt ihre Arroganz in Erscheinung, ihr Mangel an Empathie und sogar ihre Grobheit, denn die narzisstischsten unter ihnen sind so sehr auf sich selbst fixiert, dass sie toxische Verhaltensweisen aufweisen oder unmoralische Positionen einnehmen können. Sie legen häufig ein unverhältnismäßiges Betragen an den Tag und sorgen sich mehr um ihre eigenen Interessen als um das Wohlergehen ihres Personals oder das Wachstum der Firma, die sie eingestellt hat. Die wissenschaftliche Literatur über toxische Verhaltensweisen von Managern ist reichhaltig. Man erfährt daraus, wie manche Manager zu ihrem eigenen Nutzen ihre Mitarbeiter schlechtmachen, beherrschen und täuschen. Tomas Chamorro-Premuzic suchte auch den Zusammenhang zwischen Charisma und Narzissmus zu verstehen: «Haben Sie sich jemals gefragt, warum Individuen, die egoistisch und arrogant sind und glauben, dass ihnen alles zusteht, so verführerisch sind? Diese Narzissten haben parasitäre Auswirkungen auf die Gesellschaft. Wenn sie für Unternehmen verantwortlich sind, begehen sie Betrügereien, demoralisieren die Angestellten und entwerten das Grundkapital.»[14]

Keine Studie hat bewiesen, dass Narzissten leistungsfähigere Manager sind. Sie sind nur in Ausnahmesituationen brillanter und daher sichtbarer, aber langfristig enttäuschen sie in der täglichen Geschäftsführung, denn sie zeigen keinerlei Interesse an wenig ruhmverheißenden Aufgaben. Das bestätigt Arijit Chatterjee: «Obwohl Narzissten häufig extremere und stärker schwankende Leistungen zeigen als Nicht-Narzissten, erbringen sie nicht eine systematisch bessere oder schlechtere Leistung.» Tatsächlich sind bei Nicht-Narzissten dieselben Kompetenzen anzutreffen, allerdings mit einer geringeren Wahrscheinlichkeit für Entgleisungen. Eine Metaanalyse (eine Studie, die Daten aus der Fachliteratur über das Thema analysiert) zeigte 2014, dass Führungspersönlichkeiten mit durchschnittlichen Narzissmus-Werten tendenziell nicht nur die mit hohen, sondern auch die mit niedrigen Werten übertreffen.[15]

Nicht alle charismatischen Personen sind Narzissten, aber eine große Anzahl von Narzissten ist charismatisch; und je charismatischer sie sind, desto mehr Zeit ist nötig, um sie als Narzissten zu identifizieren. Und es gibt dafür keinen Leitfaden, wie Quy Huy, Professor für Strategie an der privaten Wirtschaftsschule INSEAD, betont: «Manfred Kets de Vries [ein niederländischer Psychoanalytiker und Spezialist für Management] merkt dazu an: Je mächtiger Sie werden, desto mehr sind Sie von ‹Mauern, Spiegeln und Lügnern umgeben›. Von Leuten, die mit Ihnen einverstanden sind, können Sie nichts lernen. Wenn Sie von Leuten um Sie herum nur zu hören bekommen, dass Sie sehr mächtig sind, ist das ein deutliches Zeichen dafür, dass Sie dabei sind, den Verstand zu verlieren.»[16] Alles in allem gibt es also keinen Grund, Narzissten an die Spitze von Unternehmen zu setzen.

Lügen und Betrügereien

Unsere Gesellschaften, die die äußere Erscheinung und die Kommunikation in den Mittelpunkt stellen, begünstigen, wie schon zu Anfang dieses Buches betont, das Lügen und Betrügen, da jeder für sich werben muss, und sei es auf Kosten der Wahrheit. In einer immer komplexeren Gesellschaft erfordern die Kommunikationswerkzeuge eine fortwährende Simplifizierung der zirkulierenden Nachrichten. Man muss schnell mit einfachen Antworten reagieren, selbst wenn sie nur vage bleiben. Es geht darum, eine täuschend echte Maske vorzuweisen, glaubhaft zu erscheinen, egal ob das Gesagte wahr oder falsch ist, denn Gefühle zählen mehr als handfeste Tatsachen. Die Kunst des Erzählens, das *storytelling*, hat die gesamte Kommunikation erfasst,[17] und statt ein Thema gründlich zu behandeln, stellen die Medien Gefühle in den Vordergrund oder zeichnen das verklärende Porträt eines Helden oder einer Heldin. Man bietet eine nette Geschichte, um die Informationen zu glätten, man erschafft eine großartige Erzählung, der alle nur beipflichten können, und verwischt so die Grenze zwischen Fiktion und Wirklichkeit. Markenfirmen verfassen in ähnlicher Weise lockende Slogans, die sie ansprechend erscheinen lassen, ohne dass man sich fragt, ob die Botschaft wahr oder falsch ist. Man akzeptiert, dass Werbung übertreibt, ja heuchelt und unterschlägt, aber auch, dass bei Verhandlungen geblufft wird; und so gelangt man auf ganz natürliche Weise dahin, es als normal zu betrachten, dass Wirtschaft und Politik sich der Lüge und der Manipulation bedienen. Das Lügen oder Beinahe-Lügen ist im Krieg der Kommunikation zu einer normalen Waffe geworden. Während unsere Gesellschaft immer mehr Transparenz einfordert, hat man noch nie die Wirklichkeit so sehr verdreht, und Lug und Trug sind nur noch eine Begleiterscheinung des Lebens. Wenn alle betrügen, ob Bankiers, Automobilhersteller oder Politiker, wird das Lügen zu etwas Alltäglichem – und zu einer Einladung an alle pathologischen Narzissten, denen die Fälschung der Tatsachen zur zweiten Natur geworden ist.

Genau das hat Donald Trump mit seinen einfachen Nachrichten und seinen «alternativen Tatsachen» erreicht. Doch hat er den Begriff der «Post-Wahrheit» (*post-truth*) zwar gesellschaftsfähig gemacht, ihn aber nicht erfunden. Laut dem *Oxford English Dictionary* bezeichnet «Post-Wahrheit» die Umstände, in denen «objektive Tatsachen weniger Einfluss auf die öffentliche Meinungsbildung ausüben als Appelle an Gefühle und persönliche Überzeugungen». Es handelt sich weniger um eine klassische Lüge als vielmehr um eine ungefähre Bezeichnung der Wahrheit, einen Relativismus, der bis zum

Äußersten getrieben wird. Lügen setzt voraus, dass noch ein Zusammenhang mit der Wahrheit besteht, während bei den Fake News Wahrheit und Tatsachen keine Rolle mehr spielen. Trump ist es egal, ob das, was er sagt, wahr ist, denn er sagt, was er gerade fühlt, und seine Wähler kümmern sich wenig um die Wahrhaftigkeit seiner Äußerungen, solange diese nicht ihren Ansichten widersprechen.

Seit den 2000er Jahren sind immer mehr Betrugsfälle großer Unternehmen enthüllt worden, doch man darf nicht vergessen, dass die meisten nicht angeprangert wurden: Solange kein Whistleblower den Tatbestand meldet, herrscht eine Kultur des Verschweigens. Wir leben in einer Welt der Kurzlebigkeit, in der nur das Image der Unternehmen zählt, das die Aktionäre überzeugen soll. Die ausschließlich finanziellen Kriterien, die der Bewertung von Unternehmen dienen, treiben diese dazu, Gewinne in einer Höhe anzustreben, die manchmal gar nicht erreichbar ist. Daher die gefälschten Konten, die nicht zu rechtfertigenden Provisionen, die dubiosen Übernahmen, Verstöße gegen Vorschriften und so weiter.

2015 kommt es zum «Dieselgate»-Skandal. Es wird bekannt, dass die VW-Gruppe zwischen 2009 und 2015 eine Betrugssoftware einsetzte, die Abgastests erkennt; solange kein solcher Test stattfindet, also im Normalbetrieb des Autos, schaltet sie die Abgasreinigungsanlage ab, die den unerwünschten Nebeneffekt einer Drosselung der Motorleistung hat. Angesichts der mehr oder weniger weltweiten Empörung behauptet die VW-Gruppe zunächst, dass die Resultate einer externen Studie auf technische Fehler oder unerwartete Bedingungen bei den Testreihen im Labor zurückzuführen sein müssten. Dann, mehrere Monate später, gesteht die Firmenleitung schließlich den Tatbestand ein und startet eine «externe Untersuchung». Der Vorstandsvorsitzende der Volkswagen AG, Martin Winterkorn, schreibt das Problem zunächst einer «kleinen Gruppe von Leuten innerhalb des Unternehmens» zu, um dann wenig später mit der Erklärung zurückzutreten, er sei über diesen organisierten Betrug nicht informiert gewesen. Aber eine Lehre zieht niemand daraus: 2018 wird Audi desselben Betrugs verdächtigt, mit dem der Automobilhersteller die gesetzlichen Grenzwerte von Stickoxid-Emissionen zu umgehen versucht habe. Bei solchen Skandalen in höchst konkurrenzfähigen Unternehmen herrscht in der Regel die Kultur des Schweigens vor, und niemand traut sich, Alarm zu schlagen. Erst wenn ein Unternehmen in finanzielle Schwierigkeiten gerät, ist man bereit, sich den eigenen Verfehlungen zu stellen.

In diesen Unternehmen existiert demnach eine gewaltige Diskrepanz zwischen schönen Worten oder ethischen Vorsätzen und dem Boden der Tatsachen. Wie Volkswagen manipulieren zahlreiche Industriegiganten Informationen, um ihre Gewinne zu steigern, selbst auf Kosten der öffentlichen Gesundheit. Überall blockieren mächtige Lobbys, Vertreter bedeutender Interessen, Maßnahmen, die ergriffen werden könnten, um die Gesundheit der Menschen zu schützen. Ob Firmen der Lebensmittel-, der Tabak-, der Spirituosen- oder der Automobilindustrie, alle suchen ihre Gewinne zu maximieren, ohne an die Konsequenzen für Menschenleben zu denken. 2017 erfuhren wir im Zuge der Enthüllungen durch die *Monsanto Papers*, dass der US-amerikanische Agrochemie-Gigant Monsanto, um das Herbizid Glyphosat weiter durchzusetzen, die europäischen Behörden täuschte, indem er *ghostwriting* betrieb. Bei dieser Art von Betrug unter Missbrauch der Wissenschaft lassen Konzerne von ihren eigenen Angestellten Texte und Studien erstellen, um sie anschließend von Wissenschaftlern ohne offizielle Verbindung zum Unternehmen unterzeichnen zu lassen.[18]

Trotz des Skandals um den Bankrott von Enron im Jahr 2001 vermag das Risiko, das Finanzbetrügereien für den Ruf der Firmen bedeuten, diese offenbar nicht davon abzuhalten, weitere zu begehen. Eine 2010 veröffentlichte Studie zeigte, dass gerade Unternehmen, deren Leistung die Erwartungen ihrer Angestellten oder die des Marktes übertrifft, am meisten auf illegale Praktiken zurückgreifen.[19] Zu erklären ist dies sicherlich mit dem Bestreben der Unternehmensführungen, um jeden Preis ein hohes Leistungsniveau aufrechtzuerhalten, aber man darf auch vermuten, dass der Erfolg das Selbstvertrauen der Narzissten bisweilen über die Maßen stärkt und sie dann zu hohen Risiken verleitet, bis hin zur Veruntreuung.

Am erstaunlichsten ist die Schamlosigkeit dieser Manager oder der Politiker, die öffentlich gelogen oder Versprechen gegeben haben, die sie dann nicht einhielten. Wir haben gesehen, dass Schamlosigkeit ein wesentliches Symptom ist, das für die Diagnose einer narzisstischen Persönlichkeitsstörung des grandiosen Typus spricht. Diese «Mächtigen» scheinen zu glauben, dass die öffentliche Moral auf sie nicht anwendbar ist. Im Privatleben eher harmlos erscheinende Lügen können jedoch eine destruktive Wirkung entfalten, wenn sie aus dem Munde der Mächtigen kommen. Wahrscheinlich glauben diese, dass ihre gesellschaftliche Stellung sie unantastbar macht, oder aber, dass die Langsamkeit der Justiz sie ungestraft davonkommen lassen wird. Jedenfalls werden die Topmanager von Konzernen, deren Betrügereien aufgedeckt wurden, selten dafür zur Rechenschaft gezogen. Sie werden im Gegenteil oft belohnt, wenn es ihnen gelingt, den Schaden zu begrenzen, denn Finanzdelikte werden weit mehr toleriert als Ladendiebstähle.

In den USA müssen Politiker, die auf frischer Tat bei einem Betrugsdelikt oder einer sexuellen Belästigung ertappt werden, in den Medien ihre Reue kundtun, während sie in Frankreich oft nur einen Fehler zuzugeben brauchen, um sich dann eventuell auf ein Geständnis in den Medien einzulassen in

Form einer Inszenierung im Stil des Reality-TV. Öffentlich um Entschuldigung zu bitten ist eine narzisstische Praxis, die an Gefühle appelliert, um eine medienwirksame Vergebung zu erlangen. Die enorme Lüge von George W. Bush bezüglich der Massenvernichtungswaffen im Irak hinderte ihn in keiner Weise daran, bis ans Ende seiner Amtszeit zu gelangen und heute als ehemaliger Präsident genauso geachtet zu werden wie alle anderen.

Die Lügen und Betrügereien verwundern kaum noch jemanden, und doch haben sie einen Verlust an Vertrauen in die Eliten nach sich gezogen, die man verdächtigt, aus Eigeninteresse die Unwahrheit zu sagen, ebenso in Experten wie die von Monsanto missbräuchlich herangezogenen. Und dieses allgemeine Misstrauen führt im Gegenzug zu einer Häufung verschwörungstheoretischer Szenarien.

Narzisstische Wissenschaftler und «Pseudo-Wissenschaft»

Begünstigt durch die Zunahme an Narzissten, beschränkt sich die «Weiße-Kragen-Kriminalität», die Vergehen der höheren sozialen Schichten, nicht länger auf Manager großer Unternehmen, sie erobert auch die Welt der Wissenschaften. Seit den 1990er Jahren häufen sich in der wissenschaftlichen Arbeitswelt unmoralische Verhaltensweisen wie Betrug, Plagiat, Beschönigung von Daten, Fälschung von Unterschriften usw., und die Forschungseinrichtungen haben große Mühe, angemessen damit umzugehen.

In seinem Buch *An Essay on Science and Narcissism* erklärt der bereits zitierte Immunologe Bruno Lemaitre diese Wertekrise so, dass zwar der Wettbewerb, der in diesem Milieu herrscht, dafür mitverantwortlich sei, dass aber die beobachteten Auswüchse vor allem auf die zahlreichen Narzissten unter den Wissenschaftlern zurückzuführen seien.[20] Seiner Ansicht nach sind diese im ersten Moment verführerischen Individuen von ihrem Status besessen und nur an kurzfristigen Vorteilen interessiert. So wird etwa ein narzisstischer Wissenschaftler, ausgehend von eher wenig aussagekräftigen Daten, problemlos einen provokanten und brillanten Artikel schreiben können, der es ihm ermöglicht, eine Universitätsstelle und neue Forschungsgelder zu bekommen. In seinem Buch greift Lemaitre die Biographien einer ganzen Reihe bedeutender Wissenschaftler auf, darunter auch die einiger Nobelpreisträger, und zeigt ihre dunkle Seite. Man entdeckt hier arrogante, verführerische, dominante Männer, die sich in den Vordergrund zu drängen suchen, indem sie ihre Entdeckungen zu mythischen Momenten stilisieren, ohne im Mindesten anzuerkennen, was sie dabei auch anderen Wissenschaftlern verdanken, deren Arbeiten sie genutzt haben, um Karriere zu machen. Selbst Wissenschaftler, beschreibt Lemaitre, wie zwar seine Arbeiten vom Nobelpreiskomitee anerkannt wurden, der Nobelpreis für Physiologie und Medizin 2011 aber an seinen ehemaligen Chef Jules Hoffmann ging.

> Lemaitre, Spezialist für Mechanismen, die von Insekten genutzt werden, um mikrobielle Infektionen zu bekämpfen, schließt sich 1992 nach seiner Promotion der Forschungsgruppe unter Jules Hoffmann in Straßburg an, einem Labor, das eher auf Immunologie ausgerichtet ist, während Lemaitre einen genetischen Ansatz verfolgt, insbesondere mit Arbeiten über die «Toll-like-Rezeptoren» (Moleküle, die, wie er entdeckt, eine wesentliche Rolle bei der Erkennung von Pathogenen spielen und fähig sind, eine Immunreaktion auszulösen). Ihm zufolge wurde seiner Arbeit über die Toll-like-Rezeptoren zu keinem Zeitpunkt hohe Priori-

tät von Hoffmann eingeräumt, der sich der Erforschung der Dorsal-Funktion in der Immunität widmete und den von Lemaitre vertretenen genetischen Ansatz nicht teilte. Lemaitre erhielt daher keine technische Unterstützung von seinem Labor, bis er die Toll-Funktion entdeckte. Seiner Aussage nach «verbrachte Jules seine Zeit hauptsächlich mit der Organisation des Labors und der Kommunikation». Da Bruno Lemaitre niemandem misstraut, werden alle seine Artikel von seinen Supervisors mitunterzeichnet, obwohl sie kaum etwas zu ihnen beigetragen haben.

1998 verlässt Bruno Lemaitre Straßburg, um in Gif-sur-Yvette sein eigenes Labor zu gründen und so seine Studien auf die Immunreaktion der Essigfliege auf eine natürliche Infektion konzentrieren zu können. Nach Lemaitres Weggang vom Labor «verwendet Jules Hoffmann (unfreiwillig oder bewusst) seine kommunikativen Kompetenzen darauf, die Toll-Entdeckung zur Teamarbeit zu erklären», ohne Bruno Lemaitres Forschungsbeiträge vollständig anzuerkennen. Er beschreibt die Entstehungsgeschichte des Projekts als gemeinsame Anstrengung, als großartige Leistung, an der zahlreiche Protagonisten beteiligt gewesen seien. Um weiterhin seine Version der Toll-Entdeckung verbreiten zu können, scheint Hoffmann dafür gesorgt zu haben, dass Bruno Lemaitre weder zu den ersten Toll-Versammlungen noch zu irgendeiner anderen Versammlung zum Thema angeborene Immunität eingeladen wurde, und das bis zum Jahr 2006. Während dieser Zeit kann Hoffmann ausgiebig für sich selbst die Werbetrommel rühren, indem er zahlreiche Kontakte zu bedeutenden Persönlichkeiten auf dem Gebiet der Immunologie aufbaut, da er sich in Genetik nicht so gut auskennt. Die Arbeiten von Bruno Lemaitre finden zwar Anerkennung, aber Jules Hoffmann erhält 2011 den Nobelpreis. Er ist seit 1992 Mitglied der französischen Akademie der Wissenschaften und seit 2012 Mitglied der Académie Française. Er erhält die Goldmedaille des CNRS, eine der höchsten französischen wissenschaftlichen Auszeichnungen, den Keio Medical Science Prize, den Canada Gairdner International Award für medizinische Wissenschaften und den Shaw Prize für Lebenswissenschaften und Medizin.

Wissenschaftler und ihre Einrichtungen werden nach dem sogenannten h-Index bewertet, einer bibliometrischen Kennzahl, die als objektiv gilt, denn sie berechnet sich nach der Anzahl veröffentlichter Artikel in wissenschaftlichen Fachzeitschriften von hohem «Impact-Faktor» (denn ihre Artikel werden am häufigsten zitiert). Bevor Artikel in diesen Zeitschriften zur Veröffentlichung gelangen, werden sie von Kollegen, Experten auf demselben Gebiet, bewertet (*peer reviewing*). Um eine gute Beurteilung zu erlangen – die sich im Übrigen auf Karriere und Gehalt auswirkt –, muss man eine möglichst hohe Anzahl an Publikationen aufweisen. Für die Wissenschaftler zählt also vor allem Quantität, nicht nur, wie viele Artikel sie publiziert haben, sondern auch, wie oft sie zitiert worden sind, was auf Kosten kurzfristig weniger spektakulärer Forschung geht.

Wissenschaftler sind auf die Publikation in renommierten Fachzeitschriften wie *Nature* oder *The Lancet* fixiert, weil der Erfolg ihrer Karriere von diesen Veröffentlichungen abhängt, unabhängig von ihrem Inhalt. Zweifellos erhöht der Publikationsdruck das Risiko unlauterer Praktiken wie Plagiat von Texten, Fälschung von Ergebnissen, Retuschieren von Bildern oder Manipulation statistischer Standards. Tatsächlich begünstigen die Aufnahmekriterien jener Zeitschriften Allerneuestes oder Revolutionäres, was zur Auswahl besonders kreativer oder äußerst narzisstischer Wissenschaftler führt. Zu diesem Zweck schönen die Bewerber womöglich ihre Resultate, bevorzugen unrealistische Projekte oder übertreiben ihre Interpretationen.

Dem Spezialisten für Wissenschaftspolitik Daniel Sarewitz zufolge erweist sich ein Großteil des wissenschaftlichen Wissens als zweifelhaft, wenig vertrauenswürdig, unbrauchbar, ja sogar als völlig falsch.[21] In der Tat sind statistische Ergebnisse, die nach dem p-Wert (errechnet, um die statistische Aussagekraft eines Ergebnisses «außerhalb der Normen» zu bewerten) ermittelt wurden, oft kaum replizierbar.[22] Im Prinzip sollen wissenschaftliche Berechnungen beweisen, dass das, was man beobachtet hat, nicht auf einem Zufall beruht, und müssen folglich replizierbar sein, aber viele verwechseln das statistische Ergebnis mit wissenschaftlichen Ergebnissen. Ein statistisches Ergebnis ist nur ein Indiz, kein Beweis, und wissenschaftliche Schlussfolgerungen sollten nicht nur auf der Tatsache basieren, dass ein p-Wert kleiner oder größer als ein gewisser Grenzwert ist.

Da in den Human- und Sozialwissenschaften ein statistischer Test, der die Differenz zwischen zwei Hypothesen misst und dabei einen p-Wert unter 5 % ergibt, als signifikant und damit als publikationswürdig gilt, sind eine ganze Reihe von Wissenschaftlern zu Meistern in der Kunst des «p-hacking» («Datenzerkleinerung», um falsche Zusammenhänge zu «beweisen») geworden, mit deren Hilfe man die richtige Methode finden kann, um unter dem schicksalhaften Grenzwert zu bleiben.[23] Die Situation hat sich noch verschärft, als 2010 eine Alternative zu den traditionellen bibliometrischen Kennzahlen auftauchte: Die sogenannten Altmetriken berücksichtigen auch die Anzahl der Zitierungen auf Twitter, Facebook oder in der Presse. Die Verbuchung von Artikeln und Zitierungen ist zum Qualitätskriterium von wissenschaftlichen Publikationen geworden, vergleichbar den Likes für einen Post oder den positiven Kommentaren für ein Restaurant. Man misst das

Aufsehen, das ein Artikel erzeugt, egal ob es positiv oder negativ ist, gleich den Stars des Reality-TV, die ihre Likes in den sozialen Netzwerken bilanzieren. Natürlich können beide gefälscht werden, daher die vielen Reaktionen, die darauf abzielen, diese Auswüchse bekannt zu machen.

Das 2012 gegründete PubPeer, das es Hochschullehrern und -lehrerinnen ermöglicht, anonym an Analysen und Diskussionen über konkrete Publikationen teilzunehmen, hat auf diese Weise in mehreren bedeutenden wissenschaftlichen Arbeiten Unzulänglichkeiten aufgedeckt. In den USA gründete der Sozialpsychologe Brian Nosek 2013 dank der Finanzierung durch die Laura and John Arnold Foundation das Center for Open Science, mit dem Ziel, die Resultate von 100 verschiedenen psychologischen Experimenten zu replizieren, die 2008 in renommierten Zeitschriften veröffentlicht worden waren. Die Ergebnisse der 2015 in *Science* veröffentlichten Studie zeigen, dass nur 36 der insgesamt 100 Experimente replizierbar waren und statistisch signifikante Ergebnisse lieferten. 2017 entwickelte Nick Brown, der damals an der Rijksuniversiteit Groningen in den Niederlanden über die Inkohärenz der Positiven Psychologie forschte, einen einfachen statistischen Test, der es erlaubt zu überprüfen, ob die untersuchten Daten realistisch sind.[24] Auf diese Weise machte er eine ganze Reihe von Selbstplagiaten oder Darstellungen mit trügerischen Daten in den Arbeiten sehr bekannter US-amerikanischer Psychologen (Barbara Fredrickson und Marcial Losada) oder auch des Franzosen Nicolas Guégen ausfindig.

Diese Auswüchse zeigen auch deutlich, dass unsere Zeit Ungewissheiten ablehnt, keine Zweifel mag und sich rückzuversichern sucht, indem sie alles beziffert, selbst in den Human- und Sozialwissenschaften. Hierzu erschafft man mathematische Modelle, die auf Rationalität gegründet sind, und vergisst dabei völlig, dass der Mensch nicht vollständig quantifizierbar ist. Die Folge ist die Produktion von «Pseudo-Wissenschaft» und falschen Kenntnissen – und damit in Wirklichkeit von Ignoranz – auf zahlreichen Gebieten. Diese «destruktive Rückkoppelung» ist insbesondere bei denen am Werk, die Einfluss zu nehmen vermögen auf öffentliche Bereiche wie Ernährung, Ausbildung, Epidemiologie, Ökonomie, Klimaforschung oder sogar Krebsforschung, was, wissentlich oder nicht, von Politikern dazu benutzt werden kann, bestimmte Entscheidungen zu treffen.

Der Narzissmus der Politiker

Es ist klar, dass alle Politiker narzisstisch sind, wenn auch nicht alle in pathologischem Maße. Einige aber, wie Silvio Berlusconi, werden es – zumal die Ausübung von Macht die Charakterzüge verstärkt – auf eine dermaßen karikatureske Weise, dass sie nicht einmal bemerken, wie lächerlich sie in ihrer Position wirken.

Die Auswüchse der politischen Kultur in Frankreich

In der Tat können die Welt der Politik und die Ehren, die mit ihr verbunden sind, selbst die uneitelsten Menschen dazu bringen, exzessive Narzissten zu werden. Denn sie sind ständig Kameras ausgesetzt, ihr Handeln, ihre Gesten, ihre Äußerungen und Tweets werden genauestens unter die Lupe genommen. Deshalb lassen sich Politiker zur Sicherung eines guten Images von Kommunikationsberatern coachen. Die fortwährende Inszenierung kann diejenigen, die sich eher mit dem äußeren Erscheinungsbild der Macht als mit deren Verantwortung beschäftigen, dazu verleiten, sich wie Stars in Szene zu setzen oder sich sogar in Unterhaltungssendungen zur Schau zu stellen. Sie laufen dann Gefahr, sich nur noch um ihre Wirkung auf die Wähler zu kümmern, von ihrem in den Medien wiedergegebenen Bild abhängig zu werden und darüber ihren politischen Auftrag zu vergessen. Einige berauschen sich so sehr an dem Prestige ihres Amtes, dass sie einen Hang zum Luxus entwickeln, wie der politische Berater von François Hollande, Aquilino Morelle, der einen Schuhputzer in den Elysée-Palast kommen ließ und deshalb 2014 seines Amtes enthoben wurde.

Im aktuellen politischen System werden die gefördert, die den Eindruck zu erwecken wissen, sie seien «kompetitiv» – wahrscheinlich deshalb, weil sie ihr Image besser im Griff haben. Aber sie sind nicht unbedingt die Kompetentesten für die Ausübung von Macht. Im Wahlkampf müssen die Kandidaten tatsächlich eher verführen als überzeugen. Dafür benutzen sie Schlüsselbegriffe, die ein Echo in ihrer Wählerschaft finden, selbst wenn ihre Versprechen eindeutig unerfüllbar sind. Wie in Reality-TV-Shows müssen sie, um wahrgenommen zu werden, sich selbst karikieren, die Rolle übertreiben, mit der sie identifiziert werden möchten, und endlos dieselbe Botschaft wiederholen, bis diese von der Zuhörerschaft verinnerlicht worden ist. Viele Wähler sind in der Tat besonders für das allgemeine Auftreten eines Kandidaten empfänglich, für sein Äußeres und seine non-verbalen Verhaltensweisen. Daher konstruieren sich die meisten Kandidaten eine medienwirksame Legende, etwa indem sie sich in ihrer Küche zusammen mit ihrer Frau, den Kindern oder einem Hund fotografieren lassen, um eine Geschichte zu erzählen, die die Aufmerksamkeit der Medien auf sich zieht und damit indirekt die der Wähler.

In der heutigen Gesellschaft hat das Bild Vorrang vor der Analyse, und die Bürger erwarten von einem Staatschef, dass er über den Normalsterblichen steht. Das weiß François Hollande aus eigener Erfahrung, seit er, um sich von Nicolas

Sarkozy abzusetzen, dessen völlig überzogener Narzissmus für viele Franzosen unerträglich geworden war, sich im Wahlkampf 2012 als «normaler» Präsident vorstellte. In Wirklichkeit ist François Hollande ein verletzlicher Narzisst mit einem hohen, aber labilen Selbstwert. Er hat ein grandioses Bild von sich selbst und hatte gleichzeitig das Gefühl, dem Gewicht seines Amtes nicht vollständig gewachsen zu sein. Dieses Gespaltensein bewegte ihn vermutlich dazu, sein Privatleben im Élysée-Palast vor den Journalisten auszubreiten.[25] Da er an seiner Legitimität zweifelte, vermochte er es nicht, sich während seiner Regierungszeit zu behaupten, versuchte dann aber nach seiner fünfjährigen Präsidentschaft, sein Image wiederherzustellen, indem er sich Bäder in der Menge gönnte, als niemand mehr etwas von ihm erwartete. Von da an maß er seine Beliebtheit an der Länge der Warteschlangen beim Signieren seines Buches, das er im April 2018 veröffentlichte.[26] Doch anstatt einen luziden und bescheidenen Blick auf die Bilanz seiner fünfjährigen Amtszeit zu werfen, stellte er vor allem die Irrtümer seines Nachfolgers heraus und suchte den Mitgliedern der Sozialistischen Partei die Leviten zu lesen. In einer Rede, die er am 31. August 2018 in Cherbourg hielt, zeigte seine Äußerung über den Narzissmus – «schreckliche Krankheit, der jeder zum Opfer fallen kann» –, wie sehr der Sieg von Emmanuel Macron an ihm nagte und er dessen Selbstsicherheit beneidete.[27]

In Frankreich ist François Hollande natürlich bei weitem nicht der einzige Politiker, der an dieser «schrecklichen Krankheit» leidet. Sarkozys ostentativer Narzissmus wurde sehr bald von den Medien bemerkt und herausgestellt. Gewiss hatte er das Bedürfnis, seine namhaften Kontakte, seine Trophäenfrauen und seinen Hang zum «Bling-Bling»-Luxus zur Schau zu stellen. Dennoch scheint er später einen gewissen Scharfblick bewiesen zu haben, als er zum Beispiel im Januar 2016 auf dem Nachrichtensender LCI anlässlich der Veröffentlichung eines autobiographischen Buches gestand, dass er immer das «Gefühl» gehabt habe, «illegitim zu sein», weil er nie «einer gewissen Schicht des Bürgertums, einer Art Elite angehört» habe.[28] Zuvor hatte er seiner Biographin Marie-Ève Malouines anvertraut, dass er sich 1960 nach der Scheidung seiner Eltern erniedrigt gefühlt habe, als er den sozialen Abstieg seiner Mutter miterleben musste: Sie hatte ihren Mann verlassen, als ihr Sohn vier Jahre alt war, und da sein Vater nie Alimente für ihn zahlte, musste sie arbeiten gehen, um weiterhin seine private Ausbildung bezahlen zu können.[29]

Der französische Politiker Jean-Luc Mélenchon ist ein sprühender Narzisst mit Neigung zur Paranoia. Überzeugt von seiner Überlegenheit, meint er, alle beschimpfen zu dürfen, die nicht mit ihm einverstanden sind. Wie Donald Trump sieht er überall Verschwörungen und hasst die Journalisten. So versicherte er im Februar 2018: «Die Presse ist die oberste Feindin der Meinungsfreiheit.»[30] Seine Ausfälle hat er nicht unter Kontrolle, im Gegenteil, sein Größenwahn geht einfach immer wieder mit ihm durch.

Allgemeiner gesprochen, gründet die Kultur der französischen politischen Klasse weiterhin zum großen Teil auf Straffreiheit und Privilegien, um so mehr, als die Bürger lange Zeit sehr tolerant gegenüber den Verstößen ihrer politischen Anführer waren. Daraus resultiert die Gefahr des Nepotismus zugunsten von Ehefrauen oder Kindern, wie der spektakuläre Fall des ehemaligen Premierministers François Fillon zeigt: Während er in seinem Vorwahlkampf für die Präsidentschaftswahlen 2017 Rechtschaffenheit und Vorbildlichkeit in den Mittelpunkt stellte, sah er kein Problem darin, seine Ehefrau und seine Kinder als parlamentarische Mitarbeiter bezahlt zu haben, ohne dass sie dafür gearbeitet hätten. Geschah dies aus Zynismus? Wahrscheinlich nicht, denn für einen Narzissten wie ihn hätte er als Favorit der Rechten eigentlich Straffreiheit genießen müssen. Andere Politiker hingegen verbergen ihren Zynismus nicht, wie Laurent Wauquiez, bis vor Kurzem Vorsitzender der rechten Partei Les Républicains, der vor Studenten einer Managementschule im Februar 2018 versicherte, dass er bei seinen Medienauftritten nur *bullshit* von sich gebe: «Ich habe den klugen Kasper gegeben, indem ich aufgesagt habe, was die Medien von mir erwarteten.»[31] Mit seinen ikonoklastischen Äußerungen bestätigte er, dass für gewisse Politiker der Beruf, den sie ausüben, vor allem ein abgekartetes Spiel ist.

Der Rausch der Macht und ihrer Kulissen kann zu dem Glauben verleiten, dass man über den anderen steht und alle erdenklichen Rechte hat,[32] etwa das Recht, seine Einkünfte nicht zu versteuern, wie es der kurzzeitige Minister Thomas Thévenoud 2014 tat, der später sein Handeln mit einer «administrativen Phobie» rechtfertigte.[33] Sicher ist niemand frei von Fehlern, aber es wäre doch wünschenswert, dass diese Männer und Frauen nicht vergessen, dass ihre Vorrechte sie auch zu vorbildlichem Handeln verpflichten.

Und wie verhält es sich mit Emmanuel Macron, der im Mai 2017 zum französischen Staatspräsidenten gewählt wurde? Er zeichnet sich durch ein großes, dauerhaft stabiles Selbstbewusstsein aus. Darin wird er von seiner Frau Brigitte unterstützt, die «einmal erklärte, dass sie mit einem Gott zusammenlebt».[34] Wie jede öffentliche Persönlichkeit kreierte er zunächst sein Image, indem er nach und nach seine persönliche Geschichte öffentlich machte, die insbesondere von der Begegnung des jungen Studenten mit dem Philosophen Paul Ricœur geprägt ist. Dann ließ er sich als Jagdflieger oder beim Fußballspiel mit Kindern fotografieren, den Konventionen seiner Zeit gehorchend. Bei seinem Amtsantritt präsentierte er sich als «jupitergleicher» Präsident mit einer «vertikalen» Vision seines Amtes. Um Frankreich wieder Ansehen auf der internationalen Bühne zu verleihen, empfing er feierlich Wladimir

Putin in Versailles (Mai 2017) und Donald Trump auf den Champs-Élysées (Juli 2017), wodurch er sich mit den größten Narzissten an der Macht geschickt auf eine Ebene stellte. Aber anschließend «ließ er los» und gab privatere Züge seiner Persönlichkeit preis. Sicher ist er ein Narzisst, aber in welchem Maße? Seiner selbst und seiner Fähigkeiten allzu sicher, zeigte er sich mehrfach öffentlich den Bürgern gegenüber arrogant, ja verächtlich. Sein autoritärer, beinahe monarchischer Regierungsstil hat viele vor den Kopf gestoßen. Immer weiter hat er sich von den Franzosen entfernt, indem er im Alleingang regierte, umgeben von einer getreuen Leibwache, bis er es im Herbst 2018 mit der Protestbewegung der «Gelbwesten» zu tun bekam. Diese steht in einer langen, aus dem offiziellen Gedächtnis verbannten Tradition von Volksaufständen gegen den Absolutismus politischer Narzissten.[35] Emmanuel Macron wollte schnell vorankommen, und, ganz auf sein Projekt für Frankreich fixiert, argumentierte er abstrakt, ohne der Komplexität und Verletzlichkeit der Menschen Rechnung zu tragen. Nur ein Beispiel: Einen jungen arbeitslosen Mann, der davon träumt, Gärtner zu werden, «abzukanzeln» – wie Macron es im September 2018 vor laufender Kamera tat –, ist brutal, nicht nur für den Betroffenen, sondern für alle, die eine sinnvolle Arbeit zu finden hoffen. Wird es diesem jungen Präsidenten, der ausgebildet wurde, um zur Elite der Nation zu gehören, und dabei keine praktische Erfahrung hat, gelingen, vom Olymp herabzusteigen, um zu begreifen, wie das reale Leben der Leute aussieht, die schwer arbeiten müssen und Mühe haben, über die Runden zu kommen? Das ist alles andere als gewiss.

Ein Narzisst in einer Machtposition ist, wie schon gesagt, kein Problem, wenn der Betreffende für Kritik offen ist und sich selbst regelmäßig in Frage stellt. Für einen Staatschef, der zwangsläufig narzisstisch ist, liegt also die ganze Schwierigkeit darin, hinreichend narzisstisch zu sein, um sich weltweit Achtung zu verschaffen, und zugleich nicht zu narzisstisch und hinreichend demütig, um dem eigenen Volk nahe zu bleiben.

Putin, Xi Jinping und die anderen: Überall auf der Welt sind pathologische Narzissten an der Macht

Wie ich bereits in Zusammenhang mit der Wahl Donald Trumps 2016 zum US-Präsidenten erwähnte, gibt es seit den 2000er Jahren in zahlreichen Ländern einen deutlichen Zuwachs an starken, autoritären Männern, die immer mehr Macht zu erlangen suchen, um in ihren Ländern Ordnung und Sicherheit walten zu lassen, selbst auf Kosten der Freiheit und der Rechte ihrer Bürger.

Der erste unter ihnen, Wladimir Putin, seit 2010 gewählter Präsident Russlands, ist zweifellos ein Supernarzisst. Aber im Unterschied zu Donald Trump ist er vor allem ein narzisstischer Perverser. Sicherlich besitzt er ein feines Gespür für den eigenen Machtspielraum, aber wenn es darum geht, den Einfluss seines Landes noch weiter auszubauen, bricht er bedenkenlos mit den Grundsätzen der Menschenrechte. Er versteht es von jeher, das Image des virilen Mannes zu kultivieren, der nicht zögert, auf Jagdausflügen oder Angelpartien seinen muskulösen Körper zur Schau zu stellen. Auch verbreitet er Fotos von sich, die ihn zeigen, wie er mit nacktem Oberkörper auf einem Pferd reitet, in eisigen Gewässern Sibiriens schwimmend einen Bären abwehrt oder verschiedene Sportarten betreibt, als wäre er jedes Mal der Beste in der betreffenden Disziplin. Er inszeniert nicht nur ausgezeichnet sich selbst, sondern auch das nationale Epos, um Russlands Image wieder aufzupolieren. Genau wie Donald Trump, der beabsichtigt, den Vereinigten Staaten wieder zu ihrer alten Größe zu verhelfen, will er Russland den Status einer großen Weltmacht zurückgeben.

Putin ist von den Medien besessen: Er zeigt sich in ihnen, um seine Persönlichkeit besser zu verbergen, und er versteht es, sich ihrer zu bedienen, um bei der Bevölkerung künstlich Sympathien zu erwerben. Wer ihn kennengelernt hat, beschreibt ihn als einen eiskalten Menschen ohne Gefühle, aus dessen Augen und Körpersprache nichts abzulesen ist, so dass seine Gesprächspartner verunsichert sind.[36] Über die Verbrechen des totalitären Sowjetsystems breitet er Schweigen und sieht in Stalin weiterhin den Helden des Kampfes gegen den Nationalsozialismus. Wie Stalin, der oft als paranoid bezeichnet worden ist, während er vor allem ein narzisstischer Perverser war, ist Putin überzeugt, das Ziel einer Verschwörung und deshalb berechtigt zu sein, sich zu verteidigen. Von seinem Dolmetscher Walentin Bereschkow wurde Stalin so beschrieben: «Brutal gegenüber seinen eigenen Leuten, vermochte er mit einem Charme zu überzeugen, den er nur Fremden gegenüber an den Tag legte. Er verstand es, seine Gesprächspartner zu verführen. Er war ganz offensichtlich ein großer Schauspieler und fähig, sich den Anschein eines charmanten, bescheidenen und sogar etwas einfältigen Mannes zu geben.»[37] Ganz in dieser Tradition lügt Putin genauso wie Trump, aber auf eine subtilere Weise. Selbst als eine Untersuchung der Niederlande bewies, dass die Flugabwehrrakete, die am 17. Juli 2014 die Maschine des Flugs MH17 der Malaysia Airlines abgeschossen hatte, aus Russland stammte, behauptete er: «Das waren nicht wir.» Er handelt aus politischem Kalkül mit dem Ziel, Russland als Opfer des Westens darzustellen.

Aber Wladimir Putin ist wie gesagt vor allem ein Perverser. Als raffinierter Stratege versteht er sich hervorragend auf die Kunst, Spuren zu verwischen und die Schwächen anderer auszunutzen, um sie zu entzweien. Als Sekretär des Sicherheitsrates der Russischen Föderation inszenierte er 1999 einen Sexskandal, um einen Staatsanwalt aus dem Weg zu räumen, der gegen Boris Jelzin ermittelte. Das war für ihn der Beginn eines kometenhaften Aufstiegs, der ihn bis auf den Gipfel der Macht tragen sollte.[38] In der Folge wurden der russischen Regierung mehrere Morde angelastet, aber Putin hat die Gewohnheit, zu lügen und niemals die Tatsachen anzuerkennen. Wenn er in Schwierigkeiten ist, prangert er eine «Verschwörung des Westens» an, um seinem Volk zu zeigen, dass nicht er das Problem verursacht hat. Auch wenn er es im Nachhinein leugnete, veranlasste er 2016, dass russische Hacker, die sich als US-Amerikaner ausgaben, die Medien überfluteten, um die US-Präsidentschaftswahlen zu beeinflussen.[39] Aufgrund seiner Cleverness kann keine der vielen gegen ihn vorgebrachten Anschuldigungen formal bewiesen werden, aber sie nähren die Legende des mächtigen Mannes, vor dem man sich in Acht nehmen muss.

Wie im Fall des US-Präsidenten richtet sich auch Putins Machtstreben darauf, einen Minderwertigkeitskomplex zu kompensieren, der vermutlich in seiner bescheidenen Herkunft und seinen Anfängen als einfacher KGB-Agent seinen Ursprung hat. Damals schien er eher eine unbedeutende Rolle zu spielen (es hieß sogar, er sei wegen seiner Schwäche ausgewählt worden, als Marionette in einem korrupten System), aber dann konnte er sich nach und nach behaupten und verwies die korrupten Oligarchen der Jelzin-Ära in ihre Schranken. Auf nationaler Ebene wollte er die erlittene Schmach tilgen, die seinem Land von Seiten der USA und der anderen westlichen Länder beim Fall des Sowjetreichs zugefügt worden war. Und auf internationaler Ebene wollte er die Kränkung vergessen machen, die Russland aus seiner Sicht im März 2014 (im Anschluss an die Annexion der Krim) durch den Ausschluss aus der G8 zugefügt worden war, als die westlichen Regierungschefs ihn nicht mehr empfangen wollten.

In China setzte Präsident Xi Jinping 2018 die Begrenzung seiner Amtszeit außer Kraft und konzentrierte daraufhin alle Staatsgewalten in seiner Hand. Damit kann er so lange an der Regierung bleiben, wie er will. Wie alle narzisstischen Anführer gründete er zunächst seinen persönlichen Mythos, indem er den Eindruck erweckte, er habe einen legitimen Anspruch auf die Macht, um danach jede Opposition zu zerschlagen. Und ebenso wie bei vielen Narzissten entspringt sein unleugbarer Machthunger einer noch ausstehenden Rache. Sein Vater war unter Mao inhaftiert worden, als er selbst neun Jahre alt war. Das hätte Xi die Kommunistische Partei für alle Zeiten verleiden können, aber er wollte im Gegenteil erreichen, was seinem Vater verwehrt geblieben war.

Nordkoreas Machthaber Kim Jong-un ist zweifellos ein tyrannischer Narzisst und cleverer Stratege. Als jungem Anführer eines sehr kleinen Landes, von allen isoliert, ist es ihm gelungen, die großen Weltmächte zu bedrohen und mit seinen Atomwaffen zu erpressen. Folglich konnte er es sich erlauben, mit dem außergewöhnlichsten aller internationalen Anführer zu verhandeln, oder auch nur scheinbar zu verhandeln. Über Kim Jong-un ist wenig bekannt, aber er ist mit großer Sicherheit ein narzisstischer Perverser mit paranoiden Zügen, der unter dem Schein von Jovialität alle Personen aus dem Weg zu räumen vermochte, die im Verdacht standen, seine Macht zu bedrohen. Er ließ einen angeheirateten Onkel, eine Tante und einen Halbbruder sowie etliche Offiziere umbringen, die er verdächtigte, nicht loyal zu sein.

Aber die Liste der Supernarzissten an der Macht geht noch weiter. Dazu gehören auch Recep Tayyip Erdoğan in der Türkei, Rodrigo Duterte auf den Philippinen, Jair Bolsonaro in Brasilien sowie viele andere größenwahnsinnige Diktatoren und Anführer. Alle diese Staatschefs, die vermutlich weniger pathologisch narzisstisch als Donald Trump sind, vergessen schnell, dass sie fragile Menschen sind, und träumen davon, die Welt zu beherrschen. Solche Anführer stellen ganz offensichtlich eine Gefahr für den dauerhaften sozialen Frieden in ihren Ländern dar. Glücklicherweise antworten die Bürger darauf mit Mobilisierungen, die zunächst das Ziel haben, die Herrscher im Zaum zu halten, und darüber hinaus die Hoffnung auf zukünftige Gesellschaften in sich tragen, aus denen der krankhafte Narzissmus verschwunden ist.

Schluss

DIE PATHOLOGIEN DES NARZISSMUS ÜBERWINDEN

Der Aufstieg starker Männer in die höchsten Machtpositionen überall auf der Welt und zur selben Zeit zeigt, dass wir uns auf dem Gipfel des siegreichen Narzissmus befinden, den Donald Trump nur verzerrt und vergrößert widerspiegelt. Durch seine extreme Pathologie führt er uns vor Augen, was anderen, ebenso narzisstischen, aber viel perverseren und folglich subtileren Personen gelungen ist zu verbergen oder uns so zu präsentieren, dass wir es als etwas Normales und Unvermeidliches akzeptieren. Die diesen Supernarzissten gewährte Macht ist nur der Ausdruck eines allgemeineren Prozesses der Narzissisierung unserer Gesellschaft.

Die Ursprünge: Auswüchse der neoliberalen Globalisierung

Unsere Leistungs- und Konsumwelt hat die Individuen auf sich selbst ausgerichtet. Um sich anzupassen, suchen sie ihren Selbstwert zu steigern, indem sie ihrer individuellen Verwirklichung den Vorrang geben und auf kollektive Lösungen verzichten. Will man in einer globalisierten Gesellschaft überleben, muss man der Beste sein und sich über die anderen stellen, egal mit welchen Mitteln. So besetzen große Unternehmen die höchsten Posten mit narzisstischen Individuen, deren Hauptaugenmerk auf Zahlen und kurzfristigen Erfolgen liegt. Man erteilt ihnen den Auftrag, die Leistung immer weiter zu verbessern, selbst wenn sie dazu die katastrophalen Konsequenzen für Mensch und Umwelt verbergen müssen. Die Angehörigen dieser herrschenden Elite bilden eine Kaste, die ihre Privilegien mithilfe der Beziehungen schützt, die sie zu Politikern pflegt.

Natürlich befinden sich nicht alle narzisstischen Individuen im krankhaften Stadium, aber es sind die narzisstischsten, die zu den höchsten Posten aufsteigen. Auf Regierungsebene schrecken starke Männer, die zweifellos eine narzisstische Persönlichkeitsstörung aufweisen, nicht davor zurück, Menschenrechte zu verletzen, um Ordnung und Sicherheit walten zu lassen. Und weil sie Angst haben, ihre Vorrechte zu verlieren, zögern sie nicht, Drohungen auszustoßen und sich ihrer Widersacher zu entledigen.

Die Zunahme des Narzissmus überall auf der Welt kann man als psychische Antwort auf eine individualistische Leistungs- und Konsumgesellschaft sehen, die einzig und allein auf Profit und Kurzlebigkeit fokussiert ist. Die Globalisierung hat uns in eine destruktive Spirale hineingezogen, und ihr Versprechen von unbegrenztem Fortschritt, Wohlbefinden und verbesserter Lebensqualität hat eine viel düsterere Kehrseite: Abhängigkeiten, wachsende Ungleichheiten, die Zurückweisung der anderen und einen endlosen Konkurrenzkampf, der Stress und Burn-out nach sich zieht.

Viele Menschen, die an die Versprechen des Neoliberalismus geglaubt hatten, waren schnell desillusioniert, als sie den Preis sahen, den sie für ein endloses Wachstum zu bezahlen hatten. Eigentlich sollte der Konsum eine höhere Lebensqualität ermöglichen, aber er wurde zu einer Sucht. Eigentlich wollen wir frei sein, aber wir werden immer abhängiger von den neuen Technologien, die uns kontrollieren und benutzen. Wir stellen fest, es gibt immer mehr Leiden am Arbeitsplatz und psychische Krankheiten, die mit dem Leistungsdruck auf allen

Gebieten zusammenhängen. Und trotz allem muss die arbeitende Bevölkerung mit ansehen, wie ihre Kaufkraft abnimmt. Die Menschen sind erschöpft und entmutigt. Erinnern wir uns an den Satz von Emerson: «Wenn wir uns auf dünnes Eis begeben, liegt unsere Sicherheit in der Geschwindigkeit.»[1]

Die Globalisierung hat bei den Schwächsten der Gesellschaft zu einem Verlust von Orientierungspunkten geführt. Durch gesellschaftliche Umbrüche, denen man nur schwer entgehen kann, haben sie die Orientierung verloren und sind besorgt angesichts einer Zukunft, die sich ihrer Kontrolle entzieht. Sie merken, dass sich ihre Lebensqualität verschlechtert. In einer Welt, in der nur die Leistungsfähigsten zählen und in der die Veränderungen sie dazu zwingen, sich unablässig anzupassen, leiden sie unter einem Absturz ihres Selbstwerts und fühlen sich von den politischen und wirtschaftlichen Eliten verachtet, erniedrigt und herabgesetzt. So nennt Hillary Clinton in den Vereinigten Staaten die Wähler Donald Trumps «erbärmlich», in Frankreich bezeichnet François Hollande die Ärmsten der Gesellschaft als «die Zahnlosen», und Emmanuel Macron spricht von «denen, die nichts sind». Wenn die Schwachen sich mit all denen vergleichen, die mehr haben und ihren Wohlstand in den sozialen Netzwerken zur Schau stellen, haben sie das Gefühl eines sozialen Abstiegs – wie Kinder, die sich mit anderen vergleichen und ständig fürchten, dass diese mehr haben als sie. Einige unter ihnen drohen dann womöglich, ihre Frustration auf Sündenböcke abzuladen, auf solche, die anders sind als sie, nicht nur auf die Eliten, sondern auch auf die Frauen, die sexuellen Minderheiten oder die Immigranten. Denn sie befürchten, dass sich Erstere zu extremen Lösungen entschließen, und verteufeln die Restlichen. Das entspricht nicht einem politischen Bewusstsein, sondern eher einem Verlust der Orientierungspunkte, einer Folge zu rascher Veränderungen unserer Gesellschaft. Diese Menschen sind auf sich und Ihresgleichen fixiert, sie lehnen alle ab, die anders sind und die sie als Bedrohung ihrer Identität wahrnehmen.

Rechte autoritäre Führer zu wählen mag paradox erscheinen, aber viele sehen darin den einzigen Weg, ihrer Ablehnung einer Gesellschaft Ausdruck zu verleihen, in der die Macht in den Händen einer realitätsfernen Elite liegt. Trump hat deshalb so großen Rückhalt in der Bevölkerung, weil er sich über die üblichen Regeln der politischen Korrektheit in der Sprache hinwegsetzt, weil er wie ein einfacher Mann ohne höhere Bildung spricht. Das erweckt den Eindruck, er könnte die kleinen Leute verstehen, auch wenn er damit nur seine eigenen Interessen verfolgt.

Eine Brasilianerin, die ich fragte, warum sie Bolsonaro gewählt hatte, sagte mir: «Ich weiß, dass er fürchterlich ist, aber die anderen sind auf andere Weise fürchterlich. Mit der Wahl dieses Populisten wollte ich zum Ausdruck bringen, dass wir einen Wechsel wollen. Wir haben die Nase voll von diesen Politikern, die im Wahlkampf schöne Reden schwingen, aber dann, sobald sie an der Macht sind, sich vor allem um sich selbst kümmern. Es geht ihnen nur darum, ihr Ansehen zu steigern und ihren Reichtum zu vermehren.» Für Trump, Bolsonaro oder den Brexit zu stimmen ist eine Art zu sagen: «Das Leben, das ihr uns anbietet, wollen wir nicht.» Es ist die Ablehnung der Globalisierung, des Neoliberalismus und der politischen und wirtschaftlichen Eliten.

Wachsendes Bewusstsein

Glücklicherweise beginnt sich ein wachsendes Bewusstsein für die unheilvollen Auswirkungen der Narzissisierung unserer Gesellschaft abzuzeichnen. Ich denke, in Wirklichkeit erleidet unsere Zivilisation derzeit das letzte Aufbäumen der triumphierenden Virilität der Supernarzissten. Der Aufstieg Donald Trumps, Jair Bolsonaros und anderer angeblich starker Männer ist nur das Symptom eines globalen Wandels der Gesellschaft. Zu lange haben wir die Augen verschlossen vor dem Größenwahn der Eliten, ihrem Machtmissbrauch und ihren betrügerischen Machenschaften. Die zahlreichen Skandale, die seit der Hypothekenkrise von 2008 die Welt der Konzerne und der Mächtigen nach und nach heimsuchten, haben bis vor Kurzem nur wenige Reaktionen hervorgerufen, aber inzwischen werden sie regelmäßig angeprangert. In den USA löste 2017 der Skandal um den Filmproduzenten Harvey Weinstein – verschärft durch die Präsenz eines offen frauenfeindlichen und sexuell übergriffigen Mannes im Oval Office – eine heftige Reaktion aus, die sich im politischen Engagement zahlreicher Frauen verschiedenster Herkunft manifestierte. Überall auf der Welt hat die Bewegung #MeToo die Empörung über die Unterdrückung von Frauen durch Männer zum Ausdruck gebracht und die immer noch unzureichende Strafverfolgung von Missbrauch angeprangert.

Die Zivilgesellschaft hat begonnen, sich zu mobilisieren und eine Lebensweise in Frage zu stellen, die unsere Gesundheit gefährdet und exzessive Ungleichheiten in den Lebens- und Arbeitsbedingungen hervorbringt. Das wachsende Bewusstsein für die Folgen des Klimawandels auf unserem Planeten ist zum alles beherrschenden Thema geworden, auch wenn die «Entscheidungsträger» sich immer noch dagegen wehren, die Konsequenzen daraus zu ziehen, denn die politischen Parteien haben das Ausmaß dieser Veränderungen nicht erfasst, sie haben den Draht zu ihrer Wählerschaft verloren.

Die Lösung wird von den Jugendlichen kommen, sie sind die Hoffnungsträger. Die in den achtziger und neunziger Jahren geborenen «Millennials» hängen im Allgemeinen viel weniger an Konsum und Besitz und verweigern sich oft der vom

Konsumdenken geprägten Gesellschaft ihrer Eltern. Viele unter ihnen haben verstanden, dass die Anhäufung von Reichtum nicht autonomer und freier macht und dass das aktuelle kurzlebige System unseren Planeten zerstört. Sie bevorzugen die Wirtschaft des Teilens und die Solidarität. Wozu ein Auto kaufen, wenn man es mieten oder teilen kann? Sie recyceln alles, was recycelt werden kann, bringen noch verwendbare Sachen zu Gebrauchtwarenläden und kaufen Second Hand. Im Internet präsentieren sie sich nicht als Konsumenten, sondern als Kontributoren, die ihre Kenntnisse teilen wie im Fall von Wikipedia und Open-Source-Software. Nach und nach ändern sich die Konsumgewohnheiten. Was die Nahrungsmittel anbelangt, bevorzugen immer mehr Menschen – wahrscheinlich wegen der häufigen Hygieneskandale – kurze Versorgungsketten mit regionalen Erzeugern oder sogenannte AMAPs (in Frankreich: Verbrauchervereinigungen für die Beibehaltung bäuerlicher Landwirtschaft). Permakultur ermöglicht die Produktion von Gemüse und Obst ohne Belastung des Bodens.

Die meisten Jugendlichen wollen nicht so viel wie ihre Eltern arbeiten, die sich bei der Arbeit verausgabt haben, ohne Anerkennung für ihren Einsatz zu erhalten. Sie lehnen die «bullshit jobs» ab, diese bürokratischen Tätigkeiten, die wenig Nutzen erkennen lassen und keine Intelligenz erfordern: Stattdessen möchten sie gerne Berufe ergreifen, die einen Sinn haben und auf die sie stolz sein können. Sie konsumieren weniger und sagen, sie seien erleichtert, darauf verzichtet zu haben, immer mehr zu wollen; das gebe ihnen das Gefühl, die Kontrolle über ihr Leben zurückzugewinnen.

Natürlich beschränkt sich dieses neue, bewusste Konsumverhalten im Moment eher auf die bildungsnahen Schichten, aber überall entstehen bürgerschaftliche Initiativen. Die Eliten fühlen sich noch nicht wirklich angesprochen, dennoch wäre ein bescheidenerer Lebensstil auf allen Ebenen denkbar.

Wahrscheinlich täten diese Anführer gut daran, sich von José Mujica, genannt «Pepe», inspirieren zu lassen, der von 2010 bis 2015 Präsident von Uruguay war. In seinem Dokumentarfilm *El Pepe, una vida suprema* zeichnet der Regisseur Emir Kusturica die letzten Tage dieses Präsidenten in seinem Amt nach. In den darin enthaltenen Interviews prangert Mujica die im kapitalistischen System angelegte Logik des Konsums an und unterstreicht dabei den hohen Preis, den Mensch und Umwelt dafür zu zahlen haben.[2] Dieser fortschrittliche Mann, der die Abtreibung, die Ehe für alle und den begrenzten Cannabishandel legalisiert hat, regierte sein Land, ohne sich von der Macht korrumpieren zu lassen. Der ehemalige Guerillero der Tupamaros, der wegen seines Kampfes gegen die Militärdiktatur zwölf Jahre in Einzelhaft verbrachte, sagt uns: «Man lernt mehr aus Schmerz und Einsamkeit als aus Erfolg und Reichtum; [...] wenn man nicht achtgibt, ähneln Republiken am Ende immer Monarchien.»

Ich ende mit einem Zitat des ehemaligen «Ministers für den ökologischen und solidarischen Übergang», Nicolas Hulot, aus seiner Abschiedsrede vom September 2018: «Wagen wir die Utopie!» Nach der Ära des Exzesses wird die Zeit der Mäßigung kommen. Vielen Menschen wird auf ihre Weise bewusst, dass wir unsere Lebensweise ändern müssen, dass wir unsere Art zu konsumieren mit unserer Umwelt in Einklang bringen müssen und dass wir die anderen akzeptieren müssen, so wie sie sind. Das ist der Weg, um die Pathologien des Narzissmus zu überwinden.

ANMERKUNGEN

Die URL-Adressen der online verfügbaren Literatur werden hier in ihrer gekürzten Version angegeben, die mithilfe der Website https://frama.link hergestellt wurde.

Einleitung: Die Narzissten an der Macht

1 W. Keith Campbell und Joshua D. Miller (Hrsg.), *The Handbook of Narcissism and Narcissistic Personality Disorder. Theoretical Approaches, Empirical Findings, and Treatments*, Hoboken 2011.

1. Der pathologische Narzissmus des Donald Trump

1 James A. Herb, «Donald J. Trump, alleged incapacitated person», in: Bandy Lee (Hrsg.), *The Dangerous Case of Donald Trump. 27 Psychiatrists and Mental Health Experts Assess a President*, New York 2017.

2 John Gartner, «Mental health professionals declare Trump is mentally ill and must be removed», *Change.org*, frama.link/3u2WJh7Y.

3 Richard Greene, «Is Donald Trump mentally ill? 3 professors of psychiatry ask president Obama to conduct a full medical and neuropsychiatric evaluation», in: *The Huffington Post*, 17. Dezember 2016, frama.link/57ydraFZ.

4 Robert Jay Lifton, Vorwort zu Bandy Lee (Hrsg.), *The Dangerous Case of Donald Trump*, op. cit. In allen Ländern existiert ein Gesetz zum Schutz vor Personen, deren Geisteszustand eine Gefahr für sie selber oder für andere darstellt.

5 Aaron Blake, «The American Psychiatric Association issues a warning. No psychoanalyzing Donald Trump», in: *The Washington Post*, 7. August 2016, frama.link/NQCpV6Sm.

6 American Psychiatric Association, *DSM-5*, 2013 (dt. Ausgabe: *Diagnostisches und Statistisches Manual Psychischer Störungen DSM-5®*, Göttingen, 2., korrigierte Aufl. 2018).

7 Allen Frances, «An eminent psychiatrist demurs on Trump's mental state», in: *The New York Times*, 14. Februar 2017.

8 Bandy Lee (Hrsg.), *The Dangerous Case of Donald Trump*, op. cit.

9 *Diagnostisches und Statistisches Manual Psychischer Störungen DSM-5®*, Göttingen 2015.

10 Gilles Paris, «Lors de son premier discours sur l'état de l'Union, Trump s'essaie à nouveau à l'unité», in: *Le Monde*, 31. Januar 2018.

11 Zit. nach Catherine Gouëset, «Trump vu par les psys: 'La réalité doit se plier à l'idée qu'il s'en fait'», in: *L'Express*, 19. Februar 2017.

12 David A. Fahrenthold, «A Time Magazine with Trump on the cover hangs in his golf clubs. It's fake», in: *The Washington Post*, 27. Juni 2017, frama.link/p2arhzLX.

13 Zit. nach Pierre-Yves Dugua, «Croissance. La conjoncture sourit à Donald Trump», in: *Le Figaro économie*, 27. Juli 2018, frama.link/f4d_-3fu.

14 Donald Trump, *Trump: Surviving at the Top*, New York u. a. 1990 (dt.: *Trump. Überleben ganz oben*, München 1990).

15 Donald Trump, *Trump: Think Like a Billionaire. Everything You Need to Know about Success, Real Estate, and Life*, New York 2004 (dt.: *Trump – think like a billionaire. Das sollten Sie über das Leben, Erfolg und Immobilien wissen*, Kulmbach 2018).

16 David Von Drehle, «Is Steve Bannon the second most powerful man in the world?», in: *Time Magazine*, 2. Februar 2017.

17 Scott J. Dickman, «Functional and dysfunctional impulsivity. Personality and cognitive correlates», in: *Journal of Personality and Social Psychology*, vol. 58, n° 1, 1990, S. 95–102.

18 David M. Reiss, «Cognitive impairment, dementia, and potus», in: Bandy Lee (Hrsg.), *The Dangerous Case of Donald Trump*, op. cit.

19 Craig Malkin, «Pathological narcissism and politics», ibid.

20 David Cay Johnston, *The Making of Donald Trump*, New York 2016.

21 Michael Kranish und Marc Fisher, *Trump Revealed. The Definitive Biography of the 45th President*, New York 2016.

22 Gwenda Blair, *Donald Trump. The Candidate*, New York 2007.

23 «Pour l'essayiste Donald Morrison, Trump, rejeté par les élites de gauche, veut sa revanche», in: *Le Monde*, 15. November 2013.

24 Tony Schwartz, *The Washington Post*, 13. Mai 2017.

25 Claire Digiacomi, *The Huffington Post*, 11. Januar 2017.

26 Gilles Paris, «Ingérence russe: Michael Flynn, ancien conseiller de Trump, reconnaît avoir menti au FBI», in: *Le Monde*, 1. Dezember 2017.

27 Angie Holan und Linda Qui, «2015 lie of the year. The campaign misstatements of Donald Trump», in: *PolitiFact*, 21. Dezember 2015.

28 Kyle Cheney u. a., «Donald Trump's week of misrepresentations, exaggerations, and half-truths», in: *Politico*, 25. September 2016.
29 Lena H. Sun und Juliet Eilperin, «CDC gets list of forbidden words: fetus, transgender, diversity», in: *The Washington Post*, 15. Dezember 2017.
30 Thomas B. Edsall, «When the President is ignorant of his own ignorance», in: *The New York Times*, 30. März 2017.
31 Zum Dunning-Kruger-Effekt s. Pierre Barthélémy, «Pourquoi les incompétents se croient si doués», in: *Le Monde Sciences et technologie*, 21. November 2016.
32 Tomas Chamorro-Premuzic, «Pourquoi nous adorons les narcissiques», in: *Harvard Business Review France*, 2. Oktober 2014.
33 Zit. nach Clément Daniez, «*Good, bad, sad* .... Le langage de Trump est pauvre, mais redoutablement efficace», in: *L'Express*, 20. Januar 2017, frama.link/eP7DPLDW.
34 «L'auteur du livre que Trump a voulu interdire se confie au JDD», in: *Le Journal du Dimanche*, 17. Februar 2018.
35 Jayson Harsin, «‹La post-vérité a radicalement transformé les campagnes électorales›», Interview von Valérie Segond, in: *Le Monde*, 4. März 2017.
36 Guillemette Faure, «Donald Trump, dernier tweet avant la fin du monde», in: *Le Monde*, 10. Januar 2018.
37 Mike Wendling, «The (almost) complete history of ‹fake news›», in: *BBC Trending*, 22. Januar 2018.
38 Nach seiner Verwendung durch Donald Trump in diesem unverständlichen Tweet wurde das Wort «covfefe» zum Namen einer Gesetzesvorlage, die darauf abzielt, Trumps Twitter-Nachrichten zu archivieren.
39 «Trump dérape et traite une journaliste de ‹folle au faible QI›», in: *Le Parisien*, 29. Juni 2017.

2. Das Konzept des Narzissmus

1 Publius Ovidius Naso, *Metamorphosen*, hrsg. und übers. von Gerhard Fink, Düsseldorf/Zürich 2004. S. Olivier Le Naire, «Narcisse. Le vrai visage d'un mythe», in: *L'Express*, 12. Oktober 2014.
2 Christopher Lasch, *Das Zeitalter des Narzissmus*, München 1980.
3 Sigmund Freud: «Psychoanalytische Bemerkungen über einen autobiographisch beschriebenen Fall von Paranoia (Dementia paranoides)» (1911), in: *Gesammelte Werke*, Frankfurt a. M. 1946–1955, Bd. VIII.

4 Sigmund Freud, «Zur Einführung des Narzissmus» (1914), *Studienausgabe*, Bd. 3, Frankfurt a. M. 1975.
5 Heinz Kohut, *Narzissmus. Eine Theorie der psychoanalytischen Behandlung narzisstischer Persönlichkeitsstörungen*, Frankfurt a. M. 1976.
6 Morris Rosenberg, *Conceiving the Self*, New York 1979.
7 Den Leserinnen und Lesern, die sich eine spielerischere Erklärung dieser Definitionen wünschen, empfehle ich, sich die Rede von Martial Jardel, dem Finalisten des Wettbewerbs «Eloquentia», vom Februar 2018 anzuhören, «L'interprétation est-elle une création?», frama.link/4nrwQNLb.
8 Janine Chasseguet-Smirgel, *L'Idéal du Moi. Essai psychanalytique sur la maladie d'idéalité*, Paris 1974.
9 Alain Ehrenberg, *Das Unbehagen in der Gesellschaft*, Berlin 2011.
10 Bernard Brusset, «La honte à l'adolescence», in: *Adolescence*, vol. 11, n° 1, 1993.
11 Patrick Merot, «La honte. ‹Si un autre venait à l'apprendre.› Introduction à la discussion sur le rapport de Claude Janin», in: *Revue française de psychanalyse*, vol. 67, n° 5, 2003, S. 1743–1756.
12 Niccolò Machiavelli, *Geschichte von Florenz*, Wien 1934.
13 David Riesman, *Die einsame Masse. Eine Untersuchung der Wandlungen des amerikanischen Charakters*, Darmstadt u. a. 1956.
14 Richard Sennett, *Verfall und Ende des öffentlichen Lebens. Die Tyrannei der Intimität*, Frankfurt a. M. 1986.
15 Christopher Lasch, *Das Zeitalter des Narzissmus*, München 1980.
16 Sylvie Vendette, *Le Concept de narcissisme dans la psychanalyse freudienne*, mémoire de maîtrise en sociologie, UQAM, 2009.
17 Gilles Lipovetsky, *Narziss oder die Leere. Sechs Kapitel über die unaufhörliche Gegenwart*, Hamburg 1995.
18 Gilles Lipovetsky, *Le Bonheur paradoxal*, Paris 2006.
19 Alain Ehrenberg, *Das erschöpfte Selbst. Depression und Gesellschaft in der Gegenwart*, Frankfurt a. M. 2004.
20 Alain Ehrenberg, *Das Unbehagen in der Gesellschaft*, op. cit.
21 Byung-Chul Han, *Agonie des Eros*, Berlin 2012.
22 Byung-Chul Han, *Müdigkeitsgesellschaft*, Berlin 2010.
23 Dahlia Namian und Laurie Kirouac, «Narcissisme, estime de soi et société. Regard sociologique sur la dépathologisation d'un trouble controversé», in: *Sociologie*, vol. 6, n° 3, 2015, S. 279–294.

3. Die narzisstischen Persönlichkeitsstörungen

1 Film von Pierre-Henri Gibert, *Xavier Dolan. À l'impossible je suis tenu*, Frankreich 2015.
2 Robert Raskin und Howard Terry, «A principal-components analysis of the Narcissistic Personality Inventory and further evidence of its construct validity», in: *Journal of Personality and Social Psychology*, n° 54, 1988, S. 890–902.
3 Otto Kernberg, *Schwere Persönlichkeitsstörungen. Theorie, Diagnose, Behandlungsstrategien*, Stuttgart 1992.
4 Charles Zanor, «A fate that narcissistics will hate: being ignored», in: *The New York Times*, 30. November 2010.
5 Jean Twenge und Keith Campbell, *The Narcissism Epidemic*, New York 2013.
6 Theodore Millon, «Personality subtypes», www.millonpersonality.com, 23. Oktober 2013.
7 Paul Wink, «Two faces of narcissism», in: *Journal of Personality and Social Psychology*, vol. 61, 1991, S. 590–597.
8 Attila J. Pulay, Risë B. Goldstein und Bridget F. Grant, «Sociodemographic correlates of DSM IV narcissistic personality disorder», in: W. Keith Campbell und Joshua D. Miller (Hrsg.), *The Handbook of Narcissism and Narcissistic Personality Disorder*, op. cit.
9 Emily Grijalva, Daniel A. Newman, Louis Tay, Brent Donnellan, Richard Robins und Yan Taiyi, «Gender differences in narcissism. A meta-analytic review», in: *Psychological Bulletin*, vol. 141, n° 2, März 2015, S. 261–310.

4. Die wichtigsten narzisstischen Pathologien

1 «Alain Delon: ‹Je suis un des rares mythes vivants du XXIe siècle!›», RTL, 13. Januar 2011.
2 Maria Riva, *Marlène Dietrich par sa fille*, Paris 1992.
3 Interview auf RMC Sport, 27. November 2013.
4 «Bruno Lemaitre: ‹Le système de recherche favorise les personnalités narcissiques›», in: *Le Monde*, 5. September 2016.
5 Aaron L. Pincus und Michael J. Roche, «Narcissistic grandiosity and narcissistic vulnerability», in: W. Keith Campbell und Joshua D. Miller (Hrsg.), *The Handbook of Narcissism and Narcissistic Personality Disorder*, op. cit.
6 Otto Kernberg, «Narcissistic personality disorders. Part 1», in: *Psychiatric Annals*, vol. 39, n° 3, März 2009, S. 105–167.

7 Eytan Bachar, Hilt Hadar und Arieh Shalev, «Narcissistic vulnerability and the development of PTSD. A prospective study», in: *Journal of Nervous and Mental Disease*, vol. 193, n° 11, 2005.
8 John D. Gartner, «Donald Trump is: a) bad, b) mad, c) all of the above», in: Bandy Lee (Hrsg.), *The Dangerous Case of Donald Trump*, op. cit.
9 Hervey M. Cleckley, *The Mask of Sanity. An Attempt to Clarify Some Issues about the So-Called Psychopathic Personality*, Privatdruck, Georgia 1988.
10 Paul-Claude Racamier, «Entre agonie psychique, déni psychotique et perversion narcissique», in: *Revue française de psychanalyse*, vol. 50, n° 5, 1986.
11 Paul-Claude Racamier, «De la perversion narcissique», in: *Gruppo*, n° 3, 1987.
12 Marie-France Hirigoyen, *Die Masken der Niedertracht. Seelische Gewalt im Alltag und wie man sich dagegen wehren kann*, München 1999.

5. Die Wurzeln des pathologischen Narzissmus

1 Richard Sennett, Verfall und Ende des öffentlichen Lebens. Die Tyrannei der Intimität, op. cit.
2 Jean M. Twenge und W. Keith Campbell, *The Narcissism Epidemic. Living in the Age of Entitlement*, New York 2009.
3 Donald W. Winnicott, *Collected Papers. Through Paediatrics to Psycho-analysis*, London 1958.
4 Sigmund Freud, «Zur Einführung des Narzissmus», op. cit.
5 Jean-Christophe Torres, *Du narcissisme*, Paris 2011.
6 S. Wilfried Lignier, La Petite Noblesse de l'intelligence. Une sociologie des enfants surdoués, Paris 2012.
7 Eddie Brummelman u. a., «Origins of narcissism in children», in: *Proceedings of the National Academy of Sciences*, vol. 112, n° 12, März 2015.
8 Phebe Cramer, «Young adult narcissism. A 20 years longitudinal study of the contribution of parenting styles, preschool precursors of narcissism, and denial», in: *Journal of Research in Personality*, vol. 45, n° 1, Februar 2011.
9 Alain Ehrenberg, *Das Unbehagen in der Gesellschaft*, op. cit.
10 Christopher Lasch, *Das Zeitalter des Narzissmus*, op. cit.
11 S. Aline Vater, Steffen Moritz und Stefan Röpke, «Does a narcissism epidemic exist in modern western societies? Comparing narcissism and self-esteem in East and West Germany», in: *Plos One*, vol. 13, n° 1, 2018.

12 Kongress der deutschen Gesellschaft für Psychiatrie und Psychotherapie, Berlin, 23.–26. November 2016.
13 Bernard Frank, «Au Japon, le refrènement du moi est une règle du comportement social», in: *Le Monde*, 24. September 1996.
14 Tristan Garcia, *La Vie intense*, Paris 2016.
15 Zygmunt Bauman, *Leben in der flüchtigen Moderne*, Frankfurt a. M. 2007.
16 Christopher Lasch, *Das Zeitalter des Narzissmus*, op. cit.
17 Alain Ehrenberg, *Das erschöpfte Selbst*, op. cit.

6. Das Bild als Spiegel des Selbst

1 Richard Sennett, *Verfall und Ende des öffentlichen Lebens. Die Tyrannei der Intimität*, op. cit.
2 Daniel Hamermesh, *Beauty Pays. Why Attractive People Are More Successful*, Princeton 2013.
3 Eli Pariser, *The Filter Bubble. What the Internet is Hiding from You*, New York 2011.
4 Robert H. Lustig, *Brainwashed. Wie die Lebensmittelindustrie unser Glücksempfinden verändert, mit Werbung unsere Bedürfnisse manipuliert – und wie wir uns dagegen wehren können*, München 2018.
5 Susan Greenfield, *Mind Change. How 21st Century Technology is Leaving its Mark on the Brain*, London 2014.
6 «D'anciens cadres de Facebook expriment leurs remords d'avoir contribué à son succès», in: *Le Monde*, 13. Dezember 2017.
7 «Jeu vidéo: En Chine, les enfants limités à une heure par jour», in: *L'Obs*, 4. Juli 2017.
8 Agata Blachnio u. a., «The role of self-esteem in Internet addiction. A comparison between Turkish, Polish and Ukrainian samples», in: *The European Journal of Psychiatry*, vol. 30, n° 2, April-Juni 2016.
9 Laura E. Buffardi und W. Keith Campbell, «Narcissism and social networking web sites», in: *Personality and Social Psychology Bulletin*, n° 34, 2008, S. 1303–1314.
10 Elliot T. Panek u. a., «Mirror or megaphone? How relationships between narcissism and social networking site use differ on Facebook and Twitter», in: *Computers in Human Behavior*, vol. 29, n° 5, September 2013, S. 2004–2012.
11 Robert B. Lull und Ted M. Dickinson, «Does television cultivate narcissism? Relationships between television exposure, preferences for specific genres, and subclinical narcissism», in: *Psychology of Popular Media Culture*, vol. 7, n° 1, 2018, S. 47–60.

7. Die Auswirkungen des Narzissmus im Alltag

1 Marie-France Hirigoyen, *Die Masken der Niedertracht*, op. cit.
2 Marie-France Hirigoyen, *Le Harcèlement moral au travail*, Paris 2014 (Neuaufl. 2017).
3 Ibid.
4 Michela Marzano, *Extension du domaine de la manipulation*, Paris 2008.
5 Maarit Vartia, «The source of bullying. Psychological work environment and organizational climate», in: *European Journal of Work and Organizational Psychology*, vol. 5, n° 2, 1996, S. 203–214.
6 Dieter Zapf und Stale Einarsen, «Individual antecedents of bullying. Victims and perpetrators», in: Stale Einarsen, Helge Hoel und Cary Cooper (Hrsg.), *Bullying and Emotional Abuse in the Workplace. International Perspectives in Research and Practice*, London 2003.
7 Roy F. Baumeister, Laura Smart und Joseph M. Boden, «Relation of threatened egotism to violence and aggression. The dark side of high self-esteem», in: *Psychological Review*, n° 103, 1996, S. 5–33.
8 Philippe Brenot und Magali Croset-Calisto, «La tête au carré», France-Inter, 29. März 2017.
9 Marie-France Hirigoyen, *Solotanz – Anleitung zum Alleinsein. Glück und Unglück einer neuen Lebensform*, München 2008.
10 Zygmunt Bauman, *Liquid Love. On the Frailty of Human Bonds*, Cambridge 2003.
11 Marie-France Hirigoyen, *Warum tust du mir das an? Gewalt in Partnerschaften,* München 2006.

8. Die Auswirkungen des Narzissmus auf die Gesellschaft

1 Pierre Lascoumes und Carla Nagels, *Sociologie des élites délinquantes. De la criminalité en col blanc à la corruption politique*, Paris 2014.
2 Paul K. Piff, Daniel M. Stancato, Stéphane Côté, Rodolfo Mendoza-Denton und Dacher Keltner, «Higher social class predicts increased unethical behaviour», in: *PNAS*, vol. 109, n° 11, 2012, S. 4086–4091.
3 S. Marie-France Hirigoyen, *Le Harcèlement moral au travail*, op. cit.
4 Scott B. Kaufman und Chia Jung Tsay, «People favour naturals over strivers, even though they say otherwise. Leadership and managing people», in: *Harvard Business Review*, Mai 2016.
5 Laura Guillen, Natalia Karelaia und Hannes L. Leroy, «The authenti-

city gap. When authentic individuals are not regarded as such and why it matters», *INSEAD Working Paper*, n° 2016/08/DSC, 6. März 2016, frama.link/V12W7bfG.

6 Gaëlle Picut, «Licencié pour faute grave pour avoir menti sur son CV», in: *Le Monde*, 10. Dezember 2015.

7 Robert B. Kaiser und S. Bartholomew Craig, «Destructive leadership in and of organizations», in: David V. Day (Hrsg.), *The Oxford Handbook of Leadership and Organizations*, Oxford 2014.

8 Lisa Vignoli, «Ramdane Touhami, franc-tireur du luxe à la française», in: *M. Le magazine du Monde*, 21. April 2018.

9 Arijit Chatterjee und Donald Hambrick, «It's all about me. Narcissistic chief executive officers and their effects on company strategy and performance», in: *Administrative Science Quarterly*, vol. 52, n° 3, 2007, S. 351–386.

10 Joshua D. Foster und James C. Brennan, «Narcissism, the agency model, and approach-avoidance motivation», in: W. Keith Campbell und Joshua D. Miller (Hrsg.), *The Handbook of Narcissism and Narcissistic Personality Disorder*, op. cit., S. 89–100.

11 Tomas Chamorro-Premuzic, «Pourquoi nous adorons les narcissiques», op. cit.

12 Amy B. Brunell, William A. Gentry, W. Keith Campbell u. a., «Leader emergence. The case of the narcissistic leader», in: *Personality and Social Psychology Bulletin*, 1. Dezember 2008, frama.link/V12W7bfG.

13 Isabelle Chaperon, «Oussama Ammar, les deux visages d'un gourou de la French Tech», in: *Le Monde*, 8. Mai 2018; Anne Vidalie und Benoist Fechner, «Oussama Ammar, la face cachée d'un gourou de la tech», in: *L'Express*, 14. Juni 2018.

14 Tomas Chamorro-Premuzic, «Why we love narcissists», in: *Harvard Business Review*, 15. Januar 2014.

15 Gérard Ouimet, *Psychologie des leaders narcissiques organisationnels*, Diss. phil., Université de Montréal, April 2014.

16 Quy Huy, «Humble narcissists make great leaders», in: *INSEAD Knowledge*, 5. August 2015.

17 S. Christian Salmon, *Storytelling. La machine à fabriquer des histoires et à formater les esprits*, Paris 2007.

18 S. Stéphane Foucart und Stéphane Horel, Artikelserie über die *Monsanto Papers,* in: *Le Monde*, 2. und 3. Juni, 5. und 6. Oktober 2017.

19 Yuri Mishina, Bernadine J. Dykes, Emily S. Block und Timothy G. Pollock, «Why ‹good› firms do bad things. The effects of high aspirations, high expectations, and prominence on the incidence of corporate illegality», in: *Academy of Management Journal*, vol. 53, n° 4, August 2010, S. 701–722.

20 Bruno Lemaitre, *An Essay on Science and Narcissism*, Selbstverlag, 2015.

21 Daniel Sarewitz, «The integrity of science», in: *The New Atlantis*, Frühjahr/Sommer 2016.

22 Daniel J. Benjamin, James O. Berger u. a., «Redefine statistical significance», in: *Nature Human Behaviour*, n° 2, 2018, S. 6–10.

23 *Le Monde Science et Médecine*, 26. September 2017.

24 Nicholas J. L. Brown und James A. J. Heathers, «The GRIM test. A simple technique detects numerous anomalies in the reporting of results in psychology», in: *Social Psychological and Personality Science*, vol. 8, n° 4, 2017, S. 363–369.

25 Fabrice Lhomme und Gérard Davet, *Un président ne devrait pas dire ça*, Paris 2016.

26 François Hollande, *Les Leçons du pouvoir*, Paris 2018.

27 Astrid de Villaines, «À Cherbourg, Hollande critique Macron sans le nommer», in: *Le Monde*, 1. September 2018.

28 «Les confidences de Nicolas Sarkozy dans ‹Sept à Huit›», LCI, 25. Januar 2016, frama.link/qCunXaXU; Nicolas Sarkozy, *La France pour la vie*, Paris 2016.

29 Marie-Ève Malouines, *Nicolas Sarkozy. Le pouvoir et la peur*, Paris 2010.

30 Pierre Lepelletier, «Mélenchon défend Wauquiez et cible la presse 'ennemie de la liberté d'expression'», in: *Le Figaro*, 26. Februar 2018.

31 Olivier Faye, «Laurent Wauquiez comparé à Donald Trump après ses déclarations polémiques», in: *Le Monde*, 19. Februar 2018.

32 Die US-amerikanischen Psychologen sagen «entitled» («ich bin berechtigt zu …») und sind der Ansicht, dass es sich dabei um ein wichtiges Symptom des Narzissmus handelt.

33 Pascale Robert-Diard, «La ‹phobie administrative› de Thomas Thévenoud devant la justice», in: *Le Monde*, 19. April 2017.

34 Mathieu Bonis, «Brigitte Macron ‹un peu trop présente› selon certains proches d'Emmanuel Macron», in: *Gala*, 27. November 2016.

35 S. insbesondere Michèle Riot-Sarcey, «Les gilets jaunes ou l'enjeu démocratique», in: *AOC*, 12. Dezember 2018.

36 «Poutine s'efforce de rassurer les Russes: le pire de la crise est passé», in: *L'Obs*, 16. April 2015.

37 Zit. nach Paul Fuks, *Staline, pervers narcissique*, Lausanne 2014.

38 S. Tania Rakhmanova, *Au cœur du pouvoir russe. Enquête sur l'empire Poutine*, Paris 2012.

39 S. hierzu den bemerkenswerten Dokumentarfilm von Thomas Huchon, *Comment Trump a manipulé l'Amérique*, *Arte*, 8. Oktober 2018.

Die Pathologien des Narzissmus überwinden

1 Ralph Waldo Emerson, «On prudence», zit. von Zygmunt Bauman, *Leben in der flüchtigen Moderne*, op. cit.
2 Emir Kusturica, *El Pepe, una vida suprema*, Dokumentarfilm, Film Factory, Produzent Hugo Sigman, 2018.

Psychologie bei C.H.Beck

David Althaus, Nico Niedermeier, Svenja Niescken
Zwangsstörungen
Wenn die Sucht nach Sicherheit zur Krankheit wird
3., überarbeitete Auflage. 2018. 247 Seiten mit 6 Abbildungen
und 3 Tabellen. Broschiert

Achim Haug
Das kleine Buch von der Seele
Ein Reiseführer durch unsere Psyche und ihre Erkrankungen
2. Auflage. 2017. 207 Seiten. Gebunden

Hans-Joachim Maaz
Das falsche Leben
Ursachen und Folgen unserer normopathischen Gesellschaft
5. Auflage. 2019. 256 Seiten. Klappenbroschur
Beck Paperback Band 6275

Julia Onken
Mit dem Herzen der Löwin
Warum Frauen ihr Selbstbewusstsein verlieren
und wie sie es zurückgewinnen
2018. 223 Seiten. Klappenbroschur
Beck Paperback Band 6322

Dagmar Pauli
Size Zero
Essstörungen verstehen, erkennen und behandeln
2018. 223 Seiten mit 48 Abbildungen und 4 Tabellen.
Klappenbroschur
Beck Paperback Band 6323

C.H.Beck